LISHIDILIXUE
SHIJIANG

历史地理学十讲

史念海/著

长江出版传媒　长江文艺出版社

图书在版编目（CIP）数据

历史地理学十讲 / 史念海著. -- 武汉：长江文艺
出版社，2020.9（2021.3 重印）
（长江人文馆）
ISBN 978-7-5702-1672-7

Ⅰ. ①历… Ⅱ. ①史… Ⅲ. ①历史地理学—研究—中
国 Ⅳ. ①K928.6

中国版本图书馆 CIP 数据核字(2020)第 121843 号

策划：康志刚
责任编辑：黄海阔   责任校对：毛 娟
封面设计：周佳   责任印制：邱 莉 杨 帆

出版：长江出版传媒 长江文艺出版社
地址：武汉市雄楚大街 268 号   邮编：430070
发行：长江文艺出版社
http://www.cjlap.com
印刷：武汉中科兴业印务有限公司

开本：640 毫米×970 毫米   1/16   印张：17.25   插页：1 页
版次：2020 年 9 月第 1 版   2021 年 3 月第 2 次印刷
字数：182 千字

定价：38.00 元

史念海先生与中国历史地理学

辛德勇

长江文艺出版社出版业师史念海先生这部论文选集，让我就先生的学术业绩写几句话，附在其中，以供读者参考。

回想初入师门，问学于先生，一转眼已经过去三十八年。近四十年来，德勇所学无多，所为更加寡少，深感愧对先生殷殷教诲。惟放眼整个历史地理学科，面对许多重大问题的宏观认识和深入研究，若是认真审视一下先生为我们打下的良好基础，仍然会带给我们诸多启示。

去年夏天，在复旦大学历史地理研究中心成立二十周年的庆祝会上，我曾以"历史地理学的大模样"为题，做了一个简短的讲演。讲演中，我第一次面向全国同行，公开表述了我对历史地理这门学科在中国的产生历程的认识。

我认为，真正具有现代学科意义的历史地理学，或者也可以称之为"当代历史地理学"或"现代历史地理学"，它是在二十世纪的五六十年代，才在中国大陆上逐渐建立起来的，而我的老师史念海先生，就是这个学科最核心的创建人之一。

认识史念海先生相关研究的学科创建意义，需要从如下两个方面来考虑：一是学术潮流的变迁，二是先生个人的研究历史。

在中国的学术传统中，研究相关问题的学科，称之为"沿革地理学"。这样的"沿革地理学"研究，主要聚焦于疆域变迁和政区沿革。按照我个人的看法，由传统的沿革地理研究转变为具有现代学科意义的历史地理学，是在二十世纪三十年代，由顾颉刚先生奠定基础的，而这一奠基工作主要是通过创设禹贡学会和创办《禹贡》半月刊来实现的。其实更准确地说，我认为禹贡学会和《禹贡》半月刊对在中国建立当代历史地理学起到的只是一种奠基的作用，这本是承自史念海先生的观点，在《中国历史地理学的渊源和发展》这篇文章中（此文收入先生文集《河山集》六集）先生就明确提出了这样的看法。

不管在禹贡学会，还是在《禹贡》半月刊的作者中，史念海先生都从一开始，就是其中的核心成员。过去，在中国的历史地理学界，除了史念海先生和敝人以外，几乎是异口同声地认为禹贡学会的组建和《禹贡》半月刊的出版发行，就标志着现代学科意义上的历史地理学已经在中国建立起来。

但禹贡学会的基本成员和《禹贡》半月刊的作者，是以在校大学生和大学毕业未久的青年教师为主体，其学术经历、学术视野和学术认识的深度，总的来说，都还相当稚嫩，远不足以承负这样的历史使命。从总体上看，《禹贡》半月刊上所刊载的论文，不仅学术深度有限，而且论文所涉及的问题，大多还局限在传统沿革地理的范畴之内，这些作者并不具备超越于传统的现代学术观念。

事实上，据侯仁之先生介绍，在禹贡学会活动的二十世纪三十年代，欧美世界的"现代历史地理学"也还刚刚兴起不久。因而，即使当时确实想要全面采用西方现代历史地理的学科理念和方法，实际上也是难以做到的。

禹贡学会成员的研究论著和二十世纪三十年代其他中国学者的研究论著表明，当时并没有实现由传统的沿革地理学向西方新式历史地理学的转变，甚至根本就没有人明确提出过这样的主张。禹贡学会所规划的研究内容，只是编制历史地名词典和绘制历史地图等，这只是一些传统的工具书而已。

其实了解到欧美历史地理学的实际进展状况，我们就很容易理解，基于当时中国学术在整体上相对于欧美国家的滞后程度，以及沿革地理在中国的深厚传统所造成的惯性，以禹贡学会为代表的中国学术界所做的研究，其在总体上未能逸出于沿革地理范畴之外，这本来是非常合乎情理的事情。

尽管如此，顾颉刚先生通过禹贡学会的工作，聚集并培养了一批有志于从事历史时期地理问题研究的青年，为建立现代学科意义上的中国历史地理学奠定了重要基础。后来实际创立中国历史地理学的几位代表性学者，如史念海先生、侯仁之先生和谭其骧先生等，都是禹贡学会的主要成员。

"七七"事变以后，由于日本军队全面侵华，禹贡学会的工作被迫中辍，但通过禹贡学会的工作，在这批有志于研究中国历史时期地理问题的青年学者当中，有一部分人已经开始积极探索在传统沿革地理研究的基础上有所突破，顾颉刚先生对此给予了积极的鼓励，并明确指导这些学者，传统的沿革地理要想实现研究范畴的突破，首先要用地理的变化来说明问题，要运用地理学的理论从事论证，为此，应该尽量学习现代学科意义上的地理学。

正是在顾颉刚先生的指导和帮助下，史念海先生开始了突破传统沿革地理学桎梏的积极探索。大致从二十世纪三十年代末期开始，在研究问题时，先生已不再仅仅关注传统的疆域变迁和政区沿革之类的问题，而是着眼于人口迁徙、边疆开发、交通运输、都城选址、军事地理方略、地理环境对社会的影响等一系列历史时期的经济和人文地理问题。这些研究，可以说为他日后在中国参与创建现代学科意义上的历史地理学积累了非常切实的体会。

我把先生这些研究工作只看作是一种"体会"的积累而不是实际的具有现代学科意义的历史地理研究工作，是因为如果单独看其中某一项内容，当时都还另有一些人也在从事着同样的研究，而纵向审视历史学的研究内容，这样的内容还只能说是历史学的常规性研究；顶多只能说是对历史学常规性研究内容所做的非常有限的扩展。实事求是地讲，在这里，我们并没有看到历史地理的图景。

很多年来，颇有那么一些在中国这块土地上生长的学者，在叙述包括学科、学术以及其他一些文化要素的发展历程时，动辄声称某某学术内容中国古已有之，甚至"自古以来"就生之于斯、长之于斯，这块地方的东西什么都不比外边差，而且尽可能地把啥都算作天下第一。然而真实的历史并不是这样。各种现代学科，绝大多数都是起源于西方，而这些学科的产生和发展是基于一个共同的学术和文化基础。在此基础之上，各个学科既成严密而又完整的体系，不同学科之间也都存在着内在的有机联系。站在这样的立场上来看待历史地理学在中国的产生和发展，就不能不首先关注相关现代学科引入中国的背景。

如果再退后一步，从一个更为广阔的学术视野来看的话，或许自然而然地就会触及学术发展的深层机制问题。在这一方面，中国的历史学界，很多年来，一直畅行陈寅恪先生的"新材料说"（为陈垣《敦煌劫余录》所撰序文），即借由新史料（如所谓"敦煌文书"）来推动学术面貌的变革，具体来说，就是"一时代之学术必有其新材料与新问题，取用此材料以研求问题，则为此时代学术之新潮流"。尽管这样的说法未必能够真切体现陈寅恪先生对学术发展根本机理的看法，但绝大多数中国学人却是将其视作升堂入室的不二法门。

然而我看中国的学术实践却不是这样一种情况。即以北宋中期的学术大变革而言，引领这一变革的，首先是新生的学术思想，是新思想促使学人们竞相寻求和利用诸如钟鼎铭文这样的新材料，而不是倒转过来，是由那些盗墓贼的铁铲开辟了学术前行的通道。具体看历史地理学在中国的发展，更丝毫见不到陈寅恪先生所讲的这样一番道理。

在二十世纪五十年代之前，相关的学术背景是：西方的现代地理学已经比较系统地引入中国，其间也有一部分翻译介绍性的论著，在一定层面上，对历史地理学多多少少有所涉及，但整个中国学术界对这一学科还缺乏最基本的认识，甚至连一知半解都还谈不上。如果一定要说西方的学术观念对中国学者的相关研究有什么实质性影响的话，那么，新式地理学所研究的崭新而又广泛的内容，无意间会启发很少一部分中国学者把研究的目光也投向古代相同的领域和问题——我想史念海先生上述新的探索，恐怕主要就是出自这样的缘由。史念海先生在《中国历史地理学的渊源和发展》一文中曾经用"地理化"一词来概括沿革地理学在这一时期所出现的变化，尽管对相关内涵所涵盖范围的理解，我同先生还多少有些差异，但在这里，我想若是借用此语来表述先生本人的学术探索的话，应该是恰如其分的。

对中国历史地理学的形成产生关键作用的一位学者，是北京大学地理学系的侯仁之先生。1950 年 7 月，刚刚从英国利物浦大学留学归国、在燕京大学任教的侯仁之先生，发表了一篇题为《"中国沿革地理"课程商榷》的文章，针对 1950 年春教育部规定的大学历史系"中国沿革地理"这一选修课程的设置，对历史时期地理问题的研究，提出了一些非常重要的看法。

在这篇文章中，侯仁之先生不仅主张把"中国沿革地理"

这一课程名称改换为"中国历史地理",同时他还明确提出,这门学科所研究的内容,不能再以历代疆域的消长与地方政治区划的演变为主,而是要以不同时代地理环境的变迁为主,举凡每一时期中自然和人文地理上的重要变迁,如气候的变异、河流的迁移、海岸的伸缩、自然动植物的生灭移动以及地方的开发、人口的分布、交通的状况、都市的兴衰等等,都应包括在历史地理学的研究范畴之内。

侯仁之先生这篇文章,虽然论述非常简单,但却明确阐述了所谓"历史地理学"区别于传统"沿革地理学"的基本特征,而且这一学科内后来发表的相关理论论述,在本质上并没有能够超出这篇文章。像这样几乎可以称作"空前绝后"的认识,在今天看来,似乎平平常常,并没有多大理论的深度。但它确实是一项从无到有的巨大变化,在学科发展史上,具有划时代的意义。若是评选对当代中国历史地理学影响最大的学术著述,我会毫不犹豫地把选票投给这篇论文——它标志着当代历史地理学已经正式走入中国,这一崭新的现代学科,即将取代中国传统的"沿革地理学",而后者是从东汉人班固撰著《汉书·地理志》以来延绵不断的一个古老学科。

侯仁之先生固然是一位卓越的学者,但他之所以能够写出这篇文章,首先并不在于其个人有多么超悟绝俗,而是他在1946年进入英国利物浦大学地理系研读博士学位,直接受教于当代历史地理学的奠基人之一达比(Henry Clifford Darby)教授(三联书店版《侯仁之文集》卷首张玮瑛序),系统接受了这个学科体系的基本内容,《"中国沿革地理"课程商榷》这篇文章,只是向中国学术界简单传达了当代历史地理学的基本理念而已。

在本文一开头我就谈到,按照我本人的看法,当代历史地理学是二十世纪五六十年代才在中国建立起来的,但实际上现在中国历史地理学界绝大多数人的看法与我并不相同——他们普遍以为禹贡学会的建立和《禹贡》半月刊的创办，即已标志着中国学者对历史时期地理问题的研究，已经开启了由传统的沿革地理向当代历史地理学的转变；甚至有人直接宣称，当时在中国已经建立起科学的当代历史地理学。

持这一观点的学者，往往都要举述《禹贡》半月刊的英文名称 THE CHINESE HISTORICAL GEOGRAPHY（最初为 THE EVOLUTION OF CHINESE GEOGRAPHY，但从第三卷起，便改译为这一英文名称）作为直接而又强力的证据，因为这个英文刊名在今天的直译就是"中国历史地理"。

其实不仅是《禹贡》半月刊的英文刊名，当时一些大学地理系的教材，在讲述地理学的构成时，也都引入了这一学科名称，将"历史地理学"列为地理学的组成部分。可是，其实质内容究竟如何呢？

关于这一点，作为禹贡学会核心成员之一的侯仁之先生，在《"中国沿革地理"课程商榷》一文中就特地辨析说："'历史地理'在我国学术界也并不是一个新名词，不过在以往大家把它一直和'沿革地理'这个名词互相混用了，以为两者之间根本没有分别，这是一个很大的错误。"换句话来讲，就是当时人们在使用"历史地理"一词时，只把它看作是"沿革地理"的同义词而已，其固有的实质内容，并没有得到落实。

在这一问题上，作为并肩走过这段学术历程的学者，史念海先生所持的看法，实际上同侯仁之先生几乎一模一样。1986年春天，先生在《中国历史地理学的渊源和发展》一文中就明确指出，是在二十世纪五十年代以后，这门学问才"以崭新的姿态，成为一门现代的科学，使它不再以沿革地理为限，而涉及历史时期地理学的各个方面"。

很长一段时间以来，眼前实际的情况，实在让我感觉莫名其妙。不知出于什么奇异的原因，像侯仁之先生、史念海先生这样的亲历者和当事人所讲的这些话，在中国历史地理学界，竟一直甚少有人知晓。须知侯、史两位先生同时还是这一学科的学术泰斗，这一怪异现象也就愈加匪夷所思了。不过正因为这样，今天在回顾史念海先生的学术业绩时，尤其需要首先确认这一点。

1990 年，时值侯仁之先生八十华诞。当时我在协助史念海先生编辑《中国历史地理论丛》。史念海先生安排，在这一年的最后一期（第四期），为侯仁之先生组织一个庆寿专号。为此，我撰写了一篇文章，题作《侯仁之先生对于我国历史城市地理研究的开拓性贡献》（此文后来编入《历史的空间与空间的历史》，在出版社要求下，题目不得不改作《中国历史城市地理的理论肇建与研究实践》）。

在这篇文章中，我明确谈到，侯仁之先生在全国"率先公开撰文提倡打破沿革地理学的旧框架，建立新的、科学的历史地理学"，并且在文中"阐述了新的历史地理学与传统的沿革地理学的联系和区别"。所谓"公开撰文"，指的就是《"中国沿革地理"课程商榷》这篇文章，而我说是侯仁之先生在全国率先提出要打破沿革地理学的旧框架，建立新的、科学的历史地理学，这就意味着当时在中国还没有产生新的、科学的历史地理学，基本上还是在沿承着沿革地理学的旧框架。

拙文发表前，史念海先生不仅认真审阅了文稿，还特别对我的这些评价予以赞许。此事更加清楚地表明，先生是承认侯仁之先生在中国创建当代历史地理学过程中的倡导者地位的。

总之，在明确具有现代学科意义的历史地理学产生于二十世纪五十年代以后，侯仁之先生在五十年代初才把这样的学科传入中国这一前提之下，我们才能更加清楚、也更加准确地认识史念海先生为在中国创建历史地理学科做出的卓越贡献。

回顾这一段学术历程，我们还应注意的是，侯仁之先生

《"中国沿革地理"课程商榷》这篇文章中所说的"中国沿革地理"课程，是指这一年春天教育部所规定的大学历史系课程中的选修科目，所以直接针对的并不是学术研究，而是大学历史教育。在这篇文章的末尾，侯仁之先生还特别写道："旧日大学里被称作'沿革地理'的这门课程应该尽早改为'历史地理'，这不应该单单是换汤不换药的名词上的更改，而必须是从根本的立场观点与方法上把这门课程彻底地改造过来。"

一般来说，人们对大学基本课程的要求与学术研究是有很大不同的。学术研究，特别是民国时期学术界主流所推崇的文史研究，乃是绍承清代乾嘉旧规的那种深而又深的专题探索，然而面向年轻学子的普通教学工作，却要求授课者来讲授某一方面最一般的整体状况，即传授通论性的基本知识。这种情况，迄今依然，自有其合理性在焉。

对于一个成熟的学科来说，做这种通论性的课程教育，或许并没有太高的学术难度，需要的往往只是适宜的取舍剪裁而已，但在当时，对侯仁之先生所期望的历史地理学课程来说，却不是这样。侯仁之先生之所以会大声疾呼，希望把旧日的"沿革地理学"改造成为与国际通行学科接轨的"历史地理学"，正是因为这种当代历史地理学在中国还是一片荒芜。这片学术的原野，还在等待人们的垦殖。

关于历史地理学的学科性质，也就是说它到底应该属于历史学还是属于地理学，多少年来，一直是一个很多人十分关心的问题。其实这本来相当简单，根本没必要对其议论纷纷。但不管是把它划入历史学科，或是归到地理学科，这两个学科实质上都是研究和解决具体问题的学科，而不是空谈抽象理论的学问。人们传播、接受西方学术观念是一回事儿，具体怎样建设这一学科又是另一回事儿；也就是说，要想把侯仁之先生所倡导的学科理念落实成为一个像模像样的历史地理学科，绝不是一件轻而易举的事情，真可谓"谈何容易"。

基于地理学的区域特点，历史地理学也有着浓重的区域色彩；或者说区域特征与区域差异的发展变化是历史地理学的核心内容。对于中国的历史地理学研究来说，迄至今日，所面对的核心问题，依然是中国这一地域范围之内在各个不同历史时期的区域特征和区域差异问题。因而，对于中国初建的历史地理学这一学科来说，学科的实际内容，也只能是中国疆域范围之内的各项历史地理问题。上下文对照通观地理解侯仁之先生的倡导，他所要建立的"历史地理学"实际上也只是这样的"中国历史地理学"。

概括地说，中国这一区域的历史地理问题，也就是所谓"中国历史地理"的内容，所涉及的时段长，变化多；所涵盖的地域广，差异大。这给具体建设这一学科，提出了严峻的挑战，而在当时真正敢于直面这一挑战并取得相应成效的学者，只有业师史念海先生。

史念海先生为中国历史地理学这一学科建设所付出的努力，主要体现为《中国历史地理纲要》这部大学授课讲义，而这正直接呼应了侯仁之先生把"中国沿革地理"课程改变为"中国历史地理"的倡导。据史念海先生自己公开的表述，这部讲义在1953年时就已形成雏形，当时包括历史经济地理、历史人口地理和历史政治地理这三大部分（见史念海先生《中国历史地理纲要》序言）。但我清楚记得，读硕士研究生时在先生家中看到的大约为二十世纪五十年代油印的讲义，却还包括历史气候变迁的内容。当然论述的地域范围，都是中国。摆在大家面前的这本《历史地理学十讲》，其中的前三讲，即《我国古今气候的异同》《我国历史上人口的迁徙》和《统一的封建王朝的版图规模》，还有第七讲《黄河流域经济地区的再造和长江三角洲的富庶》，这四讲中最基本的内容，就出自当年这本讲义。

这部讲义稿虽然由于史念海先生治学严谨，精益求精，直到 1991 年底才正式修改出版，但从 50 年代初起，内部油印本即散布很广，很多院校的相关专业也曾采用为教材，在学术界产生了很大影响（武汉大学的著名历史地理学前辈学者石泉先生就亲口和我讲过史念海先生这部讲义当年的流行情况。它在历史地理学界之内，应该是尽人皆知的）。其更为实质性的意义，在于这部讲义丰富、系统的内容，正很好地构建起侯仁之先生所期望的那样一种中国历史地理学的基本形态，可以说已经搭建起中国历史地理学的基本框架，因而完全可以把它视作现代学科意义上的历史地理学已在中国全面建立的重要标志。

　　除了这部讲义之外，体现先生对创建中国历史地理这一学科所做贡献的另一项重要学术成果，是他在 1963 年出版的学术论文集《河山集》。这部论文集中最多的内容，是专题阐述中国历史经济地理研究中的重大基本问题。这些论文，大多都是从叙述自然环境基础入手，分析中国经济地理的大格局，所论述的问题，较诸传统的沿革地理学，显示出一派全新的气象。其中个别与这种大区域地理格局稍微有些区别的文章，如《石器时代人们的居地及其聚落分布》一文，也是首先着眼于自然环境对早期"聚落"这一地理现象的制约和影响，其眼光和方法，不仅与传统的沿革地理迥然不同，而且还具有很强的超前性；甚至在今天考古学家对古代聚落遗址的研究中，仍具有很强的典范性意义。总之，《河山集》这部文集同《中国历史地理纲要》中的历史经济地理部分正相辅相成，即《纲要》是概述基本地理状况，这些论文则是展开具体的论证。这部《历史地理学十讲》中的第六讲《春秋时代的交通道路》一文，是对中国早期交通道路格局的全面复原，最早就收录在《河山集》中。

　　回顾二十世纪五六十年代的实际研究状况，如果说中国历史地理学作为一门新型学科的面貌已经基本形成了的话，那么，史念海先生的上述研究无疑在这当中占据着首要的位置和核心的地位，先生可以说是中国历史地理学科当之无愧的主要创建人之一。同时，还需要指出，尽管如上所述，侯仁之先生在创建中国历史地理学的过程中，发挥了更为关键的转折性作用；此外，像谭其骧先生和其他一些学者在这一过程中也发挥了非常重要的作用，但这些前辈学者们努力的方向和重点各有不同，史念海先生的研究成果宏大而又具备整体的体系，因而先生对构建中国历史地理学学科体系所发挥的作用是远超于其他学者之上的，在这一点上，其重要性也可以说是独一无二的。正因为在这一方面史念海先生做出的努力最多，所取得的成果也最为丰硕，所以，改革开放以后教育部组织全国各高校编著重点教材时，便指定由史念海先生来撰写"中国历史地理"的教科书（见先生《中国历史地理纲要》序文）。

在充分了解史念海先生在中国历史地理学发展史上这一创建者的身份和地位并了解到先生在创建中国历史地理学过程中所发挥的独特作用之后，我想告诉各位读者的是：史念海先生终其一生，都在不断丰富他亲手创建的这一学科体系，几乎先生所有的研究成果，都出自这一内在追求。因此，以这样的认识为基础，来阅读这部《历史地理学十讲》，才能更好地领略先生是在说些什么。

2020 年 5 月 28 日记

目　录

第一讲　我国古今气候的同异

自然现象中，气候和人的关系最为密切，寒燠燥湿是每个人随时随地都可以感受得到的。这在远古时期就是如此。殷墟发掘出来的甲骨文应是我国最早的文字记载，其中就有很多有关求雨求雪的刻辞。后来到《礼记·月令》，记载就更为周到。孟春之月，记载着东风解冻，蛰虫始振。其后每个月的记载都相当具体。而各史的《五行志》中就愈加详细。根据这样的记载，前人亦多所究心，北宋的沈括就是其中的一位，其遗说具见于所著的《梦溪笔谈》之中。近数十年来，学者间的研究络绎不绝，立论虽不尽相同，但对于解释有关问题，都费了很多心机。

一、进入历史时期的温暖气候

论古今气候的异同，可以追溯更为渺茫的远古。但从事历史地理学的研究，其上限也应是由人类最初从事生产劳动的时期开始，这时已进入新石器时期。一般都以半坡文化遗址所显示的情况作为准则。半坡文化遗址经 C（碳）14 年代测定为距今 5600 年至 6080 年。由于具体遗存物的发现和测定，不尽都能一致，在年代上有所伸缩也是可以理解的。气候温暖时期和寒冷时期变迁的显现，并非短时之内所可觑见，因而有关的年代就难得若何具体，当然也不能过分悬殊。

从进入历史时期，气候就显得较现在为温暖。由东北部直到长江以南都是如此，就是内蒙古和青藏高原也都不是例外。据估计，东北黑龙江和吉林等处，当时年平均气温比现在高 3℃以上，冬季最冷月平均气温比现在高 6℃以上。辽宁南部平均气温比现在高 3℃左右。黄河下游和长江下游各地年平均气温比现在高 2℃—3℃，正月的平均气温比现在高 3℃—5℃。长江中游年平均气温也比现在高 2℃左右，天山北麓年平均气温比现在高 1℃左右。西藏自治区希夏帮马峰西北佩估错低湖旁阶地的当时年平均气温比现在高 3℃左右。珠穆朗玛峰北坡河曲谷地里亚村的当时年平均气温比现在高 3℃。正因为这样，当时的亚热带北界就由现在的淮水流域北移，现在的京津地区在那时已经接近亚热带的北缘①。当时不仅气候温暖，而且显得湿润，应是温湿的亚热带气候②，和现在很不相同。

确定当时的气候较现在要温暖湿润，是由遗存到现在的动物骨骸和植物孢粉的检定得出的结果，其中有的还可由文字记载来证明。就以半坡文化遗址来说，其中就发现过獐、貉和鹿等类动物的遗骸③。鹿为产于北方的兽类，在半坡出现，实不足为奇。獐到现在只有生存于长江流域的沼泽地区。貉也是喜栖于河湖滨畔。这些喜温暖潮湿的动物能在半坡生存，证明当时

---

① 龚高法等《历史时期我国气候带的变迁及生物分布界限的推移》。

② 《中国自然地理·历史自然地理·历史时期的气候变迁》。

③ 中国科学院考古研究所、陕西省半坡博物馆《西安半坡》，1963 年。

的气候和现在很不相同。在安阳殷墟的遗物中，有象、貘、獐、犀牛、鲸的骨骼，经古生物学家的研究，它们出土于安阳，是有外来的可能性①。不过其中的象是曾经生长于黄河流域的。卜辞记载殷代田猎有获象的语句，既为猎获的兽类，当不是由外方来的。卜辞"为"字从手牵象。可见象也是经常被服役的动物。殷人是曾经役使过象的。象的出没存在，说明当时殷墟的气候温暖，适于象的生存。以殷王的威力是可以获得远方送来作为进贡的动物。可是半坡遗址的原来居人是不会有这样威力的，为什么这样一些动物也曾经在半坡发现过。看来半坡遗址和殷墟的气候是相仿佛的。两者的年代相距较远，这只能说其间的气候没有很大的变化。

这一时期的温暖气候，有关各地所发现的孢粉就是具体的例证。黑龙江省呼玛县的桤树和其他落叶阔叶树的孢粉②，内蒙古自治区察哈尔右翼中旗大义发泉细石器文化层不仅中期花粉含量多于晚期，且有喜湿乔木栎树和草本十字花科的花粉③，可见这些北部地区的温度和湿度都高于现在。就是西北地区天山北麓，当时云杉生长线也比现在为高④，而西藏自治区希夏帮玛峰下和珠穆朗玛峰北的孢粉和植物化石以及中石器时期的遗存，都可以作为证明⑤。

---

① 陈梦家《殷墟卜辞综述·田猎与渔》。
② 华北地质研究所《黑龙江省呼玛县兴隆第四纪晚期孢粉组合及其含义》。
③ 周昆叔等《察右中旗大义发泉村细石器文化遗址花粉分析》，刊《考古》1975年第1期。
④ 周昆叔等《天山乌鲁木齐河源冰川和第四纪沉淀物的孢粉学初步研究》，刊《冰川冻土》1981年第3号。
⑤ 郭旭东《珠穆朗玛峰地区第四纪间冰期和古气候》，徐仁、孔昭宸等《珠穆朗玛峰地区第四纪古植物学研究》，刊《珠穆朗玛峰地区科学考察报告（1966—1968）·第四纪地质》，1977年。

二、周初的寒冷气候与其后又复转为温暖时期

这样的温暖时期，历史相当悠久。前面说到殷人的获象乃是武丁时事。武丁为王已在商代后期。直到周初，还是相当温暖，竺可桢以《诗·国风·召南·摽有梅》所咏的"摽有梅，顷筐塈之"为证。召为周畿内采邑，所谓召南之地，亦只在岐山之阳①。《召南》虽有《江有汜》篇，然《摽有梅》似难说到与江有关的地方。岐山之阳也就是今陕西省岐山、眉县等处。竺可桢于此还征引了《诗·国风·豳风·七月》为证。两篇诗据说都作于西周时，但所显示的气候却很不相同。能有梅树，可见当地气候仍相当温暖。可是《七月》诗中所说的季节，却较《召南》为迟。豳与召相距很近，如何能有两种不同的气候？这似乎不能以豳地海拔高的缘故来解释。《诗序》对这篇诗的写作年代的说法实嫌笼统，似不易就此得出肯定的结论。

虽然如此，西周时期的气候确实是曾经由温暖转向寒冷。因为《今本竹书纪年》有这么一条记载："周孝王七年，江汉俱冻②。"而且只有这么一条，此事未见于《古本竹书纪年》。《今本竹书纪年》的记载虽多不可尽信，然江汉冻结乃自然现象与人事无关，可能并非有意作伪。

就是江汉确有冻结，寒冷时期也不会过长。竺可桢于此征引了《诗·卫风·淇奥》所咏的"瞻彼淇奥，绿竹猗猗"，作为证明。《淇奥》一篇，据说是美武公之德，当作于卫武公之时。卫武公元年为周宣王十六年③，是年上距周孝王七年为89年。

---

① 《史记》卷三四《燕召公世家·索隐》。

② 按：王国维《今本竹书纪年疏证》："（孝王）七年，冬，大雨雹，江汉水。"（原注：牛马死，是年，厉王生。《御览》八十四引《史记》：周孝王七年，厉王生，冬，大雨雹，牛马死，江、汉俱冻。）

③ 《史记》卷一四《十二诸侯年表》。

淇水之旁的绿竹猗猗，应该不是从这一年起才开始有的。《淇奥》这篇诗的撰写时间虽显得略早，然以竹证寒温的变化终究感到勉强，不如征引《秦风·终南》一篇为合适。这篇诗说："终南何有？有条有梅。"这里明确提出梅树，梅树对于气候变化的感受较为灵敏，能够说明问题。《诗序》以为《终南》这篇诗，是为了告诫襄公而撰写的。秦襄公元年为周幽王五年①。这一年较卫武公元年迟35年。卫武公在位时久，共55年。卫武公四十七年，秦襄公即已逝世。因此不能就说《淇奥》一篇的撰述就早于《终南》。周孝王江汉冻结之前，是什么时候由温暖转为寒冷的？也无所证实。最早似不能超过周昭王时。周昭王南征不返，卒于江上②。若其时气候已经转寒，江汉可能冻结，昭王是不会轻易南征的。昭王在位年数说者间有不同，大约以十九年为是③。由周昭王十九年至周幽王五年，亦将及两个世纪。

西周和春秋时期，梅在黄河流域多所种植，这在《诗经》里曾经有过多次的描述，足以证明当时的气候是相当温暖的。但梅在黄河流域并不是直到西周和春秋时期才开始繁殖的，根据《尚书》的记载，在商代即已用梅作调和饮食的调料④，可见它在黄河流域的种植是很早的。当然也可作为商代气候温暖的证明。

证明这一时期气候的温暖，除梅而外，还可举出一些例证，

---

① 《史记》卷一四《十二诸侯年表》。

② 《左传》僖公四年。《史记》卷四《周本纪》。

③ 《太平御览》卷八四引《帝王世纪》："昭王在位五十一年。"《外纪》同，又引皇甫谧曰："在位二年。"《今本竹书纪年》："昭王十九年，王陟。"按：《古本竹书纪年》于昭王十九年后即再未有记事，则昭王在位当以十九年为是。

④ 《尚书·说命下》："若作酒醴，尔唯麹糵；若作和羹，尔唯盐梅。"《说命》为殷高宗时所作，可见其时梅的栽培已相当普遍。

檀、棕、楠、杉、豫章等树在那时都是黄河流域不难见到的树木。檀见于关中和中条山上；棕见于秦岭和崤山、熊耳山，最北且达到白于山和六盘山；楠见于秦岭和崤山；杉见于终南山；豫章则见于关中①。这些树木大致在唐代以后就很少再见于有关黄河流域的记载。这正有助于说明前后不同时期气候温暖的差异。这里所说的秦岭、终南、中条、崤山和熊耳诸山，东西相望仿佛成为一线。白于山和六盘山却远在今陕西北部和宁夏南部，相差很远。可见气候的变化不仅限于秦岭和淮水的南北。近人论及黄河中游的森林，以现在陕北和宁夏的干旱，否认历史时期这些地区曾经有过森林，而不悟气温湿度前后的变化。以现在的自然条件如何能够论证千百年前的情况？

三、气候的变化与竹的产地

这里当论述竹与气候的变化有无关系。近人论气候皆以竹在黄河流域的生长作证明。如论半坡遗址当时气候的温暖，就以竹鼠为证。竹鼠以竹为食料，可见当时半坡多竹，竹鼠赖以生存。后来半坡附近竹林稀少，甚至无存，竹鼠也就消失了。竹也见于山东省历城县龙山文化遗址和河南省淅川县下王岗遗址。这两处遗址中分别有炭化竹节②和竹炭灰③的发现，因而就以此证明当时这里的气候也相当温暖，与半坡遗址相仿佛。说到西周春秋时期的温暖，论者皆举《诗·卫风·淇奥》一诗所歌咏的"瞻彼淇奥，绿竹猗猗"作证明。其实由西周春秋以迄战国时期，黄河流域竹的种植是相当普遍的。当时人们日用器

---

① 有关这些树木在当时繁殖的文献记载，已征引在《植被的分布地区及其变迁》中，这里不再赘述。
② 竺可桢《中国近五千年来气候变迁的初步研究》。
③ 贾兰坡、张振标《河南淅川县下王岗遗址中的动物群》。

皿许多都是以竹制成的。食器有籩、簠、簋、簦，乐器有笙、竽、箫、管，盛物有筐、筥、篋、箧，寝具有簟、箐、篷、簇。记事用简，信约用符，射用箭，食用箸。如果黄河流域不产竹，以竹制作的器具当不至于这样的众多。黄河流域产竹著名的地区当推淇水流域，这是周代卫国的地方。《诗经》中对于卫国的竹林是一再讽咏不止的。上面所举的《淇奥》就是其中的一篇，还可再举出另一篇，《卫风·竹竿》也曾歌过："籊籊竹竿，以钓于淇。"这足见当时人们的重视。齐国也产竹，临淄（今山东淄博市旧临淄县）城西的申池就是一个产竹的地区①。汶水流域产竹更是有名。乐毅报燕惠王书中就曾提到汶上的篁②。

　　到了秦汉时期，气候有了变化。可是还有人认为是相当温暖的，同样也征引有关竹的文献作证明。这时的竹本来是相当繁多的。司马迁在《史记·货殖列传》中就曾经特别称道"渭川千亩竹"。这是说，在渭川这个地区，普通人家如果能栽种千亩竹林，他的收入就可以和千户侯相仿佛。而鄠（今西安市鄠邑区）、杜（今西安市长安区）竹林还可和南山上的檀柘媲美③。淇水流域产竹，直到汉代，一直都是有名的。当时黄河在瓠子（今河南省濮阳县）决口，汉武帝亲临堵塞，堵口的材料就是用的淇园之竹④。东汉初年，寇恂为河内太守，也曾伐淇园之竹，制成百余万支箭，抵制自南而来的攻击⑤。光武帝能够在

---

① 《左传》文公十八年，襄公十八年。
② 《史记》卷八〇《乐毅传》。
③ 《汉书》卷二八《地理志》。
④ 《史记》卷二九《河渠书》。
⑤ 《后汉书》卷一六《寇恂传》。

河北立住脚，和这宗事情很有关系①。

　　经过魏晋南北朝，下至隋唐时期，气候又转为温暖。唐代关中亦多竹②，竹林蔓延，西逾陇山，直到秦州（今甘肃天水市）。杜甫《秦州杂诗》中曾经三次提到竹树，当非偶然③。就是太行山东淇水流域的竹林，也仍然受到称道④。隋唐以后，经过宋代一段寒冷时期，至于元代，再度转暖。竹还是用来作为温暖气候的证明。根据《元史》的记载，元初曾于腹里的河南、怀、孟（今河南省沁阳市和孟州市）和陕西的京兆、凤翔（今陕西省西安市和凤翔县）置司竹监。稍后，又于卫州设置管理竹园的官吏，举凡辉、怀、嵩、洛（今河南省辉县、沁阳市、

---

　　① 《后汉书》卷三一《郭伋传》："伋为并州牧，……始至行郡，到西河美稷，有儿童数百，各骑竹马，道次迎拜。"美稷县在今内蒙古自治区准格尔旗，儿童数百皆有竹马可骑，可能当地就有竹林。不过有谓其时竹马已经成为定称，不一定都是取用竹竿。唐时日僧圆仁《入唐求法巡礼行记》卷三，记他从五台山起程赴长安时说："为往长安，排比行李。……斋后便发，……取竹林路，从竹林寺前向西南。"寻此文意，五台山下当有竹林，不然竹林路和竹林寺就无所取义。又考段成式《酉阳杂俎·续集》卷一〇《支植》："卫公（李德裕）言：北都惟童子寺有竹一窠，才长数尺，相传其寺纲维，每日报竹平安。"唐北都为今山西省太原市。太原种竹如此艰辛，五台山如何能有竹林，美稷县如何能有制作竹马的竹？书此志疑。

　　② 《元和郡县图志》卷二《京兆下》："司竹园，在（鄠）县东十五里，园周回百里，置监丞掌之，以供国用。义宁元年，义师起，高祖第三女平阳公主举兵于司竹园。"

　　③ 《全唐诗》卷二二五，杜甫《秦州杂诗二十首》之九："今日明人眼，临池好驿亭。丛篁低地碧，高柳半天青。"又之十三："传道东柯谷，深藏数十家。对门藤盖瓦，映竹水穿沙。"又之十六："东柯好崖谷，不与众峰同。……野人矜绝险，水竹会平分。"

　　④ 《全唐诗》卷二一二，高适《自淇涉黄河途中作十三首》之四："南登滑台上，却望河淇间，竹树夹流水，孤城对远山。"

嵩县、洛阳市）和益都（今山东益都县）等处的竹园都受到管辖①。可见当时黄河流域产竹的地区还是不少的。

　　作为气候温暖时期论证的依据，这些文献记载或多或少都曾经被征引过。翻过来说，气候转为寒冷时期，应该是原来产竹的地区就不可能再有竹的生长了。这不是产竹地区的多少或大小的问题，而是有无的问题了。前些年间，还有人断言说，竹不过秦岭。这显然是说，秦岭以北气候寒冷是不适于竹的生长繁殖的。可是实际情况却并非这样。

　　魏晋南北朝是气候寒冷的时期。在此以前，可能在西汉时气候就已经逐渐转寒。可是班固撰《西都赋》，还说长安附近，"竹林果园，芳草甘木，郊野之富，号为近蜀"②。张衡撰《西都赋》，也说长安附近，"筱荡敷衍，编町成篁"③。班固和张衡之时，长安已废不为都，但以东汉时人侈述西京旧制，也许还有若干夸张。曹魏时刘桢撰《鲁都赋》，则在易代之际，应该不

---

　　① 《元史》卷九四《食货志》。按：《食货志》说："腹里之河南、怀、孟"，中华书局本《元史》对于这句有校语说："按本书卷五八《地理志》，中书省统山东西、河北之地，谓之腹里。河南府不属腹里。此'河南'或系'河间'之误。"按：《宋史》卷一八六《食货志下八》："元丰元年，滨、棣、沧州竹木、鱼果、炭泊税不及百钱蠲之。"沧州治所在今河北沧州市，滨州和棣州治分别在今山东省滨县和惠民县。竹木之税他州俱无，仅这三州有之，当系其地产竹。元时并沧州于河间府，是河间府亦产竹。校语改腹里河南为河间，应该说是有道理的。不过元时河南省亦有竹课。《元史·食货志》："竹木课：腹里，竹二锭四十两，额外竹一千一百锭二两二钱。河南省，竹二十六万九千六百九十五竿，额外竹木一千七百四十八锭三十两一钱。"又"竹苇课：奉元路三千七百四十六锭二十七两九钱"。河南省的课税虽没有奉元路那么多，却远超于腹里怀、孟等州。元河间路治河间县，今河北省河间市。奉元路治长安县，今陕西省西安市。

　　② 《文选》卷一。
　　③ 《文选》卷二。

会再有过誉之辞，却也说到曲阜的"竹则填彼山陂，根弥阪域"①。西晋左思撰《魏都赋》，也说邺城"南瞻淇奥，则绿竹纯茂"；说到物产，还特别提到"淇洹之笋"②。邺城如此，洛阳附近同样是"竹木翁蔼"③。晋武帝后宫争宠，宫人多以竹叶插户，以引帝所乘的羊车④。就是长安城外，也还是"林茂有鄂之竹"⑤。当时有一派所谓名士，放浪于形骸之外，以相标榜。竹林七贤即其著者。据说他们的游踪就在现在河南省辉县⑥，因为所谓竹林，就在当地。十六国时期，苻坚曾在阿房宫种植桐与竹数十万株，以待凤凰。淝水战前，长安上林竹死，说者谓苻坚败亡之兆⑦。现在河南辉县滨于清水。清水下游正与淇水相合，相距并非很远。清水源头亦有竹林，据北魏时郦道元所见，当地竹与剎灵，更为胜处⑧。两汉时，为了管理竹园，曾经设置过司竹长丞。魏晋河内淇园也各置司守之官⑨。可知左思《魏都赋》中所说的并非虚夸。可是到北魏时，郦道元亲至淇水侧畔，

———————

① 《初学记》卷二八《竹部》引。
② 《文选》卷六。邺在今河北省临漳县西南。洹水流经今河南省安阳市，东入白沟。白沟即曹操引淇水所修凿的人工水道。
③ 《文选》卷一六，潘安仁《闲居赋》。
④ 《晋书》卷三一《胡贵嫔传》。
⑤ 《文选》卷一〇，潘安仁《西征赋》。
⑥ 《水经·清水注》。
⑦ 《晋书》卷一一四《苻坚载记》。
⑧ 《水经·清水注》。按：《水经·沁水注》："上涧水导源西北辅山，……历析城山北。……《禹贡》所谓砥柱，析城，至于王屋也。……下有二泉，……数十步外细竹。其水自山阴东入濩泽水。濩泽水，又东南注于沁水。……沁水又南五十余里，沿流上下，步径才通，小竹细筍，被于山渚，蒙茏茂密，奇为翳荟也"。这样的小竹细筍应为竹的一类。因为是小细筍，所以另著于此。析城山在今山西阳城县西南。
⑨ 《大唐六典》卷一九《司竹监》。

竟未见到竹①，这应是人为的砍伐所致，与气候无关。因北魏依汉魏旧规，仍设有司竹都尉②。北魏疆土仅有黄河流域，而清水源头的竹林仍与柏树相辉映，就是长安附近，也还是一样有竹圃的③。据说司竹监到北齐、北周时未曾再置，隋唐时期才又得到恢复④。北齐、北周历年短暂，设官不周也是有的。不能因为这两个政权未曾派专人管理竹园，就认为当时黄河流域已经无竹。如果齐、周之时黄河流域已无竹林，则隋和唐初长安附近能有偌大的司竹园，就显得突然了。

历隋唐而至宋代。宋代也是一个寒冷的时期。宋代虽是寒冷时期，产竹之地仍然不少。关中渭水流域的竹林颇受称道。这一带的竹林，周围逶迤约百余里，西起郿县，东到鄠杜，北至武功都有竹树，甚至凤翔、天水也都有竹的生长⑤。宋朝南徙，女真入主中原。金时规定，司竹监每年采竹 50 万竿为防河工程的材料⑥。前面曾经说过，元代曾在京兆、凤翔以及怀、孟等州设置官吏，管理竹园，还规定所产之竹可以发卖，当时给引竟至一万道之多⑦。元人这样设置措施，应该是根据宋金以来的旧规。如果没有这样的基础，元人初到中原，是不会大举兴

① 《水经·淇水注》。

② 《魏书》卷一一三《官氏志》。

③ 《水经·渭水注》："芒水出南山芒谷，北流，……迳盩厔县之竹圃中。"又说："渭水迳（槐里）县之故城南，又东与芒水枝流合，水受芒水于竹圃，东北流又屈西北入于渭。"

④ 《大唐六典》卷一九《司竹监》。

⑤ 《苏轼诗集》卷三至卷五，编有苏轼为凤翔府节度判官时所作的诗多篇，其中往往提到凤翔府所属各处的竹林。并在一首诗下自注说："盩厔县有官竹园，十数里不绝。"这里录在凤翔县的两首：一、《李氏园》（自注：李茂贞园也，今为王氏所有）："朝游北城东，回首见修竹。"二、《大老寺竹间阁子》："残花带叶暗，新笋出林香，但见竹叶绿，不知汧水黄。"

⑥ 《金史》卷四九《食货志》。

⑦ 《元史》卷九四《食货志》。

工，而且立见这样的成效的。

元亡之后，明初仍于陕西盩厔县设司竹局，以征收课税。这时竹园规模虽已狭小，然直至明代后期，竹林却仍相当繁茂①。迄至清初，犹未稍减②。就是到1949年时，西安城中作竹器的手工业仍然聚集在一条街道。这条街道就称为竹笆市。竹器的材料乃是产自周至户县和华阴华县③。此外河南省产竹的地方，仍然是辉县④和沁阳、济源等县⑤，而山西平陆县的竹林，也有名于一方。

这些竹林也有毁废之时。淇园之竹自来都是有名当世的，可是到郦道元撰《水经注》的时候，竟然是"今通望淇川，无复此物"⑥，元时怀、孟两州的竹课是当时重要的税收，竟然也

①　雍正《陕西通志》卷七三《古迹》引《马志》："斑竹园在盩厔县东二十里，周数顷余，隶秦府。内植斑竹，其大如椽，其密如簧。"按《马志》纂于明世宗嘉靖二十一年。

②　雍正《陕西通志》卷四四《物产》引《盩厔县志》："植竹，竹皆成斑，其大如椽，其密如簧。"所引的《盩厔县志》，当为康熙时所修，其文虽引自马理所修的《陕西通志》，亦可证明其时这片竹林仍然存在，并未残毁。

③　现在西安城是明初在唐末韩建缩小的长安城的基础上改建的。现在一些街道的名称可能上溯到明初建城之时，如竹笆市、木头市、骡马市、五味什字等都是。这些街道长期保持着和它的名称有关的店铺设置。竹笆市更是特别明显。这样的街道如果不是明初旧有的，也是多历年所，有其渊源可寻的，1949年前后，竹笆市还有不少的制作和出卖竹器的店铺，由竹笆市的名称，就可证明关中一直是产竹的地区，并非是由明代后期秦藩斑竹园的废去而了无踪迹的。

④　嘉庆重修《清一统志》卷二〇一《卫辉府》："竹，旧出淇县。《明一统志》，辉县出。"

⑤　嘉庆重修《清一统志》卷二〇四《怀庆府》："竹，河内出。《府志》，国初贡竹，康熙年间裁免。"直至清朝末年怀庆府的竹林还是到处丛生，与其他灌木和柏林相交错，风景优美，为过往者所称道。产竹既多，竹器的制造自然也发达起来。近来（五十年代）报载，政府对于这一区域人民制作竹器的副业曾经加以提倡。

⑥　《水经·淇水注》。

因"频年砍伐已损，课无所出"①。而整屋县的竹园，至明中叶时，也因产竹逐耗，不能不募民种植②。就是山西平陆县的竹园，也因三门峡水库的兴修，而完全淹没。这些变化显而易见是人为的，而非自然的。郦道元所见到淇川无竹，而未指出无竹的原因。淇川和清水源头相距邻迩，若淇川无竹是由于气候的变化，奈何清水源头竟未受到影响。可见这并不是出于自然的因素。正是由于自然环境没有什么改变，在原来的人为原因消失之后，经过重新培植，就能恢复旧日的规模。也有的因为经济利益不大，就任其废弃下去。这样不再作为经济林木而加以培植，就更说不上从它的存废有无来探寻当时气候变化的过程了。

由此可见，历史时期黄河流域竹的生长除了一些人为的作用外，一直没有间断。温暖时期如此，寒冷时期也是如此。既然温暖时期和寒冷时期都是一样的。再以它来作为例证说明不同时期气候的变化，那就没有什么意义了，甚而竟是徒劳的。

四、两汉以迄南北朝时期的气候转寒

由上面的论述，可知自西周后期气候转暖之后，历时还是相当长久的。这样的温暖时期一直延伸到战国末年。孟子③和荀子④所著的书中都曾提到黄河下游，今山东、河北等处，一岁再热。而《吕氏春秋》所说的菖始生之时，较现在为早⑤。这都是竺可桢所曾经引用和论证过的。可见战国末叶，气候还是相当

---

① 《元史》卷九四《食货志》。
② 乾隆《整屋县志·古迹》。
③ 《孟子·告子上》："今夫麰麦……至于日至之时皆熟矣。虽有不同，则地有肥硗，雨露之养，人事之不齐也。"
④ 《荀子·富国篇》："今斯土之生五谷也，人善治之，则亩数倍，一岁再获之。"
⑤ 《吕氏春秋·任地篇》。

温暖的。

可是到了汉代，气候又有了变化，由温暖转向寒冷。这由当时种麦时节可以得到证明。麦是主要农作物之一，所以种麦时节很受注意。《礼记》里面有一篇《月令》，是专记节气的篇章。这篇书是从《吕氏春秋·十二纪》中抄出来编成的，应该看成《吕氏春秋》旧有的作品。根据《吕氏春秋》的记载，仲秋之月，就劝人种麦，不要失时，如果失时，就是有罪了。出之于西汉人士之手的《尚书大传》也说，秋昏虚星中可以种麦①。这是一句比较费解的话，虚是二十八宿中的一宿，是属于北方玄武之宿的一宿。这一宿在八月里黄昏时在天正中。也就是说种麦应该在八月。古代历法的推算有时候会发生差错，在农家看来，说月份不如说二十四节气来得准确。西汉末年氾胜之曾经说过，夏至后七十日可种宿麦。并且说，种得早了，就容易生虫，种得迟了，不仅穗子小而且颗粒少②。这是说夏至后七十日种麦算是最合适了。夏至后七十日，已近于白露。东汉时，崔寔作《四民月令》，他把麦田分成薄田、中田和美田三种，白露节种薄田，秋分种中田，再后十天种美田③。贾思勰又把种麦的时间分成上时、中时和下时。他说八月上戊社前为上时，中戊前为中时，下戊前为下时④。这种说法和氾胜之、崔寔差不多。《氾胜之书》撰于长安。崔寔为涿郡安平人（安平今仍为河北省安平县），曾作过五原太守（五原郡治在今内蒙古自治区包头市西）。贾思勰为齐郡益都人（益都在今山东益都县东北），曾为高阳郡太守（高阳郡治在今山东淄博市临淄西北）。

---

① 《齐民要术》卷二《大小麦》引。
② 《齐民要术》卷二《大小麦》引。
③ 石声汉《四民月令校注》。
④ 《齐民要术》卷二《大小麦》。

他们的书中所说的当然都是黄河流域的情形。现在山西省西南部和陕西省西安市的种麦季节主要在白露和秋分之间。俗谚说：白露种高山，秋分种平川。这和《四民月令》所说的差相仿佛。如果和《氾胜之书》相比照，西汉时种麦还要早些。《氾胜之书》明确指出，种得早了，容易生虫。可是它所定的种麦日期还在白露之前，可见当时气候已经转寒。

近人论西汉气候，认为尚属于温暖时期，就以《史记·货殖列传》所说"蜀汉江陵千树橘；……陈夏千亩漆；齐鲁千亩桑麻；渭川千亩竹"为证，并指出橘、漆、竹皆为副热带植物，汉时既能在陈、夏、渭川栽种①，这些地区的气候当然是温暖了。按：黄河流域在所谓温暖时期和寒冷时期都有竹的种植，前文已有论述，可见竹是不能作为黄河流域气候变化的证据的。不仅竹是这样的，橘和漆也是一样的。这里先来说橘。西汉时，司马相如在《上林赋》中，曾经说过："卢橘夏熟，黄柑橙榛②。"这是司马相如对于长安城外上林苑中景物的描述。后来到唐时，李德裕撰《瑞橘赋》也曾说过："魏武植朱橘于铜雀，华实莫就③。"铜雀台在邺，邺为今河北省临漳县。这两条不同的事例，就被用作西汉和曹魏气候不同的证据。可是也还有和《上林赋》所说的相反的记载。《三辅黄图》说："扶荔宫在上林苑中。汉武帝元鼎六年，破南越，起扶荔宫（本注：宫以荔枝得名），以植所得奇林异木：菖蒲百本；山姜十本；甘蕉十二本；留求十本；桂百本；蜜香、指甲花百本；龙眼、荔枝、槟榔、橄榄、千岁子、柑橘皆百余本。上木，南北异宜，岁时多

---

① 《史记》卷一二九《货殖列传》："颍川、南阳，夏人之居也。"汉时颍川郡治阳翟县，南阳郡治宛县，分别为今河南省禹县和南阳市。《货殖列传》又说："陈在楚夏之交。"其地在今河南省淮阳县。

② 《文选》卷八。

③ 《李文饶文集》卷二〇。

枯瘁。"两者所记,殊不相同。移植异木,自是一时盛事。所植在上林苑中,司马相如作赋,也必然会据以描述。后来没有成活,就和司马相如无关。充其量也只是和后来的郿宫一样,似难说曹操时就较汉武帝时为寒冷。固然,在司马相如之后,东汉张衡撰《南都赋》时也曾说过:"穰橙邓橘①。"东汉南都在今河南省南阳市,穰县在河南邓县,而邓县在今湖北省襄阳市。这几处地方都在江陵之北。可以作为橘树北移的途径。但南都、穰、邓毕竟距江陵较近,似不能以之证明长安和郿城的气候。唐代段成式在《酉阳杂俎》中②和宋代乐史在《杨太真外传》中③都曾经指出:唐玄宗天宝年间蓬莱宫殿前栽种柑橘,并结得果实事。李德裕《瑞橘赋》也说过:唐武宗时,宫中还栽种橘树,并结得果实。李德裕为武宗首辅,段成式亦唐代人,乐史较后,生于宋初。目睹耳闻,皆当有据,非同虚妄。然这些只能证明唐时气候的温暖,不应以之上论西汉时的变化。至于漆树,司马迁之后,崔寔亦曾道及。《四民月令》说:"正月,自朔暨晦,可移诸树:竹、漆、桐、梓、松、柏、杂木。"所说种漆之地还应在陈、夏之北。可是曹魏时何晏撰《九州论》,却明白指出:"共汲好漆④。"共,今为河南省辉县,汲,今为河南省卫辉市,皆在陈、夏之北。曹魏为寒冷时期,黄河以北的共、汲就有漆树,因而就不应再以"陈夏千亩漆"来证明汉时的气候尚在温暖时期。

曹操在郿城铜雀台所种的朱橘未有华实,自是汉魏之际气候寒冷的证据。接着广陵故城之下的一段邗沟水道结冰,也确

---

① 《文选》卷四。
② 《酉阳杂俎》卷一八《木篇》。
③ 《说郛》卷三八,乐史《杨太真外传》。
④ 《太平御览》卷七六六《杂物部》引。

是前所未有的大事。这宗事发生在魏文帝黄初六年（公元225年）。这一年十月，魏文帝为了征讨吴国，行幸广陵故城，临江观兵。戎卒十余万，旌旗数百里。可是就在这一年，天气大寒，水道结冰，船只不得入江，因而退兵引还①。近人引用这条记载，多有误释处，难免与事实不符。不妨在这里略作说明。这里所说的广陵故城，相当于今江苏省扬州市。曹魏虽移广陵郡于今江苏清江市。然既明言故城，就不是位于今清江市的广陵城。这一次行军是以舟师自谯（今安徽省亳县）循涡水入淮，从陆道到徐县（今江苏省泗洪县），然后再至广陵故城。为什么改行陆道？是因为淮水以南广陵郡城和广陵故城之间有一段水道不通，几千只战船皆停滞不得行。由于蒋济的努力疏浚，才得继续前进，一直进到精湖以南。后来退军回来，由于精湖以北水浅，蒋济再没法疏浚，才得全军归来②。精湖在今江苏宝应县南，今犹称为津湖，盖音近易讹。精湖以南，距江已不很远。这一段水道当是邗沟的踪迹。所谓水道结冰，当指这一段水道而言。这段水道不如淮水的深广，是可能容易结冰的。由于这段水道结冰，魏国的舟师才不得入江。论者引用这条史料，却认为结冰的水道竟是淮水。如果是淮水水道结冰，何须蒋济疏浚淮南水道？舟师又何能进到精湖以南？如果是淮水冰冻，当然也可以说是一次气候的变化，但与精湖以南至于江边的水道结冰相比，其意义就显得有所差距，甚至不必作为重要的事例，

---

① 《三国志》卷二《魏书·文帝纪》。

② 《三国志》卷一四《蒋济传》："车驾幸广陵，济表水道难通，又上《三州论》以讽帝，帝不从。于是战船数千皆滞不得行。帝驾即发。还到精湖，水稍尽，尽留船付济。船本历适数百里中，济更凿地，作四五道，蹴船令聚，豫作土豚，遏断湖水，皆引后船，一时开遏入淮中。"《水经·淮水注》引《三州论》说："淮湖纡远，水陆异路，山阳不通，陈敏穿沟，更凿马濑，百里渡湖。"

特别提起。

这次在广陵故城附近的水道结冰，虽是曹魏开国未久的事故，可以和后来南朝在建康覆舟山下建立冰房事相联系，可知这一时期寒冷季节的悠长。建康就是现在的南京。南京结冰是少见的。南朝为了藏冰而特建了冰房，也是以前少有的。竺可桢举出这宗事情来说明当时气候的特点，饶有意义。

南北朝时气候寒冷的事例，还可举出北魏贾思勰在所著的《齐民要术》对于当时果木树的记载。据贾思勰的记载，当时黄河流域杏花在三月始盛开，而枣树生叶和桑花凋谢在四月初旬。当时的三月约当现在阳历四月中旬，其四月初旬应为现在五月上旬。显然可见，当时这些果木树的出叶和花开花谢还较现在为迟。尤其值得注意的乃是冬季对于石榴树的保护。当时石榴树越冬，须用蒲藁裹而缠之，不然就要冻死。这在现在黄河下游也是未曾有过的现象。这宗事例和南朝在建康建立冰房事分别见于黄河下游和长江下游，虽说都属于孤证，却是应予重视的。

五、隋唐两代气候转暖时期

气候再次转为温暖，是在隋唐时期。但早在南北朝后期已有相当的征象。远在殷商时期，黄河流域曾经有过关于象的记载。下迄秦汉之时，这种记载竟至阙如。这里面的原因还需要从长研究，可能也与气候变化有关。秦汉时期人口增多，土地利用日广，象也许多藏于森林之中。由于气候的转寒，象也就逐渐向南迁徙，故黄河流域就不复再见象的踪迹。可是到了东魏孝静帝天平四年（公元 537 年），南兖砀郡（今安徽砀山县）却发现了巨象[1]。这样的巨象显然并非当地土产，因而当地人引

---

[1] 《魏书》卷一一二《灵征志》。

为奇事，捕获后送于邺城。砀郡位于淮北，距淮水并非甚远。这只象恐也不是淮水流域所产。如果是淮水流域的象，则北来到了砀郡，当不至于认为奇事。象的北来正可说明淮北气候已渐转暖，故自然流窜至此。

隋唐时期气候转暖，当时关中梅花盛开，移种的橘树还能结出果实，都是具体的例证。唐代长安宫中种植橘树，这是在前面已经提到过的。唐代诗人对于关中的梅花多有题咏①，当非杜撰之辞。这样的事例是近人论证隋唐时期气候时皆有所征引的。不过这里还有些问题需要澄清。近人论西周春秋时期的气候，皆以其时黄河流域能有梅树作为温暖的证明。而论证隋唐时期气候的又复温暖，其例证还是梅树。这两个温暖时期之间，还夹有一个相当长久的寒冷时期。在这样寒冷的时期，黄河流域当然没有梅树了，既然黄河流域没有梅树，隋唐时期又怎么繁盛起来？东汉时，张衡在所撰的《南都赋》里曾说过："樱梅山柿。"这是说当时南都有过梅树。所谓南都，乃指宛城而言，也就是现在河南省南阳市，南阳市不属于黄河流域，却近于黄河流域，在黄河流域气候转暖的时候，梅花就由附近地区繁植移种过来。

隋唐时期的温暖气候，直到宋初，尚无很大差异。据《宋史》记载，太祖建隆三年（公元 962 年），黄陂有象自南来食稼；乾德二年（公元 964 年），有象入南阳，虞人杀之②。黄陂县今为武汉市黄陂区。南阳即今河南省南阳市。前面说过，南北朝末年，砀郡曾经发现过象。砀郡治所在今安徽砀山县。南

---

① 《全唐诗》卷四〇一，元稹《和乐天秋题曲江》："长安最多处，多是曲江池。梅杏春尚小，芰荷秋已衰。"

《全唐诗》卷五三九，李商隐亦有以《十一月中旬至扶风界见梅花》为题的诗篇。这皆可以证明长安以至关中各处，当时都是有梅树的。

② 《宋史》卷一《太祖纪》。

阳、黄陂两县皆在砀山县之南。距黄河流域更非附近，亦可显示当时仍然相当温暖。当时如果气候已经转寒，象是不会远至这些地方的。

六、隋唐以后各时期气候寒温的变化

宋代的气候还是转向寒冷的。黄河流域再度不栽种梅树就是明显而重要的证据。苏轼咏杏花诗所说的："关中幸无梅，赖汝充鼎和。"王安石咏红梅诗所说的："北人初不识，浑作杏花看。"苏轼这首诗作于宋仁宗嘉祐六年（公元 1061 年）[①]。上距黄陂见象正为百年。苏轼为蜀人，其初至东京开封为仁宗嘉祐二年（公元 1057 年）[②]。王安石北来，略早于苏轼，其间相差也不过几年[③]。在这前后百年上下，北人竟已不认识梅花，可知其间变化还是相当巨大的。这里还可再举郭璞和邢昺的《尔雅》注疏为证。《尔雅·释木》曾举出梅树。郭璞注："似杏实酢。"邢昺无疏。郭璞为晋时河东闻喜人，邢昺为宋时曹州济阴人。闻喜，今仍为山西闻喜县。济阴，今为山东菏泽市。盖均为北人，宜其难得说得具体。由郭璞作注，更可以知道晋时北方已无梅树。宋时不仅黄河流域无梅树，就是东南沿海的荔枝树，也曾不止一次被冻死[④]。长江下游的太湖，湖面广阔，为东南大泽，也曾经全部冰封，洞庭山上的柑橘树同样被冻死[⑤]。就是江

---

① 《苏轼诗集》卷三《次韵子由岐下诗》共二十一首，《杏花诗》即在其中。按：这组诗的引文说："予既至岐下逾月，于其廨宇之北隙地为亭，亭前为横池，……池边有桃、李、杏、梨、樱桃、石榴、樗、槐、松、桧、柳三十余株。"苏轼为凤翔府节度判官为宋仁宗嘉祐六年十一月事，这组诗应作于这一年。

② 《宋史》卷三三八《苏轼传》："嘉祐二年，试礼部。"

③ 《宋史》卷三二七《王安石传》。

④ 李来荣《关于荔枝龙眼的研究》，1956 年，科学出版社。

⑤ 陆友仁《研北杂志》卷上，《宝颜堂秘笈》普集。

南的运河，也不止一次结冰①，这都应是前所未有的气候变化。

　　到了元代初年，论者根据邱处机所作的《春游》诗。指出气候又趋于暖和，这首诗中有句说："清明时节杏花开，万户千门日往来②。"现在杏花也在清明时节开放，可知当时的气候和现在相仿佛，已较为转暖。邱处机这首诗撰写于公元 1224 年，这一年是成吉思汗十九年，宋宁宗嘉定十七年。证明元代气候转暖的文献，目前所可知者仅这一点。虽属孤证，然以得之于目睹亲见，当非虚妄。自然景象，也不是偶然作为，因而是可以征信的。近人论元代气候的温暖，皆以当时黄河流域竹林为证。竹的有无不足以证明气候的变化，已见前文，这里就不再赘述了。

　　不过这样的温暖时期并未继续很久。就在元武宗至大二年（公元 1309 年），已经有了江南运河结冰的记载③，接着太湖又连续封冻，柑橘树也被冻死④。温暖时期就这样再度转入寒冷期。这样寒冷的气候一直持续到明清两代。据竺可桢所征引、明清两代最有说服力的证据，当数到明代袁小修所写的《日记》和谈迁所撰的《北游录》。袁小修《日记》曾记录明万历三十六年至四十七年（公元 1608—1619 年）湖北沙市附近的气候。据所记录，则当时沙市春初的物候较现在武汉市物候约迟 7 天到 30 天。《北游录》则记载谈迁于清顺治十年至十二年（公元 1653—1655 年）往来于杭州及北京间的经历。据其所记，则当时北京的物候也较现在约迟一两星期。袁谈两家撰述的时候，前后相差 50 年上下，华中和华北两地区的气候大致相仿佛，皆

---

①　蔡珪《撞冰行》，见元好问《中州集》卷一。
②　李志常《长春真人西游记》卷一。
③　据竺可桢的征引，此事见元《郭天锡日记》。
④　陆友仁《研北杂志》卷上。

较迟于现在，这当非偶然的现象。谈迁由杭州赴北京，乃是乘舟前往，在经过天津至北京一段路程时，运河冰冻，不能不改乘车辆。按照所记的日程推算，运河封冻期间竟多达107天。这段运河迄至现在，冬季也是会封冻的。不过据1930年至1949年的记录，平均封冻日期只有56天，其间相差是很悬殊的。就是春季开河的日期，清代初年也要较现在迟12天。根据这样的记载，应该说：明清两代的气候是转为寒冷时期的。

由上面的论述可以看到，从人类最初能从事生产活动时起，一直到现在的几千年间，气候时有变化。远古的温暖时期较为长久，秦汉以后，变化就较为频繁。愈到后来，寒冷时期却显得较长。这样温暖和寒冷时期的变化，只是从若干年月和具体事例显现出来的。应该说，气候的变化不仅在较长的时期有所显现，就是短暂的年月中也不是不可能体验出来的。历代史籍中的五行志就曾记载着酷寒、燠暑、早霜、严冰，这样的事例甚至是频繁有过的。但这只是一时的现象，难得作为一个时期显著变化的根据。

七、气候干湿的变化

历史时期不仅气温的寒暖有所变化，就是干湿同样也是会显出变化的。近年来不断发现古代遗留下来的孢粉。根据这样的孢粉，不仅可以测定原来植物存在的年代，还可以测定当时湿润状况。根据学者的探索和研究，距今五六千年前，与温暖的气候同时，为一相当湿润的气候①。其后由湿润的气候转变为干旱气候。但到了距今2500年前，气候又稍显得湿润，这不仅由孢粉的测定得到证明，也是和文献记载相符合的。

---

① 《中国自然地理·历史自然地理·历史时期气候的变迁》。下文论述湿润气候的变迁，所引证的材料亦见此文。

　　前面说过，古代黄河流域是曾经有过许多湖泊的。这些星罗棋布的湖泊应该会对气候起着调节的作用。古代黄河流域正因为这些湖泊，所以显得相当湿润，至少没有现在这样的干燥。因为湿润的关系，所以一直到春秋时期，黄河流域，尤其是黄河下游的人们还是喜欢住在丘陵地区。据说齐景公尊重晏婴，打算替他另起一座新的住宅，说是旧宅湫隘，新宅爽垲①。在现在说起来，山东地方正是爽垲的地方，如果古代和现在一样，那么，晏婴的住宅就不必劳齐景公替他另行建筑了。再以现在山西西南部来说，这是春秋时期晋国的土地。论起地势来，应该比山东还要高亢。春秋时期晋国曾经打算迁都，有人主张迁到郇瑕氏的地方，这里有盐池的利益，应该是不错的。可是另外一位大臣韩献子却提出异议，说是郇瑕氏地方土薄水浅，住得久了，人们是会容易生灾生病的。晋国的臣子们考虑的结果，认为韩献子说得不错，所以就没有向这里迁徙②。由其他记载看来，韩献子的话却不是正确的。因为《诗经》中《魏风》里面就已经提到汾水附近有沮洳的地方③。既然是沮洳地就很难得高亢爽垲了。

　　这样湿润状况由当时森林的分布，也可以得到证明。应该说，湿润的气候促进了森林的生长发育，而茂密的森林也显示出气候的湿润程度。2500年前，黄河流域森林相当繁多，分布的地区也相当广大。这就不免引起一些人的奇怪，因为有些树种现在已不再见于黄河流域，有些森林分布地区已经没有什么树木，因而认为是难以置信的。当时的气候既是温暖而又湿润，为什么不能生长那么多的树木和森林，而所生长的地区又复那

----

　　① 《左传》昭公三年。
　　② 《左传》成公六年。
　　③ 《诗·魏风·汾沮洳》。

么广大？如果以现在的情况忖度以前，怎么不会有这样的疑问。这样湿润的气候后来又再次变干。据说这个变干的界线出现在距今 700 年。这已经是元代初年了。这是据古莲子经过 C14 年代测定所得的结论。这样的结论在文献记载中同样可以得到验证，因为黄河流域的森林繁盛茂密的程度，并未有过多的减低。当然，人为的摧残是不应该计算在内的。

湿润和干旱的变化虽是时有显现，但持续时期的长短，却也不尽相同。经研究证明，如果以公元 1000 年作为界线，把前后分成两段，则在这一年以前，干旱时期持续时间短，湿润时期持续时间长。这一年以后，湿润时期短，干旱时期长。近 400 年中，黄河流域旱灾的发生比较频繁，就是证明。如前所说，黄河流域的森林在距今 700 年还是相当繁盛茂密，近四五百年，森林地区有显著的缩小，这固然是由于人为作用的破坏，但干旱时期的持续时间较长，也不能说就无影响。

由此可见，历史时期气候是有过变化的，而且相当频繁，并非短暂稀少。论述气候的有关影响，是应该以当时的气候作为依据的。以今论古或以古论今，都是不恰当的。

第二讲　我国历史上人口的迁徙

一、自远古至于春秋时期的迁都和迁国

人口的地区分布是会因时而有变化的。变化的原因和方式不尽相同，迁徙应是其中最为主要的一种。

人口的迁徙自古已然。古史简略，往往难悉究竟。然聚族远徙，有些还是历历可征。夏商诸代皆曾频繁改易过它们的都城。都城改易正说明主要族类的迁徙。因为改易都城时，原来居住在都城的族类殆皆随同前往，无所遗漏或豁免。《尚书·盘庚》三篇的叙述可见一斑。及武王灭纣，微子受封于宋，其余相当多的部分遗黎为周人徙之于洛邑①。而鲁国亦得殷民六族②。就在周代，这样迁徙仍时时见于简编。杞国始封地在汉时的雍丘（今河南省杞县），先春秋时已徙于鲁东北③。燕国始封

---

① 《尚书·召诰》，《汉书》卷二八《地理志》。
② 《左传》定公四年。
③ 《汉书》卷二八《地理志》。

当在今河南省漯河市郾城区，亦于先春秋时辗转北徙①，至于今北京市。杞燕迁徙，史有阙文，已不易悉其端倪。入春秋后，迁国之事仍屡见不鲜。然外因实多于内因。郑国始封在今陕西省华县②，西周末年，丰镐沦丧，乃东迁于虢郐之间③。许国所封，本在今河南许昌市。许国曾频繁迁徙，然其三迁于夷（今安徽省亳县南）④，五迁于白羽（在今河南省西峡县）⑤，实出于楚国的安排。当时居于华族周围或与华族杂居的非华族亦曾陆续迁徙。戎子驹支由瓜州迁到东周王畿的附近⑥，而茅戎则由大河之北迁到伊洛流域⑦，前者系由晋国所迁徙，后者殆为他们自己乘机的发展。这里所举的只不过是其中较为彰明显著的事例，其他就不遑枚举了。

二、秦汉时期的人口迁徙及其有关的策略

到了秦汉统一王朝的肇建，版图有了较大的开拓，人口迁徙也就时有所闻了。秦汉王朝的人口迁徙，有两个主要策略：一是强干弱枝，另一则是实边。秦始皇初并天下，就徙各地豪杰和富有的人家于都城咸阳，这一下就徙了 12 万户⑧。这样大规模的徙民是以前所未有的。接着又南征北伐。南取陆梁地⑨为

---

① 顾颉刚先生《浪口村随笔·燕国曾迁汾水流域考》。
② 《史记》卷四二《郑世家》。
③ 《国语·郑语》。
④ 《左传》昭公九年。
⑤ 《左传》昭公十八年。
⑥ 《左传》襄公十一年。
⑦ 《左传》成公元年。
⑧ 《史记》卷六《秦始皇帝本纪》。
⑨ 《史记》卷六《秦始皇帝本纪·正义》："岭南之人多处山陆，其性强梁，故曰陆梁。"

桂林、象郡、南海，迁徙有罪的人 50 万，南戍五岭，和越民杂处①。又北伐匈奴，悉收河南地，筑 44 县，并迁徙有罪的人到那里去居住②，这是最初的迁徙，究竟迁徙了多少家未见记载。过了两年，又迁徙了 3 万家③。秦社倾覆时，赵佗据有岭南，当时迁戍的人大概就在当地居住下去。迁到阴山之下和河南地之人，由于匈奴再度南向牧马，大致都又返回到内地了。

　　这两宗策略到汉时继续运用，其中强本弱末的策略就倡之于娄敬。娄敬认为秦亡之时，诸侯能够兴起，因为它们的贵族并未完全被摧毁。就像齐国的田家和楚国的昭、屈、景诸家，都曾发挥过一定的作用。他们的力量在楚汉战争中都不至于受到任何损失，各处还有当地的豪杰之士，这样一些地方势力是不能轻易忽视的。当时汉朝已确定建都于关中。关中虽为秦的故都，在战乱中人口大量的减少，显得非常空虚。况且匈奴又复南下，距长安最近的路程只有 700 里，轻骑一日一夜就可达到长安城下。这就不能不考虑到如何防御的问题。因此，娄敬就建议迁徙旧日齐国的田家，楚国的昭、屈、景诸家和赵、韩、魏几国王室的后人以及豪杰名家到关中来，这样既可以防备匈奴，万一关东有事，也可以率领这样一些人东去征讨。这样的建议得到汉高帝的采纳，一次就迁徙了十余万口④。这样的强本弱末的策略此后仍继续使用，而徙人口于诸帝陵寝，遂成为两

----

① 《史记》卷六《秦始皇帝本纪》，又《资治通鉴》卷七《秦纪二》。
② 《史记》卷一一〇《匈奴传》。这里所说 44 县，《史记·秦始皇帝本纪》作 34 县。
③ 《史记》卷六《秦始皇帝本纪》。
④ 《史记》卷九九《刘敬传》。按：《汉书》卷四三《娄敬传·注》："师古曰：今高陵、栎阳诸田，华阴、好畤诸景，及三辅诸屈、诸怀尚多，皆此时所徙。"

汉一代的故事①。

汉朝疆土的开拓，以西北各处最为广大。新开拓的疆上殆皆取之于匈奴。匈奴为习于游牧的族类，为汉军所战败，辄举族远徙，所遗留者仅茫茫的草原。汉既得新地，就不能不为之迁徙人口。这不仅汉时如此，就是秦时以及战国燕赵诸国固莫不皆然。汉武帝时再度收复河南地，始置朔方、五原两郡，当年就徙朔方10万口②。后来还有一次大规模的迁徙，迁徙的人数多达725000口③。至于迁徙的地方，有关的记载不尽相同。《汉书·武帝纪》说是徙于陇西、北地、西河、上郡、会稽5个郡。《汉书·食货志》说是"充朔方以南新秦中"。《汉书·匈奴传》则说："浑邪王杀休屠王，并将其众降汉，凡四万余人，号十万。于是汉已得浑邪王，则陇西、北地、河西益少胡寇。徙关东贫民处所夺匈奴河南新秦中以实之。"在这些不同的记载里，所涉及的郡大部分都在西北，独会稽位于东南，相距实远。这次迁徙固然是解救关东贫民的困境，实际上却是巩固西北的边防，这事与会稽无涉。《武帝纪》所说的会稽郡当系误文。这里所说的西北各郡，其中陇西、北地，西河、上郡，皆系旧郡。人口虽皆不多，但较之朔方、五原两处新郡，还应该是有一定的基础的。况且自朔方、五原两郡建立之后，往朔方徙民只有

---

① 《汉书》卷六四《主父偃传》："偃说上曰：'茂陵初立，天下豪杰兼并之家，乱众民，皆可徙茂陵，内实京师，外销奸猾，此所谓不诛而害除。'上又从之。"按：《汉书》卷六《武帝纪》："元朔二年，徙郡国豪杰及訾三百万以上于茂陵"，即因主父偃的奏请而迁徙的。《武帝纪》又记载："太始元年，徙郡国吏民豪杰于茂陵。"又卷七《昭帝纪》："始元三年，募民徙云陵。"卷八《宣帝纪》也说："本始元年，春正月，募郡国吏民訾百万以上徙平陵。"又说："元康元年，徙丞相、将军、列侯、吏二千石、訾百万者至杜陵。"

② 《汉书》卷六《武帝纪》。

③ 《汉书》卷六《武帝纪》。

一次，五原未见记载，可能尚无较大规模的移徙。这次徙民殆未必尽舍新郡而充实旧郡。匈奴浑邪王和休屠王原来皆游牧于河西各处。浑邪王降汉后，分徙其人于黄河之南①，是河西已无若何人口。因而这次徙人，当如《匈奴传》所言，乃是包括河西在内②。在此以后，由于武威、酒泉两郡地增设了张掖、敦煌两郡，再次徙民到这些地方去③。这几次迁徙人口都是由内地迁往边地，也是由狭乡徙到宽乡。可是在稍后的时候，由于武都氐人反，就分徙其中一部分到酒泉郡④，这样的迁徙和前几次就不很相同。其实当时边地人口所属的族类是相当复杂的。一般称为葆塞蛮夷。这些人如何居住边塞近旁，已难具知。不过有两个县值得在这里提出：一是上郡的龟兹县，在现在陕西省榆林县北，一是张掖郡的骊靬县，在现在甘肃省永昌县附近。汉县命名，一般都是有所取义的。这两县的得名显然是当地有龟兹国人和骊靬国人。龟兹国在今新疆维吾尔自治区库车县。骊

----

① 《资治通鉴》卷一九《汉纪一一》。

② 《汉书》卷六《武帝纪》："元狩二年，秋，匈奴昆邪王杀休屠王，并将其众合四万余人来降，置五属国以处之，以其地为武威、酒泉郡。"可是《汉书》卷二八《地理志》却说："武威郡，故匈奴休屠王地，武帝太初四年开。酒泉郡，武帝太初元年开。"两者不同。近年学者间有主张从《地理志》之说的。太初四年在元狩二年后20年。若两郡皆置于太初年间，则浑邪王归汉后，他的人口又皆徙之于黄河以南，河西之地岂不毫无所有，形同异地，这是不可想象的。

③ 《汉书》卷六《武帝纪》。这是元鼎六年事。《汉书》卷二八《地理志》谓张掖郡置于武帝太初元年，敦煌郡置于武帝后元年，皆在元鼎六年之后。元鼎六年既已迁徙人口于其地，何能尚无郡县的设置？《地理志》所载未为得体。这和武威、酒泉两郡的记载相仿佛，皆与实际情况不相符合。

④ 《汉书》卷六《武帝纪》。

軒更远在龟兹之西，当在今地中海畔，西及于意大利国①，这两国的人口是怎样迁徙来？那就不可得而知了。

三、东汉魏晋时期人口的稀少和周边诸族的内徙

到了东汉，人口的迁徙就和西汉不尽相同。东汉都于洛阳，而洛阳就在关东。东汉一代似未运用过强本弱末的策略。东汉对于边圉的宁谧亦素所关心，未敢轻易忽略，但大举为实边而迁徙人口却是未之多见。不仅未大举迁徙人口于边郡，就是内地人在边郡的，也为当地人所仆役，不得与齐民相等②。就在东汉初年，承连岁争战之后，"边陲萧条，靡有孑遗，障塞破坏，亭队绝灭"，显得人口非常稀少。当时曾经派遣专人分筑烽候堡壁，兴立郡县，或空置太守令长，以期招还人民。首先是光武帝对此就不感到若何兴趣。他曾经说过："今边无人而设长吏治之，难如春秋素王矣③。"不仅这样，他还更进一步，迁徙雁门、代郡、上谷吏人6万口，安置到常山关和居庸关以东④。居庸关今仍为居庸关，在今北京市西北。今北京市当时为广阳郡蓟县，为幽州刺史治所。刺史治所是不能说成边郡的。常山关在今河北省唐县西北。今唐县当时也称唐县，为中山国属县。中山国隶属于冀州。冀州的郡县都不能说是边地。这次迁徙雁门、代郡、上谷三郡吏民是因为匈奴侵扰河东州郡的缘故。这次三郡

① 《汉书》卷九六《西域传》："乌弋山离国，西与犁靬条支接。"师古注说："犁读与骊同。"《后汉书》卷八八《西域传》："大秦国一名犁鞬，以在海西，亦云海西国。"按：犁鞬当即犁靬，亦即骊轩。大秦即罗马帝国。罗马帝国立国于今意大利国，其东疆达到地中海之东。

② 《续汉书·郡国志》。

③ 《续汉书·郡国志》。

④ 《后汉书》卷一《光武帝纪》，又卷一八《吴汉传》。

内迁之后，并未再度遣返。可是匈奴南部却因之转居塞内①，使边郡受到威胁。

东汉未能多向边地迁徙人口，但不能不防止边地人口向内地迁徙。远在西汉时就曾经颁布过禁令，禁止边地人口潜返内地。这条禁令到东汉时仍然在执行着，似乎相当严格。但边地人口的大量减少，却也是事实。这由《续汉书·郡国志》所载的顺帝永和五年各郡国人口数字可以略见一斑。五原郡 10 县，有户 4667，有口 22957，平均每县 467 户，2296 人。朔方郡 6 县，有户 1987，有口 7843。平均每县 331 户，1307 口。敦煌郡 6 县，有户 748，有口 29170。平均每县才有 125 户，4862 口。这在全国说来都是最低的。西汉边郡人口已经很少，东汉就更少了。

这里所说的东汉时边地人口的稀少，只是当时政府户口册籍上的稀少，实际上边地的人口并不是就减少到这样的地步。填补这样的空白就是周边各从事游牧的族类的大量内徙。本来沿边各郡早就有从事游牧族类的杂居，到这一时期，迁徙到塞内的游牧族类就陆续相继，前后不绝。他们迁徙的原因各有不同。有的是强力迁入的，有的是逐渐渗入的，有的是得到当时统治者的许可，甚至一些统治者还强制他们向内地迁徙。西汉中叶后，匈奴内部分裂，呼韩邪单于就请求迁居于汉光禄塞下②。东汉更听许南匈奴单于入居西河美稷③。光禄塞还在阴山之下，美稷位于今内蒙古自治区准格尔旗西北，已在河套之内。

---

① 《后汉书》卷八九《南匈奴传》。

② 《汉书》卷九六《匈奴传》。光禄塞在今内蒙古自治区包头市西北。

③ 《后汉书》卷一《光武帝纪》。又卷八九《南匈奴传》。

南匈奴单于既居于美稷，其侯王也相随内徙，分布到沿边八郡①。曹操更以之分为五部，因而散布到并州各处②。当时凉州境内羌族和汉人杂居，也是相同的情况。从东汉时起，政府更是主动迁徙若干近于边境的族类居于内地。因而他们就一再迁徙羌人居于渭水的上游，具体说来就是当时的天水（治所在今甘肃省甘谷县）、陇西（治所在今甘肃省临洮县）、扶风（治所在今陕西省兴平市）三郡③。渭水上游还犹可说，更东还迁到冯翊（治所在今陕西省大荔县）和河东（治所在今山西省夏县西北）④。当时所谓三辅，是包括京兆尹、左冯翊和右扶风三部分。左冯翊和右扶风在东汉初年即已都有了迁徙来的羌族，所剩下的只有京兆尹一隅，也就是西汉时都城的所在地。可是东汉中叶，这一隅之地也迁徙来相当多的羌族⑤。东汉王朝这样的措施是认为迁徙这些本来从事于游牧的族类于内地，当更容易加以统治。到三国时期，魏国还是执行这样的策略。魏武帝就曾徙武都（治所在今甘肃省成县西）氐族于秦川⑥。其后更徙凉州休屠居于安定（治所在今宁夏回族自治区固原市）⑦。至于乌桓的

---

① 《后汉书》卷八九《南匈奴传》。这八郡为北地（治所在今宁夏回族自治区吴忠市西南）、朔方（治所在今内蒙古自治区磴口县北）、五原（治所在今内蒙古包头市西）、云中（治所在今内蒙古自治区托克托县北）、定襄（治所在今山西省左云县西）、雁门（治所在今山西省代县西北）、代郡（治所在今山西省阳高县），当然还有南单于所居的西河郡（治所在今山西省吕梁市离石区）。

② 《晋书》卷五六《江统传》。这五部所居之地为太原郡故法氏县（今山西省高平市）、祁县（今山西省祁县）、蒲子县（今山西省隰县）、新兴县（今山西省忻县）和大陵县（今山西省文水县东北）。

③ 《后汉书》卷八七《西羌传》。

④ 《晋书》卷五六《江统传》。

⑤ 《后汉书》卷八七《西羌传》。

⑥ 《晋书》卷五六《江统传》。

⑦ 《三国志》卷二六《魏书·郭淮传》。

内徙以及鲜卑族入居于并州，都是这种策略推行的结果①。甚至
辽东塞外的高句丽，也被迁徙到河南郡的荥阳县（今河南省荥
阳市东北）②。就在西晋初年，这样的情形还在继续下去。匈奴
由塞外迁徙来的更多，分别居住在河南故宜阳城下和雍州③。晋
时雍州在华山、陇山之间，实为今陕西省的关中部分。宜阳
城当在洛水下游，今河南省宜阳县西。晋时宜阳仍为县治，
隶属弘农郡④，不当说是故城。弘农郡有杂胡，当系这时迁徙
来的。

四、郭钦、江统遣送迁至内地诸族各返故地的建议

迁徙到内地这些游牧族类大致有多少人口？这不容易说得
清楚。前面说过，曹操秉政时，曾分内徙的匈奴为五部，分居
故泫氏县、祁县、蒲子县、新兴县和大陵县。据说居于故泫氏
县的有万余落，居于祁县的有 6000 余落，居于蒲子县的有 3000
余落，居于新兴县的有 4000 余落，居于大陵县的有 6000 余
落⑤。西晋时迁徙到故宜阳县的有 2 万余落。迁徙到雍州等处
的，其中两批共有 40800 人，另有一批凡 10 万余口。同是匈奴
族，分支也不尽相同，据说共有 19 种⑥。氐羌两族迁于关中的
也非少数。据说当时"关中之人百余万口，率其多少，'戎狄'
居半"⑦。就是迁徙到荥阳的高句丽，"始徙之时，户落百数，子孙

---

① 《后汉书》卷九〇《乌桓鲜卑传》。
② 《晋书》卷五六《江统传》。
③ 《晋书》卷九七《匈奴传》。
④ 《晋书》卷一四《地理志》。
⑤ 《晋书》卷九七《匈奴传》。
⑥ 《晋书》卷九七《匈奴传》。
⑦ 《晋书》卷五六《江统传》。

孳息，今以千计"①。这样众多的迁徙人口，与晋人杂居，无怪要引起当世若干顾虑。

就在西晋初年，郭钦和江统都提出遣送这些迁徙来的游牧族类各回故地的建议。郭钦主张"出北地（治所在今陕西省铜川市耀州区）、西河（治所在今山西省吕梁市离石区）、安定（治所在今甘肃省镇原县东南），复上郡（西晋时已无上郡，东汉时上郡治所在陕西省榆林县南），实冯翊"。他还主张"渐徙平阳（治所在今山西临汾市西南）、弘农（治所在今河南省灵宝市东北）、京兆、上党（治所在今山西省潞城县东北）杂胡"②。江统提出迁徙并州之胡和荥阳高句丽的主张，对于关中的氐羌两族更为关心。因主张"徙冯翊、北地、新平（治所在今陕西省彬县）、安定界内诸羌，着先零、罕幵、析支之地；徙扶风（治所在今陕西省眉县）、始平（治所在今陕西省兴平市）、京兆之氐，出还陇右，着阴平（治所在今甘肃省文县）、武都之地"③。以现在的地理来说，匈奴族的居地主要是在山西省的中部和东南部，一直分布到汾水下游的临汾市和太行山西的高平县。就是现在的河北省的西北部和陕西省的北部，以及甘肃省的东北部和河西都有他们的踪迹。至于羌族和氐族，则陕西、甘肃两省的渭水上游以及关中等处实为他们主要的居住地区。这些建议都未能得到重视和实行。

郭钦和江统都没有提到鲜卑和羯族。这里不妨略为论述。远在汉朝，鲜卑已逐渐向南迁徙。其时就有辽西鲜卑、辽东鲜

---

① 《晋书》卷五六《江统传》。
② 《晋书》卷九七《匈奴传》。
③ 《晋书》卷五六《江统传》。

卑、代郡鲜卑等名称①。这是指居住于这几郡塞下的鲜卑而言②。其实当时入居于塞内的亦殊不少，与当地齐民并处。由汉末至于魏晋，称兵北土者，习常招募鲜卑人为兵，往往多至数万③，可知并非寻常。这和南匈奴的移居西河、朔方等郡略相仿佛，不过南匈奴的内移，是得到东汉王朝的允许，几乎是倾国的移徙，鲜卑的入居塞内，只是逐渐的渗入，不为守土之臣所注意而已。当时内徙的鲜卑族分布于现在河北和山西两省的北部，更有远至甘肃省中部和青海省的。建立燕国的慕容氏当系出辽西鲜卑，而迁至今青海省的，后来就建为吐谷浑国④，至于建立后魏的拓跋氏一支鲜卑，则是由瀚海东侧南迁的⑤。

　　羯族就是十六国时期建立后赵的石勒所出的族类。史书谓

---

　　①　《后汉书》卷九〇《乌桓鲜卑传》。

　　②　汉时边陲并非都以塞为界，塞外还有广大的土地，故这几郡的鲜卑得以居于塞下，且乘机入塞骚扰。《后汉书》卷九〇《鲜卑传》："鲜卑入马城塞杀长吏。"注："马城，县名，属代郡。"其地在今河北省怀安县。马城县在当时并非极边之地，马城县北还有且如县，其地在今内蒙古自治区兴和县北，与马城县同濒于于延水。《水经·㶟水注》："于延水出塞外柔玄镇西长川城南小山。……东南流经且如县故城南。应劭曰：'当城西北四十里有且如城，故县也。'《地理志》曰：'中部都尉治。'于延水出县北塞外。……又东南经马城县故城北。"于延水今为东洋河。东汉省并且如县，却并未削减版图。这说明当时北陲各地并不一定以边塞为限。所谓辽东、辽西、代郡的鲜卑正是居于塞下，因能乘当地郡县官吏不备，穿塞烧门，为边郡忧患。

　　③　《三国志》卷八《公孙瓒传》："（刘）虞从事渔阳鲜于辅……等率州兵欲报瓒，以燕国阎柔素有恩信，共推柔为乌丸司马。柔招诱乌丸鲜卑得胡汉数万人，与瓒所置渔阳太守战于潞北，大破之。"《晋书》卷三九《王沉传附王浚传》："浚自领幽州，大营器械，召务勿尘，率胡晋合二万人，进军讨（成都王）颖，……乘胜遂克邺城，士众暴掠，死者甚多，鲜卑大掠妇女。浚命敢有挟藏者斩，于是沈易水者八千人。"

　　④　《晋书》卷九七《吐谷浑传》。

　　⑤　拓跋氏承袭旧说，谓其国内有大鲜卑山，然其居地则在幽都之北，广漠之野，当在今大兴安岭西的草原，故其南迁，当由瀚海的东侧。其初迁于定襄之盛乐，在今内蒙古自治区和林格尔县西北，正远在瀚海的南方。

石勒之先为匈奴别部羌渠之胄。羌渠为入塞的匈奴 19 种之一，也受单于的统领①。既为匈奴的一种，当是与匈奴其他种先后迁徙到内地的。由于羯人高鼻深目多须，和匈奴不同，后人认为《魏书》有者舌国，《隋书》有石国，都于柘折城，即今天的塔什干，石勒的祖先可能就是石国人，移居到中原来的②。如果石勒为石国人，他一个家族远道东来，也并非不可能的。就像西汉时龟兹国人那样，有一部分远道东来，西汉为之设县居住，同样也是可能的。可是冉闵后来诛诸胡羯，竟多至 20 余万③，这不是一个小的数目。可见羯人并未就被杀绝。当时慕容儁就曾迁徙鲜卑胡羯三千余户于蓟（今北京市）④。后来符坚灭慕容晖，还曾徙关东豪杰及诸杂夷 10 万户于关中⑤。此事引起了符融的疑虑，一再道及。就在淝水之战之前，还曾说过："鲜卑羌羯，布诸畿甸"，"鲜卑羌羯，攒聚如林"⑥。既以羯人与鲜卑羌胡并提，可知并非少数。这些羯人之中可能有其他诸胡混称的，但羯人仍当居有最多的数目。这样众多的羯人是如何迁徙到黄河流域，又因为什么缘故这样大批东徙的，似还有待于继续探索。

由周边地区迁徙来的这许多的族类，自然和当地人口杂居。可是封建王朝却一直没有适当的民族政策，一切都是听从自然的发展。汉族既未能使大家融洽无间，统治阶级的剥削压迫又反来造成许多裂痕。西晋末叶，永嘉年间（公元 307—312 年），各族人民乘着晋朝政府腐朽的机会，起来反抗，各族的酋长为

① 《晋书》卷九七《匈奴传》。
② 谭其骧先生《长水集·羯考》。
③ 《晋书》卷一〇七《冉闵载记》。
④ 《晋书》卷一一〇《慕容儁载记》。
⑤ 《晋书》卷一一三《符坚载记》。
⑥ 《晋书》卷一一三《符坚载记》。

了巩固自己的权利，又互相混战起来，使黄河流域陷入了极端不安的境地。

五、汉魏之际社会不安和战争骚扰与人口的迁徙

永嘉乱离促成了黄河流域人口的大量向南迁徙。这是历史上一宗重要的变化。其实黄河流域人口的向南迁徙，在此以前并非绝无仅有，这里不妨略做回顾。远在西汉之时，黄河流域的人对于长江流域的自然条件诸如气候等方面还有感到不适之处。随着岁月的推移，人们既要利用自然，同时也就要克服自然，原来的不适之处是会逐渐转为能够适应的。东汉末年，统治阶级的混战，黄河流域受到相当严重的破坏，邑里丘墟，人民荡析，向来人口最多的地区，差不多都发生逃亡现象。比较说来，江东、巴蜀以及辽东各地兵争较少，遂多为流人所归。尤其是避乱到江东、巴蜀者更多。大概是三辅、南阳各地的人民多迁入巴蜀①，徐州一带的人民则多迁到江东②，这里所说的还是人民自由的迁徙，当时的统治者更大批的强迫迁徙。孙策破庐江太守刘勋于皖城。尽夺其所得袁术的百工及鼓吹部曲三万人，皆徙到吴地③。孙权又攻庐江太守李术于皖城，复徙其部曲三万家④。在蜀汉一方面也积极迁徙人口。诸葛亮初出祁山，就拔在现在甘肃天水西南的西县人民千余家于汉中⑤。后来姜维又徙武都氐和凉州胡于蜀郡，并且还从洮河流域迁徙了许多人民⑥。因为当时人民既纳口赋，又服兵役，有了人口则财政和军

①　《三国志》卷三一《蜀书·二牧传·注》。
②　《三国志》卷五二《吴书·张昭传》，又卷五三《吴书·张纮传》。
③　《三国志》卷四六《吴书·孙策传》。
④　《三国志》卷四七《吴书·孙权传·注》。
⑤　《三国志》卷三五《蜀书·诸葛亮传》，又卷四四《姜维传》。
⑥　《三国志》卷四四《蜀书·姜维传》。

力俱可得到若干程度的解决，所以各国皆设法招徕人民，甚至以武力抢夺人民。

就以吴、蜀两国政府来说，比较重要的人物多为由北方迁来的。在吴国这种迁来的人物几占半数，在蜀汉几乎达到了三分之二①。这些统治阶级人物自表面看来，关系似不甚大。其实当时人口的迁徙常是成群同行。同行人中或者是宗族、亲党，或者是地主阶级的部曲，前行者已得一相当安逸的住所，后边就络绎相随。如邴原避难于辽东，一年之中往归者数百家②，田畴避难于现在河北遵化境内的徐无山中，数年之间，竟聚集到五千余家③。这种情形在蜀汉、吴国政府比较重要的人物中也可以看出来。麋竺的家本在东海，原有僮客万人，他追随刘备，曾以奴客二千人佐备军④。鲁肃由淮南入吴，将轻侠少年数百人同行⑤。吕范也是率领了私客百人依附孙策⑥。这虽然是几条例证，可以看到当时南方人口的增长是有各种不同的方式的。

六、西晋末年永嘉乱离和中原人口的南渡

西晋末年的永嘉乱离，较之汉魏之际豪强混斗对社会的破坏是要严重的多了。这时的乱离主要在黄河流域及其以北的地区。秦岭和淮水以南虽也受到波及，但还不至于那么频繁。更南的长江流域由于距离黄河流域稍远，就显得平静安谧。乱离地区的人口为了避难，就纷纷向南迁徙。当时北方的司、冀、

---

① 拙著《论诸葛亮的攻守策略》。
② 《三国志》卷一一《魏书·邴原传》。
③ 《三国志》卷一一《魏书·田畴传》。
④ 《三国志》卷三八《蜀书·麋竺传》。
⑤ 《三国志》卷五四《吴书·鲁肃传》。
⑥ 《三国志》卷五六《吴书·吕范传》。

雍、凉、并、兖、豫、幽、平诸州皆有遗民南渡①。这是说，远至现在甘肃省河西各处和辽宁的辽河两岸，都有向南方迁徙的人口。就在乱离的初期，南迁人口之多，竟已占到北方原来人口的十分之六七②。这就不能不是有史以来巨大的变化。

永嘉以后，乱离并未止息，连续蔓延，前后共有 136 年③，在这悠长的时期里，北方人口的向南迁徙，陆续出现几个高潮。大体说来，约有四次。永嘉乱离初起时，洛京倾覆，长安继陷，中原人口就已大量向南迁徙。这是第一次。成帝初年，苏峻、祖约为乱于江淮之间，引起北方霸主的南侵，淮南之民率多南渡，于是形成人口再次向南迁徙的高潮。康穆两帝之后，"胡亡氐乱"，关、陇、秦、雍人口趋向汉沔和梁、益两州。这是第三次。东晋末年，刘裕北伐，虽得收复部分疆土，及至宋时，北魏拓土淮南，而氐人又数相攻击，人口又复向南迁徙。这是第四次。此后南北情势有所变化，北方得到较长时期的稳定，人口南迁的局势因而也有所改易④。

人口向南迁徙，因所在地区各异而显得有所差别。大要言之，黄河流域下游的流人，多趋向江淮之间和长江下游。黄河流域上游的流人则多趋向秦岭巴山之南或南出汉沔。在这东西两部分中，也各有些较小的区分。在东部地区中，迁徙到现在江苏省的长江南北的人口，主要是来自山东省及江苏省的北部，也还有来自河北省及安徽省的北部的。迁徙到现在安徽省及河南省淮水以南、湖北东部和江西北部的人口，主要是来自河南省和安徽省的北部，也还有来自河北省及江苏省的北部的。迁

---

① 《宋书》卷三五《州郡志》。
② 《晋书》卷六五《王导传》。
③ 《晋书·载记序》。
④ 谭其骧先生《长水集·晋永嘉丧乱后之民族迁徙》。

徙到现在山东省黄河以南的人口，主要是来自河北省和山东省的黄河以北。在西部地区中，迁徙到现在湖北省长江流域上游和湖南省北部的人口，主要是来自山西省，也还有来自河南省的。迁徙到现在四川省及陕西的汉中的人口，主要是来自甘肃省和陕西省的北部，也还有来自四川省的北部的。迁徙到现在河南和湖北两省的汉水流域的人口，主要是来自陕西省和河南省的西北部[①]。

七、十六国霸主的迁徙人口

南迁的人口得到江左王朝的安置，留在北方的人口，由于十六国霸主的先后起伏，也在辗转流徙，难得有较为长久的安定生涯。在战乱时期，拥有人口不仅可以取得赋税，而且可以征收兵丁。十六国的霸主无不掠夺人口，以图壮大他们的势力。他们所掠夺的人口率皆集中于其都城所在地或其所统治地的重要区域。十六国霸主既起伏不常，时相更代，而又皆以掠夺人口为要务，故人口的被迫迁徙就极为频繁。

由于十六国霸主都在掠夺人口，彼此之间，实互为伯仲，无间彼此。这里姑略举数例，以作说明。建立后赵的羯族石勒及其继承者石虎，先后掠夺人口，无远弗届。所掠夺得来的人口相当多的部分都是集中其都城襄国（今河北省邢台市）及其附近太行山东各处。其后冉闵大杀羯胡时，青、雍、幽、荆州徙户及诸氐羌胡蛮数百万各还本土，以致道路交错，互相杀掠，诸夏纷乱，无复农者[②]。前秦于十六国中最为大国，曾经统一黄河流域。当其初强时，与前燕东西对立，不相上下，后来灭掉

---

① 谭其骧先生《长水集·晋永嘉丧乱后之民族迁徙》。
② 《晋书》卷一〇七《冉闵载记》。

前燕，鲜卑族当然受其摆布，迁到关中的就多至 4 万①，实际上也并非仅有这些人口，因为后来前秦瓦解时，慕容永去长安而东，犹率去鲜卑族 40 万口②。

陇西鲜卑族所建立的西秦，崎岖于河湟之间，兼有黄河以南一隅之地，前后不过 20 余年，其迁徙人口竟达 20 余次，几乎无岁不在迁徙。每次迁徙的率皆在数千户或数万人③。西秦的都城亦一再变动，计有勇士城（今甘肃省榆中县北）、度坚山（今甘肃省靖远县西）、苑川（今榆中县北）、金城（今兰州市）、乐都（今青海省海东市）、谭郊（今甘肃省临夏县西北）、枹罕（今临夏县东北）等数处，每次迁都，都城的人口当然也得随着移徙。

十六国中西凉居于最西北处，也是一个蕞尔小国，就是这样的小国，竟然也有前秦由江汉和中州徙来的人口④。西凉也乘间招徕人口。西凉的都城本在敦煌（今甘肃省敦煌市西），这些迁徙来的人口当然也聚集到敦煌。后来迁都到酒泉（今甘肃省酒泉市），这些人口也随着迁徙到酒泉。当时为了安置这些人口，甚至还分置了会稽、广夏、武威、武兴，张掖几个郡⑤，可知其数目不会是很少的。

十六国时期的一百多年的离乱中，人口的迁徙，如上所说，是相当频繁的。在这样的频繁迁徙过程中，每次被迁徙的人口数目难得都是一样，有的固然相当众多，稀少的也并非就完全没有。如果作为个别的事例来说，本来用不着在这里逐一涉及。因为在其他时期，个别迁徙人口的现象也是寻常都可遇到的。

---

① 《晋书》卷一一一《慕容暐载记》。
② 《资治通鉴》卷一〇六《晋纪二八》。
③ 《晋书》卷一二五《乞伏乾归、炽磐传》。
④ 《晋书》卷八七《凉武昭王传》。
⑤ 《晋书》卷八七《凉武昭王传》。

十六国时期人口的迁徙自有其特殊的情形，未可一概而论。正是由于这样频繁的迁徙，往往促使一些地区甚至一些城市的面貌有了显著的变化。而这样变化的历程又往往相当短促，为时非久，就又成了另外新的局面。平城的变化就可作为例证。平城见于历史的记载并且为后世所道及的，实始于西汉初年，汉与匈奴间的兵争，此后就只是一个普通的县邑，不复引人注意。魏晋之际就是这样县邑的地位也未保持得住。拓跋魏最初迁都于此时也难得有城市的规模。在迁都以前，北魏就已经开始向这里迁徙人口，建都以后，又陆续地迁徙，平城人口之多遂为当时黄河流域其他城市所难以比拟。这种情况一直延续了将近百年的光景①，其间少有变化。另一个例证还可以举出统万城。统万城在今陕西靖边县北，当地人称之为白城子。这座城始建于赫连勃勃，作为夏国的都城。赫连勃勃是在草原之上建城的。建城之时，这里难得有什么居人，正是由于赫连勃勃的大量迁徙人口，统万城才巍然成为一方的都会。就是它的附近地区也有了显著的改观。夏国历年短促，统万城作为都城，前后只有10年②。夏国灭亡后，北魏于其地设置夏州，自北魏迄于北宋，夏州才被隳毁，其规模当然不能和统万城作为都城时相提并论了。其他的霸主也都同样的迁徙人口，其所迁徙的地区，也大都是集中于他们的都城及其附近的地区，这些都城大体都有相类似的变化，而变化的幅度大致是在平城和统万城之间。有些都城是在不同的霸主统治之下继续发挥出一定的作用的，但其中的人口却是再经迁徙聚集，而后始得和前一时期相仿佛，或者有所超过和不如。当刘曜的前赵破灭时，长安的人口就有相

---

① 北魏自道武帝天兴元年（公元398年）迁都平城，至孝文帝太和十九年（公元495年）迁都洛阳，其间共有98年。

② 《魏书》卷九五《铁弗刘虎传》。

当多的数目被迁徙到后赵都城襄国去。后赵后来迁都于邺。邺和襄国相距本不甚远，虽是短途迁都，人口也还是要随着迁徙。但成为问题的却是在石季龙之后，羯族政权行将覆灭时，原来被迁徙来的数百万人口纷纷各还本土。长安人口经过石赵的迁徙，到前秦再以长安为都时，仍须由各处迁徙人口。同样的情形，当邺成为前燕的都城时，这座城池又复成为迁徙人口的集中处所。

八、唐代周边族类的内徙及安史之乱时人口的南迁

有唐一代也和其他王朝一样，人口的迁徙是时有所闻的。域外各族内迁的就不在少数。还在贞观年间，由于内地安定，"中国人自塞外来归及突厥前后内附，开四夷为州县者，男女一百二十余万口"①。所谓"开四夷为州县者"，是就地设州县，而户部因之计算户口，不能就认为是迁徙。这是贞观三年（公元629年）的记载，其时突厥犹未破灭，所谓前后内附，还只是其中的一部分。

颉利可汗破灭时，其部下或走投薛延陀，或入西域，其来降者尚10余万人；就是以后还有降者，先后处于北陲及灵（治所在今宁夏回族自治区灵武县）、夏（治所在今陕西省靖边县北）两州间。当时还曾为这些降人设置了六胡州。六胡州稍后改为宥州。宥州几经迁徙，最后设在夏州长泽县②。

---

① 《旧唐书》卷二《太宗纪上》。按：卷三《太宗纪下》："贞观五年，以金帛购中国人因隋乱没突厥者男女八万人。"
② 《旧唐书》卷一九四上《突厥传上》：为了安置突厥降人，"于朔方之地，自幽州至灵州置顺、祐、化、长四州都督府以统之"。《新唐书》卷三七《地理志》："调露元年，于灵、夏南境以降突厥置鲁州、丽州、含州、塞州、依州、契州，以唐人为刺史，谓之六胡州。……（开元）十年，平康待宾，迁其人于河南及江淮。（开元）二十六年，还所迁胡户置宥州及延恩等县。"

后来平定高丽，内迁的人口至少也有六七十万口①，随后由百济迁来者为数亦非甚少②。这些由高丽迁来的人口，除散在内地外，就"量配于江淮以南及山南、并、凉以西诸州空闲处安置"③。而百济户则是先徙于徐、兖，后乃徙于建安。建安在今辽宁省营口市南。大致说来，凡是迁到内地的，都不使之聚居在一起，因而也难得起到若何的作用。

唐代像这样迁徙邻近各族的人口还是不很少的。如迁吐谷浑④及党项⑤于灵、夏诸州，迁奚族于幽州⑥，迁沙陀于盐州（治所在今宁夏盐池县）⑦ 等，所迁徙的人口都不甚繁多，就难得一一论述了。

唐代人口分布的最大变化是在唐中叶天宝末年。安史之乱骤起，黄河流域绝大部分就都沦为战场。这时仿佛汉魏之际和永嘉乱离之时，由于中原各处兵荒马乱，当地人士就纷纷向南迁徙。这时南迁的路线，也和以前一样，不外三途。其中相当多的一部分，乃是渡淮而南，趋向于江东太湖周围，甚至到更南的各州。亦有由中原直接向南，而至于江、湘各处，或越终南，循栈道，而至于巴蜀。

---

① 《旧唐书》卷五《高宗纪》："总章二年，移高丽户二万八千二百。"如每户以五口计算，则已有十四万余口。《资治通鉴》卷二〇一《唐纪一七》作三万八千二百户。《旧唐书》卷一九九《东夷传·高丽》：唐克安市后，"俘萨以下首长三千五百人，授以戎秩，迁之内地"。其原属高丽的盖、辽、岩三州七万人亦内迁。

② 《资治通鉴》卷二〇二《唐纪一八》："仪凤元年，徙熊津都督府于建安故城，其百济户口先徙于徐、兖等州者皆置于建安。"

③ 《旧唐书》卷五《高宗纪》。

④ 《旧唐书》卷一九八《吐谷浑传》。

⑤ 《旧唐书》卷一九八《党项羌传》。

⑥ 《旧唐书》卷一九九下《奚传》。

⑦ 《新唐书》卷二一八《沙陀传》。

安史之乱倏然发作，黄河下游各处即罹兵燹，故南迁的人口大都就近渡淮。今传世的《安禄山事迹》就曾记载着："衣冠士庶多避地于江淮间①。"当时的李华也说过："今贤士君子多在江淮之间②。"稍后的韩愈更说过："中国新去乱，仕多避处江淮间③。"然江淮之间仍近于中原，远不如江东的安谧，故渡江者更多④。而苏州尤为避难之人聚集的所在。据说这里侨寓的"中原衣冠"，就占了当地户口的三分之一⑤。江东户口有元和年间（公元 806—820 年）的载籍可供考证。元和年间苏州有户100808⑥。三分之一就应有 3300 户。如每户以 5 口计，可能有16 万多口。苏州如此，其附近各州大致也差相仿佛⑦。他们不仅以三江五湖为家，而且"登会稽者如鳞介之集渊薮"⑧，应该说是很多的了。

次于江东的应该数到荆襄诸州了。唐代中叶以后于荆州置荆南节度使。在这里置节度使的缘由，据说是"中原多故，襄邓百姓，两京衣冠，尽投江湘，故荆南井邑，十倍其初"⑨，因而就设置了这样重要的官职。荆州之东的鄂州（治所在今湖北省武汉市）不当南行的大道，也因侨寓的人多，而户口倍增⑩。

---

① 唐姚汝能《安禄山事迹》卷下。
② 《全唐文》卷三一五，李华《送张十五往吴中序》。
③ 《韩昌黎集》卷二四《考功员外卢公墓铭》。
④ 《旧唐书》卷一四八《权德舆传》："两京蹂于胡骑，士君子多以家渡江东。"《新唐书》卷一九四《卓行·权皋传》略同。
⑤ 《全唐文》卷五一九，梁肃《吴县会厅壁记》。
⑥ 《元和郡县图志》卷二五《苏州》。
⑦ 江东的苏、润、常诸州的人士多有自中原迁来侨寓的，拙著《两〈唐书〉列传人物本贯的地理分布》中曾有论述。
⑧ 《全唐文》卷七八三，穆员《鲍防碑》。
⑨ 《李白集校注》卷二六《武昌宰韩君去思碑》。
⑩ 《李白集校注》卷二六《武昌宰韩君去思碑》。

就是洞庭湖畔的澧州（治所在今湖南省澧县东南）同样因侨寓人多而户口倍增①。至于剑南的成都平原和巴蜀各地，也因中原乱离而人口有所增加。潼关为安史乱军攻破后，唐玄宗就仓皇逃避，奔向蜀郡。其后乱离日甚，襁负随来也就络绎不绝。虽未能和江东、荆南相比拟，却也有相当多的数目。

唐代中叶以后，黄河流域的乱离时有所闻，人口迁徙仍不断见于记载，其规模范围似都未能超过安史之乱这一时期。正是由于这一时期黄河流域人口的大量的向南迁徙，无论在经济文化各方面都有显著的影响，因而也就不能不引起治史论世者的注意。

九、两宋之际女真人侵扰时人口的南迁

继唐代中叶安史之乱以后，中原人口再次大规模向南迁徙，是在两宋之际。这是女真人的侵扰所引起的。自北宋末年靖康破灭至南宋隆兴和议告成，前后延续竟长达 30 余年之久，其间以建炎年间（公元 1127—1130 年）至绍兴初年以及金海陵王南侵期间最为高潮。当时南迁人口的众多，远超于安史之乱，直可上侔于永嘉乱离以后的状况。

当北宋初破，徽钦二帝被掳之时，都城居人无间贵贱，皆纷纷南奔，人数之多，竟达巨万，甚至"衣冠奔踏于道者相继"②。南迁的人口率多趋向江东。这固然是由于汴河尚未绝流，道路不至于骤告阻塞，也是由于宋高宗已重新组成政府，为人心之所系。宋高宗当时为金人所追迫，辗转流离，难得定处。其后以杭州为都，粗告安定，因而更为南迁人口所趋向。杭州濒临太湖。太湖本是富庶地区，这时又在辇毂之下，所以就成为南迁人口的聚集之所。杭州隔钱塘江就是浙东，浙东富庶不

---

① 《旧唐书》卷一一五《崔瓘传》。
② 《宋史》卷四五三《赵俊传》。

减浙西。当杭州尚未定都之前，越州（即后来的绍兴府，治所在今浙江省绍兴市）实曾为高宗驻跸的所在，故南迁的人口亦多蹴居其地。当时有人就说："四方之民云集二浙，百倍常时①。"也有人说，"平江、常、润、湖、杭、明、越，号为士大夫渊薮，天下贤俊多避地于此"②，却也都是实际情况。

当时南迁的人口还多有至荆襄和巴蜀的，荆襄之北正当中原，距开封和洛阳皆非甚远。当地人口不能迁往江东的，就多就近趋向荆襄③。至于西北各处的南迁人口，则多奔至巴蜀，其时吴玠、吴璘方先后扼守和尚原和仙人关，巴蜀更较为安谧，是以南迁至其地的人口也显得繁多。当然其间也有由今安徽省渡淮而南，辗转迁至今江西省的，似不如上述各处为甚。

这几条南迁的道路和唐代中叶安史之乱时南迁人口的道路是大致相仿佛的，就是与西晋末年永嘉乱离之后南迁人口的道路也差不多。这当然和当时的交通道路有关。这几个时期乱离的起因虽各不相同，所波及的地区却大致相似。只是安禄山的兵力仅至于长安附近，并未再继续向西骚扰。由于他是经过潼关向西进攻的，因而当时由关中南迁的人口就只能迁到荆襄和巴蜀，而不会由中原趋向江东。

安史之乱始终未越过秦岭和淮水。永嘉乱离之后一直到南北朝时，中原的扰攘和北朝对南方的用兵，虽越过秦岭淮水一线，在长江的中下游最多只是达到江边，亦未能渡江而南。所以南迁的人口大都是过江即止，不至于远至更南的州郡。过远处也不再闻有侨州郡县的设置。唐时虽无侨州郡县的设置，南

---

① 李心传《建炎以来系年要录》卷二〇，建炎三年二月庚午，郑毅所言。
② 《建炎以来系年要录》卷一五八，绍兴十八年十月，莫濙所言。
③ 《三朝北盟会编》中帙卷三九："士民携老扶幼，适汝、颍、襄、邓避难者莫知其数。"

迁的人口亦少闻曾远至岭峤之下暨南海之滨①。到了南宋，不仅太湖、鄱阳湖、洞庭湖周围都有了南迁的人口，就是远至现在的福建和两广诸省也不乏他们的踪迹。南宋宁宗庆元四年（公元 1198 年）邵武军（治所在今福建邵武市）的户数达到142100，较元丰三年（公元 1080 年）增加了 54200 户，其中不少是靖康之乱时迁入的②。而当时广南西路的郁林州（治所在今广西壮族自治区玉林市）③ 和容州（治所在今广西容县)④，也都有来自北方的迁徙者。翻越岭峤的大路，或由郴州，或由大庾（今江西省大余县），皆可会于韶州（今广东省韶关市）而至于广州，再至于广南东路各处。亦可经由桂州（今广西壮族自治区桂林市）至广南西路各处。而郴州一途实为当时通行大道。广南西路既已有许多南迁的人口，则广南东路就不能独为阙如。

这样众多的南迁人口，是会对当地的经济、文化各方面起到相当显著的作用和影响的。

---

① 《新唐书》卷一八一《刘瞻传》："其先出彭城，后徙桂阳。"彭城，今为江苏省徐州市。桂阳，郡名。即郴州，今为湖南郴州市，位于五岭北麓。然史未详著其迁徙年代，不悉其与安史之乱有关否。

② 张家驹《两宋经济重心的南移》，张书作邵武县。核实应为邵武军。一县之中不应有这么多的户数。

③ 蔡絛《铁围山丛谈》卷六："吾以靖康丙午岁迁博白……十年之后，北方流寓者日益众多。"博白当时为郁林州属县。今为广西博白县。

④ 王象之《舆地纪胜》卷一〇四《容州》："容介桂、广之间，渡江以来，避地留家者众。"按：这两条文献记载，张家驹书曾先征引过。

第三讲　统一的封建王朝的版图规模

一、统一的封建王朝时期国界的伸缩

　　夏、商、周三代皆起于黄河流域，即以黄河流域为基础而建立其王朝。王朝建立之后，自然会向周围各地区发展，迄至战国末年，这样的发展已经取得了很多的成就。赵国的北陲已远至于阴山山脉，燕国也囊括了辽水的下游，秦国的西疆也达到洮水的中游，尤其是向南方的发展更显得是在不断的努力之中。迄至战国末年，楚人的统治力量虽尚未越过五岭，然和岭南的交通往来，确已相当频繁。自秦始皇统一六国之后，始兼有黄河、长江和珠江三大流域的土地。此后各统一的王朝的疆域间有伸缩变迁，殆莫不以此三大流域为基础。应该指出，各统一的王朝的版图中都可以分为两个部分，一为郡县设置的地区，一为有关各族居住的地区。一般说来，有关各族居住的地区绝大部分都在周边各处；郡县设置的地区都在黄河、长江、珠江三大流域，还兼及其邻迄各处，其实这也不是截然分开的，其间相互交错之处还是不少见的，甚至周边各族居住的地区也有郡县的设置。

这里就从秦统一六国以后开始论述。秦国统一以后的版图远较战国时期为广大。《史记·秦始皇帝本纪》就曾明确记载过：当时秦地东边到海滨，并且达到朝鲜；西边达到临洮羌中；南边达到了北向户；北边据河为塞，依傍着阴山一直达到辽东。不过司马迁把这种事情记载在始皇的二十六年。这一年为公元前221年。也就是秦统一六国的那一年。时间是靠前了一点。因为战国时期秦国的北边仅至于肤施、朝那①。肤施在今陕西省榆林县南，朝那则在今宁夏回族自治区固原市东南，去阴山尚远，秦国土地能够达到阴山，这是蒙恬驱逐匈奴的结果。而蒙恬出兵为秦始皇三十三年（公元前214年）的事情，已在统一以后数年了。蒙恬这一次举动使秦国增加了不少的土地，并且在阴山之下建立了九原郡（治所在今内蒙古自治区包头市西）。秦国的西疆已经越过了洮水。当时的临洮就是现在甘肃省岷县，正濒于洮水。洮水的东西本来都是羌人的居地。既然说到羌中，就是不复以洮水为限了。七国时期，秦国的土地似尚未至现在的兰州市，蒙恬拓土，秦国遂由榆中依傍黄河向东置县，一直到了阴山之下，于是秦国的西北界就在黄河之北了。也就在蒙恬出兵那一年，秦国又取得南粤地，建立了南海、桂林、象郡三郡②。南海郡治所在今广东省广州市，桂林郡治所无考，其辖境约当现在广西壮族自治区的东部和中部，象郡治所在今广西

---

① 《史记》卷一一〇《匈奴传》："（冒顿）悉复收秦所使蒙恬所夺匈奴地者，与汉关故河南塞，至朝那、肤施。"朝那、肤施为秦昭襄王时所修筑的长城经过的地方，这条长城就是当时秦国的北边境界。

② 《史记》卷六《秦始皇帝本纪》。

壮族自治区崇左市，其辖区南伸至今越南①。那里的居民都是朝
北开着门户，所以称为北向户②。秦国东北和朝鲜为邻，这是战
国末年以来的旧形势。不过秦国的边界已经越过了浿水。汉朝
初年因为秦界太远，就以浿水为界。浿水为现在的鸭绿江。有
人说，浿水应该是大同江。大同江在今平壤城南。秦汉之际朝
鲜国都王险城，正在大同江南岸，其故地和现在平壤隔江相望。
如果浿水为大同江，则秦界就远在王险城以南了，这是与事实
不相符合的。秦国的旧疆界应该在大同江以北，和鸭绿江无涉。

　　西南的巴蜀本是秦国的旧壤。六国灭后，秦国继续向西南
发展，在邛、筰、冉駹等族居地置了若干县③。按照当时的情形
看来，秦国的版图已达到了邛徕山脉和大渡河下游。汉文帝曾
以严道铜山赐邓通④。严道在今四川省雅安县西南，距邛徕山脉
很近。铜山出产虽丰，却也是极边之地，当时淮南王刘安有罪，
同样也被安置在这里⑤。不过长江以南今贵州省和大渡河下游以
南今四川省西南部及其以南的云南省，秦时却没有很多致力，
建置郡县，大致是过了长江和大渡河就暂止了。南夷的居地东
至现在湘贵之间。秦国在那里因着楚国黔中郡的规模，仍然保

---

　　①　秦所置象郡，《史记》卷六《秦始皇帝本纪·集解》引韦昭说及《水经·温水注》引应劭《地理风俗记》，皆谓就是汉朝的日南郡。《汉书》卷二八《地理志》日南郡本注也说："故秦象郡，武帝元鼎六年开，更名。"汉日南郡在今越南境，北起今河静之南，濒海南下，直至越南南部。《水经·温水注》又引《晋书地道记》："（日南）郡去卢容浦口二百里，故秦象郡象林县治也。"卢容及象林县皆在今越南顺化。或谓秦象郡南界尚不过今越南河内，当非是。
　　②　《汉书》卷二八下《地理志下·注》。
　　③　《史记》卷一一七《司马相如传》。
　　④　《史记》卷一二五《佞幸传》。
　　⑤　《史记》卷一一八《淮南厉王长传》。

持着沅、澧上游的土地①。

汉朝初年的版图远比秦时为狭小。它不仅改变和朝鲜的疆界，而且也放弃了秦朝在岷山和邛徕山下各部落中的新县②。最大的变化乃是在北边和南边。秦汉之际匈奴势力复强。又越过阴山向南发展，于是汉的北界重新退缩到肤施、朝那一线，和战国末年的情况相同③。在岭南由于赵佗的独立，秦时所设立的三个新郡，依然被划在版图之外④。就是在东南海岸上也和以前不一样。那里本是闽越的故地。秦时废掉闽越王，设置了一个闽中郡（治所在今福建省福州市）。汉朝初年闽中郡已不存在。闽越虽受汉的封爵，实际也成了独立的状态⑤。

汉朝的强大是由武帝时候开始的。这时由于灭掉了南越和东瓯（都城在今浙江温州市）、闽越，岭南和东南沿海已经恢复到秦时的旧规模。东南沿海的新地当时是并入到长江下游的会稽郡（治所在今江苏省苏州市）的⑥。在岭南同时建立了南海（治所在今广东省广州市，为秦时旧郡）、苍梧（治所在今广西壮族自治区梧州市）、郁林（治所在今广西壮族自治区桂平市）、合浦（治所在今广西壮族自治区合浦县东北）、珠崖（治所在今海南省海口市琼山区东南）、儋耳（治所在今海南省儋州市西北）、交趾（治所在今越南河内）、九真（治所在今越南清化）、

---

① 《史记》卷五《秦本纪》："昭王三十年，蜀守若伐取巫郡及江南，为黔中郡。"

② 《史记》卷一一七《司马相如传》。

③ 《史记》卷一一〇《匈奴传》。

④ 《史记》卷一一三《南越尉佗传》。

⑤ 《史记》卷一一四《东越传》。

⑥ 《史记》卷一一四《东越传》："于是天子曰：'东粤狭多阻，闽粤悍，数反复。'诏军吏皆将其民徙处江淮之间，东粤地遂虚。"然《汉书》卷二八《地理志》会稽郡冶县，师古注："本闽越地。"

日南（治所在今越南广治）九郡①。后来珠崖、儋耳两郡以荒远废除②。汉朝疆土的重要开拓是在西北方面。这是汉朝和匈奴不断战争的结果。汉朝在这方面不仅恢复了秦时阴山山脉的国界，而且取得了祁连山北的河西走廊。在阴山以南、当时建立了五原（治所在今内蒙古自治区包头市西）和朔方（治所在今内蒙古自治区杭锦旗西北）两郡③。在祁连山下也建立了武威（治所在今甘肃省武威县）、张掖（治所在今甘肃省张掖县）、酒泉（治所在今甘肃省酒泉市）和敦煌（治所在今甘肃省敦煌市西）四郡④，也就是所谓的河西四郡。这四个郡是通往西域的大道必经之地，一般也就称之为河西走廊。河西四郡之东为新设立的金城郡（治所在今甘肃省兰州市西北）⑤。这个郡主要是在湟水流域。河湟之间本为羌人的故土，汉朝在这方面的发展已远远超过了秦时洮水流域的疆界。金城郡的建置对巩固河西走廊的交通道路是有帮助的。由于河西走廊道路的畅通，汉朝能够经营西域，并设置西域都护府（治所在今新疆维吾尔自治区轮台县东），以统治南北两道。由于西域都护府的设置，这一方面的版图达到了现在的巴尔喀什湖畔。

汉朝中叶的疆土在西南和东北两方面也都有很大的发展。西南地区包括现在甘肃省西部、四川省西部和云南、贵州两省。当时在今甘肃省南部设置了武都郡（治所在今西和县西南），在今四川省西部设了汶山（治所在今茂汶羌族自治县）、沈黎（治所在今汉源县东北）、犍为（治所在今宜宾市），越嶲（治所在

---

① 《汉书》卷九五《南粤传》。
② 《汉书》卷六四下《贾捐之传》。
③ 《史记》卷一一一《卫青传》，又卷一一〇《匈奴传》，《汉书》卷二八下《地理志》。
④ 《史记》卷一一〇《匈奴传》，《汉书》卷二八下《地理志》。
⑤ 《汉书》卷二八下《地理志下》。

今西昌市）四郡，在今贵州省设立了牂柯郡（治所无考），在今云南省设立了益州郡（治所在今澄江县西）。后来汶山、沈黎两郡废除，实际只设了五个新郡①。在东北也超过了秦时的规模。当时在这方面新设了玄菟（治所在今辽宁省新宾县西）、乐浪（治所在今朝鲜平壤南）、苍海、真番和临屯（这三郡治所无考）五郡。后来苍海、真番和临屯三郡先后废省，仅存玄菟和乐浪两郡②。

汉朝在武帝以后的版图是远远超过了秦时。只是在对匈奴的战争中却失掉了造阳地③，使当时少了一些设置郡县的地区。造阳在现在河北省的独石口。这是秦时边境上一个突出的地区，也是燕国北长城西端的起点④。后来明朝修长城，还特别绕过这个地区的北边。无怪乎汉朝认为没有保持住这个地区是一个重大的损失。

东汉在版图方面完全承继了西汉的规模，没有显出若何的变化。明帝时曾在今云南西部澜沧江以西建立了永昌郡（治所在今云南省保山市东北）⑤。这里本是哀牢族人的居地。哀牢人内属之后，汉于其地设博南（在今云南省永平县南）、哀牢（当在今云南省怒江之西）两县，并割益州郡的西部，设置这个新郡。当时凿山渡水引起人们的烦怨⑥。不过澜沧江西边西汉时已经在那里设有不韦县⑦。并不是东汉才开始有这样的动作。就整

---

① 《史记》卷一一六《西南夷传》。
② 《史记》卷一一五《朝鲜传》，《汉书》卷六《武帝纪》，又卷九五《朝鲜传》。
③ 《史记》卷一一〇《匈奴传》。
④ 《史记》卷一一〇《匈奴传》。
⑤ 《后汉书》卷二《明帝纪》。永昌郡设立于明帝永平十二年，《续汉书·郡国志》作永平二年，误。永平十二年为公元 69 年。
⑥ 《后汉书》卷一一六《西南夷传》。
⑦ 《汉书》卷二八下《地理志下》。

个版图来说，前后还是相仿佛的。

但是东汉的版图并不是完全没有变化的。当时西北各族不断向内地迁徙。终于引起羌人和东汉政府的冲突。东汉政府采取了内徙郡县的方式，避免创伤。当时内徙的有金城、陇西、上郡、安定（治所在今甘肃省镇原县东南）、北地（治所在今宁夏回族自治区灵武县西南）诸郡①。金城、陇西在现在甘肃省内，还没有迁徙很远。安定在今宁夏回族自治区南部，北地在今甘肃东北部，上郡在今陕西省北部，都迁到关中地区。后来到东汉末年，北边人口更为稀少，曹操遂省掉云中（治所在今内蒙古自治区托克托县东北）、定襄（治所在今山西省右玉县南）、五原、朔方（治临戎，今内蒙古自治区磴口县北）四郡，每郡改置一县，合成一个新兴郡②。这四郡设在今内蒙古自治区西南部和山西省北部，正是阴山山脉以南的地方。三国初年，又把新兴郡徙于句注山（在今山西省代县北）以南。所以后来的西晋王朝，北边的版图只能稍稍越过雁门关③，还能兼有洛水下游和泾水上游各地④。西晋结束了三国时期的分裂局面，吴、

———————————

① 《后汉书》卷一二七《西羌传》。按，金城郡徙居襄武。襄武县属陇西郡，今甘肃省陇西县，陇西郡亦徙襄武。陇西郡本治狄道，为今甘肃省临洮县，今陇西县在临洮东，故陇西郡得以徙居。安定郡徙居美阳。美阳为右扶风属县，在今陕西省武功县。北地郡徙池阳，池阳为左冯翊属县，在今陕西省泾阳县。上郡徙衙，衙亦左冯翊属县，在今陕西省白水县北。

② 《三国志》卷一《魏书·武帝纪》。《太平寰宇记》卷四二《忻州》："《十三州志》云：'汉末大乱，匈奴侵边，自定襄以西尽云中、雁门之间遂空。建安中，曹操集荒郡之户以为县，聚之九原界，以立新兴郡，领九原等县，属并州。'即此地。"接着又说："秀容县，……后汉末于此置九原县，属新兴郡。"按宋忻州秀容县为今山西省忻州市，已在句注山之南。

③ 西晋雁门郡治广武县，其地今为山西省代县，在雁门关南。这个郡最北属县有马邑、江陶、崞县等，依次相当于今山西省朔县、应县和浑源县。皆在雁门关北。

④ 洛河下游为晋冯翊郡地，泾河上游为晋安定郡地，再北旧郡皆已荒废。

蜀的故土这时重新归于统一，南方各地和两汉时期没有什么差异，但这北边一线，却承继汉魏以来一再内徙郡县之后，比较西汉时期显得狭小。

隋唐两朝都是强盛的时代，它们的版图自然相当广大。在北陲，它们重新达到并且超过阴山山脉。唐代为了镇抚边陲，还特设单于都护府①和安北都护府②。两都护府的辖地，远越阴山山脉，达到了贝加尔湖。西北方面它们也控制了河西走廊，隋朝的郡县建置一直到玉门关外的且末县③。唐朝在这方面的成就较之隋朝还要巨大。唐朝的伊州和西州，就是现在新疆维吾尔自治区的哈密市和吐鲁番市。天山以北，现在的乌鲁木齐市和吉木萨尔县，以及天山以南的焉耆、库车、喀什、和田等处，唐朝已经视同内地。当时为了统辖这些地方，还设了安西都护府（其初治所在今新疆维吾尔自治区吐鲁番市东南，后移至龟兹，今为库车县）和北庭都护府（治所在今吉木萨尔县北）④。两都护府所领颇广，迄西至于夷播海（今巴尔喀什湖）⑤、雷翥海（今咸海）⑥。在黄河的上游，隋朝的郡县更围绕着青海湖建

---

① 《新唐书》卷三七《地理志》："单于大都护府，本云中都护府，龙朔三年置，麟德元年更名。"所治的金河县为今内蒙古自治区和格林尔县。按《元和郡县图志》，其治所东受降城，在今内蒙古自治区托克托县，盖为后来的迁徙。

② 《新唐书》卷三七《地理志》："安北大都护府，本燕然都护府。龙朔三年曰瀚海都督府。总章二年更名。开元二年治中受降城，十年徙治丰、胜二州之境，十二年徙治天德军。"按：中受降城在今内蒙古自治区包头市西南，天德军在内蒙古自治区乌拉特前旗北。

③ 《隋书》卷二九《地理志》："大业五年平吐谷浑置（鄯善郡），并置且末（郡）。"

④ 《旧唐书》卷四〇《地理志》，《新唐书》卷四〇《地理志》。

⑤ 《旧唐书》卷四〇《地理志》，《新唐书》卷四〇《地理志》。

⑥ 《旧唐书》卷一九四下《突厥传下》，《新唐书》卷二一五下《突厥传下》。

立起来。唐朝在这里虽要让隋朝一筹，但河湟之间还是在它的版图之中。在东北方面，隋炀帝虽数次远征高丽，可是它的东疆仍是限于辽水以西。唐朝在和高丽的战争中取得了胜利，版图向东推广，一直达到了朝鲜半岛的中部。它的安东都护府就设于平壤城中。不过到了中叶却依然退还到辽水以西。辽水以东各地，委于渤海和新罗，再未加以过问①。隋唐两朝在南方的版图由于皆不再在各民族杂居地区设置郡县，因而显出了蹙缩的模样。隋朝在南陲设置交趾郡，唐朝接着设置交州，其治所就在今越南的河内②。在这一方面隋唐两朝的版图皆能上追西汉盛时，不过西南一隅，则稍有不足。隋时在这方面设置郡县的区域，最远只达到现在四川省安宁河流域③和现在贵州省乌江的上游④。唐朝设州稍远，然最远也只达到现在云南省蜻蛉河上⑤。现在贵州省乌江中游以下当时也曾设立了若干郡县。

唐代极盛的时期是在开元、天宝年间（公元 713—756 年）。在此以前，边地的建置即已有所变迁。安东都护府治所的内移，

---

① 《新唐书》卷三九《地理志》："安东上都护府。总章元年，李勣平高丽国，得城百七十六，分其地为都督府九，州四十二，县一百，置安东都护府于平壤城以统之。……上元三年徙辽东郡故城，仪凤二年又徙新城。……开元二年徙于平州，天宝二年又徙于辽西故郡城。至德后废。"平壤城即今朝鲜平壤。辽东郡故城在今辽宁省辽阳市。新城在今辽宁省抚顺市北。平州治所在今河北省卢龙县。辽西郡故城在今辽宁省义县东南。

② 《新唐书》卷四三上《地理志》。交州本治交趾，后徙治宋平。宋平在今越南河内，交趾则在河内之北。

③ 隋于西南方面所设的郡，最远的当数到越巂郡。越巂郡的治所在今四川省西昌市。见《隋书》卷二九《地理志》。

④ 隋于今贵州省乌江上游设有牂柯郡，治所在今瓮安、余庆两县间，见《隋书》卷二九《地理志》。

⑤ 唐初曾于蜻蛉河上设置姚州。姚州治所在今云南省姚安县。《新唐书》卷四二《地理志》于姚州条说："（由）泸州乃南渡泸水，经褒州、徽州三百五十里至姚州。州距羊咀咩城三百里。"

就初显征兆。这是在前面已经论述过的。然而最大的变迁却是中叶以后的西方。由于吐蕃的强盛，它乘安史之乱边兵内撤的机会，夺去了陇上和河西各地。唐德宗建中三年（公元 782 年），唐蕃在清水会盟（清水即今甘肃省清水县），重新确定两国的疆界。唐朝的土地西面仅达到弹筝峡（在今甘肃省平凉市西，六盘山下）。由弹筝峡南行，达到陇州（治所在今陕西省陇县）西面的清水县、凤州（治所在今陕西省凤县东北）辖下的同谷县（今甘肃省成县）。南面直到剑南的西山和大渡水（今大渡河)①。清水会盟时，河西的沙州（治所在今甘肃省敦煌市西）和安西、北庭两都护府仍为唐守，其后也陆续为吐蕃所据有。唐朝末年，陇右、河西先后收复回来，安西和北庭却以道远，一直未能兼顾。就在吐蕃强盛时，在今云南省西部的洱海旁边，南诏也强盛起来，势力所及直达到大渡水畔，北距成都也不是很远了。

宋朝虽然也是一个统一的王朝，版图却是分外的狭小。宋时人们经常提到幽云十六州的问题，认为这是金瓯残缺的恨事。所谓幽云十六州，指的是幽（治所在今北京市）、蓟（治所在今天津市蓟州区）、瀛（治所在今河北省河间市）、莫（治所在今河北省任邱县北）、涿（治所在今河北省涿州市）、檀（治所在今河北省怀来县）、顺（治所在今北京市顺义区）、新（治所在今河北省涿鹿县）、妫（治所在今河北省怀来县东）、儒（治所在今北京市延庆区）、武（治所在今河北省张家口市宣化区）、云（治所在今山西省大同市）、应（治所在今山西省应县）、寰（治所在今山西省朔州市东）、朔（治所在今山西省朔州市）、蔚（治所在今河北省蔚县），分布于现在北京市和河北、山西两省

---

① 《旧唐书》卷一九六下《吐蕃传下》。

的北部①。由于幽云的丧失，所以两河北部和唐时比较起来就有了显著的区别。

宋人在河北只能凭借着瓦桥（在今雄县）、益津（在今霸州市）和草桥（在今高阳县）三关和白沟塘泺来防守。在太行山西也只是守住句注山脉。宋朝不仅见凌于契丹，并且常为西夏所侵扰。在这方面宋朝所能控制的只是绥德（军治所在今陕西省绥德县）、延安（府治所在今陕西省延安市）、环州（治所在今甘肃省环县）、会州（治所在今甘肃省靖远县）一线。宋神宗熙宁时（公元1068—1077年），宋人恢复熙河等处（熙州路治所在今甘肃省临洮县，河州路治所在今甘肃省临夏县东）和兰州（治所在今甘肃省兰州市），后来还取得了湟水流域②，使蹙缩的情势稍稍有点改变。在西南各处宋朝和隋唐比较起来，也显得不如。隋唐曾经统治到安宁河流域，宋朝最远才达到大渡河上。唐时的安南都护府一直设在交州，宋时交趾已经独立，邕州（治所在今广西壮族自治区西宁市）以西就是边界了③。

元朝的疆土当然是为宋朝所不及的。元朝的岭北行省包括了阴山以北的蒙古旧地，岭北行省西边接连窝阔台和察合台两大汗国，它们本是一个帝国的分支，和其他邻国不同。东边黑龙江的下游也都在岭北行省的范围之中。而征东行省就是设于朝鲜半岛的高丽国境。西南各处隋唐各朝未能列入版图的少数民族杂住的地区，这时同样设置了行省。现在的青海和西藏当

---

① 《资治通鉴》卷二八〇《后晋纪一》，又《新五代史》卷八《晋本纪》。幽云十六州亦称燕云十六州。《宋史》卷八五《地理志·序》即以燕云十六州相称。北宋末年以幽州为燕山府，以云州为云中府，并设燕山府路和云中府路。北宋燕山府路中不包括瀛、莫二州，因为后周时收复了这两个州。

② 《宋史》卷八六《地理志三》。

③ 《宋史》卷九〇《地理志六》，《宋史》卷二九〇《郭达传》。宋时邕川辖地直至左江上游，其所辖的广源州，就相当于今越南高平东北的广渊。

时是没有设置行省的地区。不过吐蕃实际也服从元朝的统治并非独处于版图之外。

明朝推翻了元朝的统治，但是鞑靼和瓦剌却还是明朝的敌国。明初东北控制着黑龙江入海的地方，并在那里设置努儿干都司。那时辽水流域，可说和内地一样。辽水以西，则有大宁（在今内蒙古自治区宁城县附近）、开平（在今内蒙古自治区多伦县）和东胜（在今内蒙古自治区托克托县）诸地作为北方的屏藩。后来努儿干都司废去，大宁内撤，开平和东胜的卫所也都迁到内地①，因而河套受到了影响就成为游牧的地区。明朝的西边也不是十分广远，最西只是达到嘉谷关和湟水流域。好在西南还保持着元朝的旧规。云南和贵州两省和内地的省区并没有什么区别的地方。明朝初期还曾经一度取得安南②，可是不久仍然放弃。

清朝的版图远超于明朝，清朝的统治者起于长白山下，白山黑水之间自然是他们根本所在地。就是黑龙江入海处的库页岛也是列在版图之内。当时的疆土是由库页岛北端渡海向西，循外兴安岭和蒙古国的北部，再由萨彦岭西至巴尔喀什湖，而达到葱岭西部，又折向东南，循喜马拉雅山，而至于伊洛瓦底江的上游。就在东部海上，也是包括混同江及乌苏里江以东的沿海各地，更由辽东半岛循海岸南行，至于广东省的西南。当然也兼有库页、台湾、海南诸岛和南沙、中沙、西沙、东沙诸群岛。后来土地蹙缩，黑龙江以北，乌苏里江以东都先后失去。就是西北各处也难保持旧规，原来的界线还在巴尔喀什湖外，这时连伊犁河的中下游及其南北各处也都失去。

---

① 《明史》卷九〇《兵志》。

② 《明史》卷三二一《安南传》：" （永乐）五年五月，安南尽平，群臣请如耆老言，设郡县。六月朔，诏告天下，改安南为交趾，设二司。"

二、山脉与国界

如上所说，从秦朝以后，各统一王朝的版图是广狭不一的，不过它们基本上都是据有黄河、长江和珠江流域，当然绝大部分还都涉及这几个流域之外。这里先就有关这几个流域的情形再作说明。这里所说明的是和各王朝边界的变迁有关。在当时虽有变迁，在现在看来，这都是各兄弟民族之间的一些问题。这里提出来再作说明，只不过是通过这样的一些问题，可以看出各王朝对于自然条件的利用。在自然条件不足的时候，又是如何发挥人为的作用，希望得到若干的补苴，以达到他们巩固边围的目的。各王朝的疆界虽难得一致，但大体可以看出当时都在设法获得可以防守的界线。由这一点说来，阴山山脉在若干时期的国防中就曾经起着重大的作用。阴山山脉自然区别了农业和牧畜的地区。在以往悠久的时期中农业地区的人们认为这是阻隔游牧部落南下牧马的天然屏障，必须加以控制①。而河套平原农业的发展正是控制阴山山脉的重要措施，这条山脉以北不适于经营农业，所以农耕民族也难得在那里立足。汉唐两个王朝曾经不止一次地占据过大漠的南北，但仍然需要退回到阴山山脉的附近②。如果游牧部落控制了这条山脉，则河套地区也就很容易改成牧场。西汉初年，匈奴南下又和汉以朝那、肤施为界，汉朝长安便感到莫大的威胁，认为他们的轻骑一日一夜就可以来到城下③。明时毛里孩、乩加思兰等进入河套，于是延绥、宁夏、陕西就需要经常屯驻重兵，但还不容易保障边地

---

① 《史记》卷六《秦始皇帝本纪》引贾谊《过秦论》；《汉书》卷九四《匈奴传》；《读史方舆纪要》卷六一《陕西一〇》引《九边考》。

② 《史记》卷一一〇《匈奴传》，《汉书》卷二八下《地理志》。

③ 《史记》卷九九《刘敬传》，又卷一一〇《匈奴传》。

的不受骚扰①。

　　同样的情形也见之于祁连山和合黎山之间的河西走廊。这是内地通往西域的大道，它关系着国防的巩固和经济的发展。从汉朝开辟了这条道路时起，后来的王朝虽有兴废，控制这条道路的策略却始终没有改变。这里虽有祁连山和合黎山的天然屏蔽。但是弱水的下游注入居延泽中②，黄河支流湟水的上游却离青海湖不远，都是游牧部落进入河西走廊的捷径③。由这一点当可以理解到汉朝在控制河西走廊的同时还要控制弱水下游居延泽以及湟水流域的缘故。这并不是汉朝的人们独有的敏感，就是后来若干王朝也都没有忽视过。西晋时鲜卑族吐谷浑的西迁就是通过了河西走廊的东端，辗转游牧于青海湖的附近④。明朝中叶后，蒙古俺答汗诸子西迁至青海湖畔，所经过的途径也是相仿佛的⑤。

　　从战国时期秦国始取得巴蜀起，当时的江水（实际上就是现在的岷江）上游就归入版图，以后就少有变更。这里的界线是相当明显的。不过却很少见于文字的记载。唐代中叶以后和吐蕃清水会盟时所确定的两方境界，就曾明确地提出"剑南西山"。这样的规则实际上是确定了历来在这个地区传统的界线。所谓"剑南西山"也就是指邛徕山和大雪山而言。这两条山脉隔绝了农耕地区和游牧地区。这样的隔绝和阴山山脉不同。邛徕山脉和大雪山脉的东西的不同族类，大体说来很少互相逾越，这是和阴山南北是不甚相同的。

---

　　① 《明史》卷三二七《鞑靼传》。
　　② 《汉书》卷二八下《地理志下》。
　　③ 《汉书》卷二八下《地理志下》，又卷六九《赵充国传》。
　　④ 《晋书》卷九七《吐谷浑传》，《魏书》卷一〇一《吐谷浑传》。
　　⑤ 《明史》卷三二七《鞑靼传》。

这里所提到的这些山脉，大多是近于黄河流域和长江流域。当然还可以涉及更为遥远的地方。西汉时始经营西域，当时汉德广被，康居、大月氏、乌弋山离以至于大宛、休循各国，皆相继远来贡献。西汉于西域设立都护，其所维护的却只是天山南北，而未超越于葱岭以外。葱岭高耸，东西两方也是受到了隔绝。唐代在西域的经营，其威力所及甚或超过了西汉。当时在西域曾设置过四镇。这是指龟兹、于阗、焉耆、疏勒而言①。但是中间还曾以碎叶代替焉耆②。碎叶镇濒碎叶水（今楚河），在今苏联托克马克。不过为时并非很久，仍以焉耆补足四镇之数。龟兹、于阗、焉耆、疏勒四镇历时最为长久，而这四镇又皆在葱岭之东，足徵葱岭在当时边防的重要地位。

唐时吐蕃崛起于西南，在其取得吐谷浑旧地后，曾长期以赤岭与唐为界③。赤岭在青海湖东，就是现在的日月山，为唐蕃交往必经之路。赤岭虽非大山，却也是当时能够隔绝农耕地区和游牧地区的界线。吐蕃南有雪山，就是现在的喜马拉雅山。由于吐蕃强盛，曾越山而取得泥婆罗（今尼泊尔国）。迄于元代，以吐蕃旧地为宣政院辖地，喜马拉雅山西段仍为这个地区的南界。下至清时，依然未改。就是因为有这样一段因山的界线，西藏才得借以抗拒英国帝国主义的觊觎和侵略。

其他各处只要是山岭高地足资利用作为防守的凭借的，也就往往为一些王朝当作规定疆界的依据。就一些分裂时期来说，就更为明显，一条秦岭，三国时期魏蜀两国就曾以之作为界线，南宋与金人划界也是以秦岭区分两国的。十六国时期，关中一些霸主同样是隔着秦岭和东晋相对峙。

---

① 《旧唐书》卷四〇《地理志》。
② 《唐会要》卷七三《安西都护府》。
③ 《新唐书》卷二一六上《吐蕃传》。

当然这不是说在有山脉的地方一些王朝的疆界就一定在这条山脉的分水岭上，而没有任何出入。汉时固曾以阴山山脉为内地的屏障，这并不等于说汉时北陲的边界就止于阴山。汉五原郡稒阳县为北出大路的起点。由稒阳北出石门障得光禄城，又西北得支就城，又西北得头曼城，又西北得虏河城①。石门障和光禄城都还在阴山之南。支就城、头曼城、虏河城皆当在阴山之北。这几座城池是否为汉朝所筑尚不可知，但徐自为在五原塞外的筑城，应是了无疑义的。徐自为所筑的城，在五原塞外数百里，远者且达千里，一直筑到卢朐。卢朐为山名，应在匈奴中。徐自为不仅筑城障列亭，而且所筑的城障列亭还有汉军驻守其旁，这当不是偶然的设施②。如果说徐自为所筑的城障列亭，乃以一线伸向前方，只是军事性质，无关乎边界的伸延，则受降城的所在地亦可作为证明。汉宣帝时，匈奴呼韩邪单于款塞降附，愿留居光禄塞下，有急保汉受降城③。光禄塞即徐自为所筑的城障列亭。徐自为当时官居光禄，故所筑的称为光禄塞。汉受降城在今内蒙古自治区乌拉特中后联合旗东，分明是在阴山之北。可见当时的边界不以阴山的分水岭为限。

汉代若此，就是后来的隋唐诸代也应该都是相仿佛的。

三、河流与疆界

以前的王朝依靠着山脉的屏障，以保障一方的安全。同样也利用自然的水道，增加了边备的力量。战国晚期，秦国的西边是在洮水附近。秦国控制了阴山山脉以后，阴山西南的疆界就止于黄河。秦国历年短促，这里没有显出若何变迁。但秦人

① 《汉书》卷二八《地理志》。
② 《汉书》卷九四《匈奴传》。
③ 《汉书》卷九四《匈奴传》。

对这里的情况时时都提高警惕。秦汉时期，这里的黄河以南，乌水（今清水河）的上游有一座萧关，位于现在宁夏回族自治区固原市的东南①，它是关系着关中安危的重要关隘。乌水河谷较为平坦，利于骑兵的奔驰。汉朝初年，匈奴就不止一次地越过黄河，由萧关内侵②。到了唐朝，突厥几次进兵关中，也多取这一条道路③。所以在那些王朝时期，巩固这一段黄河的防御工作，就视为要图。秦汉时期还特别重视萧关的防守。到了唐朝中叶，朔方节度使实际就是驻在黄河南岸的灵武（今宁夏回族自治区灵武县附近）④。后来西夏建国，宋朝失去了黄河的险要，只能在更南的鄜延（治所在今陕西省延安市）、环庆（治所在今甘肃省庆阳市）、泾原（治所在今甘肃省泾川县）诸路屯驻重兵，以为防守⑤。

明朝以宁夏卫作为九边重镇之一⑥，显然是要巩固这段黄河。明朝还曾于今内蒙古自治区托克托县设东胜卫。更明白显示当时对于由宁夏至于东胜这段黄河更为重视。按当时防边设置的规模来说，当时是打算以阴山山脉为界的，至少界线退到这段黄河以南。可是后来东胜内撤，放弃了河套，所以花马池和固原州（今宁夏回族自治区固原市）也都成为备边的要地。

----

① 《史记》卷一一〇《匈奴传》："汉孝文皇帝十四年，匈奴单于十四万骑入朝那萧关。"是萧关在朝那县，汉朝那县在今宁夏回族自治区固原市东南。

② 《史记》卷一一〇《匈奴传》。

③ 《旧唐书》卷一九四《突厥传》。

④ 《元和郡县图志》卷四《灵州》。

⑤ 《宋史》卷八七《地理志》："庆历元年，分陕西沿边为秦凤、泾原、环庆、鄜延四路。"又说："秦陇、仪渭、泾原、邠宁、鄜延，环庆等，皆分兵屯守，以备不虞。"又《宋史》卷三七二《王庶传》："延安，五路襟喉。"又卷三六一《张浚传》，有泾原帅刘锜和环庆帅赵哲。

⑥ 《皇明九边考》卷八《宁夏镇》。

明朝的陕西巡抚本来驻在西安，可是每年到了防秋时候却要移驻固原①，就是因为这样的缘故。

前面论述祁连山和合黎山时，曾经提到弱水下游的居延泽。和居延泽相似的还有其遗址在今甘肃省民勤县北的猪野泽或休屠泽。这两个水泽的周围都有很大面积的沙漠，可是汉唐等王朝的国界却都把这两个水泽包括在内，这使得经过合黎山的国界向北伸出，而且伸出的道里很远，仿佛有些奇特。这是具有一定的军事意义，后文论述历史军事地理时，再作详细的说明。

在西南各处，疆界的变迁也是相当频繁的。其中有些地方当时同样是在争取利用自然地理的形势。两汉时期蜀郡的西鄙正是在大渡河上②。就是到隋唐两朝仍然没有放松对这条河流的利用。而剑南的西山实为成都平原的屏蔽。岷江上游的松（今四川省松潘县）、维（今四川省茂汶羌族自治县）诸州就西山说来更是险要的去处。唐时吐蕃占据了维州，号为无忧城③。唐朝中叶以后为了这座州城曾和吐蕃有过若干次的斗争。两汉时期云南各地设郡置县，于是安宁河流域成为巴蜀与益州郡间的重要交通道路④。到了隋唐，金沙江以南的疆土已经没有两汉时的广大，但安宁河流域仍然没有失去。唐朝末年，南诏占去嶲州（治越嶲，今四川省西昌市），宋太祖就只好以玉斧划大渡河下游为界，不再向南发展了。

---

① 《明史》卷七三《职官志》。

② 《汉书》卷二八下《地理志下》："蜀郡汶江，渽水出徼外，南至南安，东入江。"这就是现在的大渡河。汉时另有大渡水，见《地理志下》蜀郡青衣县下，乃今青衣江。

③ 《旧唐书》卷一七四《李德裕传》。

④ 《三国志》卷四五《蜀书·张嶷传》："（越嶲）郡有旧道经旄牛中至成都，既平且近，自旄牛绝道已百余年，更由安上，既险且远，嶷遣左右……开通旧道，千里肃清，复古亭驿。"按，旄牛在今四川省汉源县附近。成都经旄牛南下，再南即至安宁河河谷。

四、长城的修筑乃是对于自然条件的补充

疆界的位置自然要利用自然的形势，有时候自然的形势却还需要人为的补充。过去一些王朝在边地修筑长城就是为了这样的目的。长城的修筑据说是始于春秋时期，战国时期各国都曾经有过这样的建设。齐国的长城在它的南边泰山之上，并沿其支阜余脉向东绵延发展，它西起现在山东省平阴县境，而东达到今山东省胶南市的海边①。它修筑这条长城，西段为了防御晋国②，东段则为了防御楚国③和越国④。楚国的长城见于记载

---

　　① 《水经·济水注》。又《汶水注》说："（泰）山上有长城，西接岱山，东连琅琊巨海，千有余里，盖田氏之所造也。"《史记》卷四〇《楚世家·正义》引《太山郡记》："太山西北有长城，缘河经太山千余里至琅琊台入海。"又引《括地志》："长城西北起济州平阴县，缘河历大山北岗上，经齐州、淄州，即西南兖州博城县北，东至密州琅琊台入海。"《水经·汶水注》只说："东连琅琊巨海。"未及琅琊台。琅琊郡广大，不限于琅琊台一处。且琅琊台当时为越国都城，齐国何能于越都筑城？今按，齐长城遗迹距琅琊台尚远（见下注引道光《胶州志》），《太山郡记》和《括地志》所言似涉牵强。

　　② 《吕氏春秋·权勋篇》："文侯可谓好礼士矣，好礼士故南胜荆于连堤，东胜齐于长城。"《水经·汶水注》引《竹书纪年》："晋烈公十二年，王命韩景子赵烈子翟员伐齐，入长城。"《史记》卷四三《赵世家》："（成侯）七年侵齐至长城。"

　　③ 《史记》卷四〇《楚世家·正义》引《齐记》："齐宣王乘山岭之上筑长城，东至海，西至济州千里，以备楚。"

　　④ 道光《胶州志》卷三："长城在冶南八十里齐城等山。城因山为之，培高堑下，各有门阙邸阁，今不可见。春生草长，髻鬣分垂，如马鬣然。西起平阴之防门，径泰山北麓，而东至诸城亭子夼后入州境。十五里至六汪庄南，铁镢山阴。东历杨家山、血犹山、齐城山，至黄山顶十余里，又东历小珠山阴、鹁鸽山，至徐山之北于家河庄，东入海三十里。"今此诸山犹见于较为详细的舆图，长城趋向大致分明。按图，小珠山西南为大珠山，大珠山西南为琅琊台，琅琊台曾为越国的都城。而齐长城正在琅琊台之北，倚山为城，横隔南北，则当时齐国修筑这段长城，自与越国势力向北发展有关。

的有两段：一在今河南省鲁山县、叶县和泌阳县之间①，一在今河南省西峡县和邓州市之间②。其实这两段长城本来是连在一起的，只是中间在鲁山和西峡两县之间，由于凭借山势没有再兴巨工而已③。这条长城分别扼守着两条通道，一是伏牛山和桐柏山之间的通道，一是外方山和丹江之间的通道。前者是通往中原各地，后者则是通往关中。楚国在这些地方修筑长城，自可防御来自这两方面的攻击。楚除过这条长城之外，据说还有一条，在今湖北省竹山县境④。那里本庸国的地方⑤，长城当是庸国所筑，庸灭后始属于楚。魏国长城有东西两道，东长城在今河南省中部，由原阳县西北起，绕过它的东南，经中牟县圃

---

① 《汉书》卷二八上《地理志上》："南阳郡叶县，有长城，号曰方城。"《水经·灅水注》引盛弘之说："叶东界有故城，始犨县，东至瀙水，达比阳县界，南北联联数百里，号为方城，一谓之长城云。"汉叶县在今河南省叶县西南，犨县在今河南省鲁山县东南，瀙水在今河南省遂平县，东入汝河。比阳今为河南省泌阳县。

② 《史记》卷四一《越王勾践世家·正义》引《括地志》："故长城在邓州内乡县东七十五里。南入穰县。"按唐内乡县为今河南省西峡县，穰县为今河南省邓州市。

③ 《水经·灅水注》引盛弘之说，于"叶东界有故城"一段话之后，接着又说："郦县有故城一面，未详里数，号为长城，即此城之西隅，其间相去六百里。北面虽无基筑，皆连山相接，而汉水流其南。故屈完答齐桓公云：'楚国方城以为城，汉水以为池。'《郡国志》曰：'叶县有长山曰方城。'指此城也。"郦县为今河南省内乡县东北，则这段长城正与《括地志》所说相同。今鲁山与西峡两县正是伏牛山脉，所谓"北面连山相接"，显然是指伏牛山上一部分。可见这里的长城虽是两段，实际上只是一条。

④ 《史记》卷二三《礼书·正义》引《括地志》："方城，房州竹山县东南四十一里。"按，唐竹山县今为湖北省竹山县。

⑤ 《水经·沔水注》。

田泽旧地之西，然后再西达于密县①，成一个口向西的弧形。它的西长城在今陕西的东部，由华县沿洛水东岸向北修筑②。这两条长城都是为了防御来自西方的侵扰。西方能够侵扰魏国的当然是秦国了。不过《史记》记魏国的西长城，说是"筑长城，塞固阳"③。这样说来，固阳是魏西长城的北端了。汉朝的固阳县在今内蒙古自治区西部④。那里到现在还有个固阳县。不过当时那里是赵国的地方，和魏国无关。魏国的固阳实际应是合阳，在今陕西省韩城市⑤。魏国的西长城只是由今陕西省华县经今大荔、澄城、合阳诸县，而止于韩城市的黄河岸边。现在遗迹仍继续屹立。不会远到现在内蒙古自治区的西部的⑥。中山立国于

----

① 《续汉书·郡国志》："河南尹，卷县，有长城，经阳武到密。"《史记·苏秦传·集解·索隐》引徐广说略同。按汉卷县在今原阳县西，阳武在今原阳县东南，密县在今密县东。《水经·渠注》又说："（圃田）泽在中牟县西，西限长城。"中牟在卷县东南，密县东北，故此长城实际上呈一弧形。弧口面对西方，而向东侧凹入。按《水经·济水注》曾叙述这条长城修筑的原委，说是："济渎又东经阳武县故城北，又东绝长城。案《竹书纪年》：'梁惠成王十二年龙贾率师筑长城于西边。'自亥谷以南，郑所城矣。《竹书纪年》云，是梁惠成王十五年所筑也。《郡国志》曰：'长城自卷经阳武到密者是矣。'"由于韩国参加了筑城之役，故顾炎武说："此韩之长城也。"（《日知录》卷三一《长城》）。

② 《史记》卷五《秦本纪》。

③ 《史记》卷一五《六国表》。

④ 汉固阳属五原郡，在今内蒙古自治区包头市东。

⑤ 张筱衡《梁惠王西河长城考》（刊《人文杂志》1958年第6期）："固阳，一作稠阳，又作榆阳。广韵，合、郃皆在二十七合，闿纽，顾、闿双声，则固阳即合阳，亦即郃阳矣。……考《秦本纪》，孝公二十四年，与晋战雁门。雁门，《年表》作岸门。《索隐》谓即岸门，非赵之雁门矣。盖古代地名，字多假借，应按其年代，与其地形，定其所在。不可因其名同，而遽谓为一地，亦不可因其字异，而遂疑其非一地。"

⑥ 拙著《黄河中游战国及秦时诸长城遗迹的探索》。

滹沱河上，土地狭小，它的长城应该离其都城不远①。燕、赵两国也都有南北长城。赵国的南长城在漳、滏二水附近②。燕国的南长城则在易水的北岸③。凭河筑城自然更会增加防御的效力。

　　然而最重要的当推燕、赵、秦三国为防御匈奴南下所筑的长城。这里所说的燕赵长城，就是燕的北长城和赵的北长城。其中燕国的北长城除过防御匈奴外还有防御东胡的作用。燕国开辟上谷、渔阳、右北平、辽西、辽东五郡之后，就在五郡之北建立起长城。这条长城由造阳达到襄平④。造阳在今河北省独石口，襄平则在今辽宁省辽阳市北。由造阳到襄平的长城当然要绕过大凌河的北岸。后来北魏灭北燕时，魏将长孙陈就曾战于和龙附近的长城⑤，和龙就是现在大凌河北的朝阳市。赵国的长城是由代顺着阴山，一直达到高阙⑥。代在现在河北省蔚县，高阙则在阴山西端，今内蒙古自治区杭锦后旗西北。秦国曾数次修筑长城。这里所说的乃是指秦昭襄王时所筑的。这条长城起于临洮，临洮为今甘肃省岷县。今甘肃省渭源县、宁夏回族自治区固原市、陕西省绥德县、神木市，以及内蒙古自治区鄂尔多斯市准格尔旗，都还有这条秦长城的遗址，或者还有有关的记载。秦国北边以朝那、肤施为重镇，这些地方自然是秦长城必经之地了。这条秦长城的北端一直达到今准格尔旗的十二

---

　　① 《史记》卷四三《赵世家》："（成侯）六年，中山筑长城"，而未明载长城的起讫。中山先都于顾，后迁灵寿。顾在今河北省定县，灵寿今仍为河北省灵寿县。

　　② 《史记》卷四三《赵世家》："（武灵王）召楼缓谋曰：'我先王因世之变，以长南藩之地，属阻障（漳）滏之险，立长城。'"

　　③ 《战国策·燕策》，《水经·易水注》。

　　④ 《史记》卷一一〇《匈奴传》。

　　⑤ 《魏书》卷二六《长孙肥传》附《长孙陈传》。

　　⑥ 《史记》卷一一〇《匈奴传》。

连城黄河岸边①。

秦朝统一六国之后，对于北边的长城曾加以联系和补缀，由临洮到辽东，成为一个完整的工程②，不过有些地方和以前不尽相同。秦朝驱逐匈奴，取得河南地，由榆中顺着黄河直至阴山下都设置了县邑，并在河上修筑长城③。这个榆中据说是在现在甘肃省榆中县的西北④，距兰州不远。后来西汉取得河西地，就接着秦长城由令居继续向西兴修⑤。令居在今甘肃省永登县。可见秦统一以后，长城的西段已经不是经过朝那、肤施的一段。新城与旧城相连接之处，当在陇右郡治所的狄道⑥，狄道在今甘肃省临洮县。由狄道往北，经过令居，再北行至于高阙。高阙本有赵长城。秦赵长城可能相互衔接。就是不相互衔接，相距亦不至于过远。燕国长城的东端本止于辽河东岸的襄平，也就是现在的辽阳市。秦朝又由辽阳向东南延展，达到遂城⑦。遂城在平壤西，则秦长城已达到今朝鲜境内，直到唐朝时期那一段的遗址还依然存在，未被毁坏⑧。

秦朝亡后，长城依然成为汉朝边防的重要设施，汉朝人虽也沿用长城的名称⑨，不过一般都称为边塞。汉朝边塞较秦时的

① 《史记》卷一一〇《匈奴传》；《水经·河水注》；顾颉刚先生《史林杂识》——《甘肃秦长城遗迹》；拙著《黄河中游战国及秦时诸长城遗迹的探索》，又《鄂尔多斯高原东部秦长城遗迹探索记》。

② 《史记》卷一一〇《匈奴传》。

③ 《史记》卷六《秦始皇帝本纪》，又卷一一〇《匈奴传》。

④ 《水经·河水注》。

⑤ 《史记》卷一一〇《匈奴传》；《汉书》卷九六上《西域传》。

⑥ 拙著《黄河中游战国及秦时诸长城遗迹的探索》。

⑦ 《晋书》卷一四《地理志》；《晋太康三年地记》。

⑧ 《通典》卷一八六《边防二》："碣石在汉乐浪郡遂城县，长城起于此山。今验长城东截辽水而入高丽，遗址犹存。"

⑨ 《史记》卷一〇八《韩长孺传》。

长城更长，是由敦煌一直达到辽东①。当然大部分都是秦的旧城。汉武帝时重新取得河南地后，就曾经修复阴山附近的故塞②。汉朝所新增的只是令居以西的一段。它一直达到敦煌附近的玉门关和阳关③。东汉以后，塞外各民族部落先后迁于内地，长城的作用也就逐渐消失了。

南北朝时期长城的修筑又极一时之盛。北魏对付北边柔然族的侵扰，也是采用修筑长城的办法。后来北齐和北周也都沿袭它的成规。北魏最早修的长城是由赤城④到五原⑤。也就是由现在河北省赤城县修到内蒙古自治区固阳县。接着兴修的是由上谷到黄河附近⑥。上谷在今居庸关外北京市延庆区，位于赤城的东南。这条长城绕平城（今山西省大同市）以北，可能是前次工程的修葺。北齐时曾由西河总秦戍筑城至海⑦。总秦戍在今大同市西北⑧，则所谓至于海，或者仍是过赤城、上谷等处向东伸延的。当时还曾修过由幽州北夏口至恒州的长城⑨。恒州原为司州，治所就在平城，乃北魏迁都以后所改名⑩。而幽州夏口则

---

① 《汉书》卷六九《赵充国传》。

② 《史记》卷一一〇《匈奴传》。

③ 向达译《斯坦因西域考古记》。

④ 《北史》卷一《魏本纪》。合校本《水经·河水注》引赵一清《水经注释》。

⑤ 《魏书》卷一〇六《地形志上》："朔州，本汉五原郡，延和二年置为镇，后改为怀朔镇。"按，怀朔镇在今内蒙古自治区固阳县。或谓在今陕西省定边县，非是。今定边县旧曾设过五原县。但这是唐代的县。《元和郡县图志》卷四《盐州》，五原县，贞观二年与盐州同置，可证。

⑥ 《魏书》卷四下《太武帝纪》。

⑦ 《北齐书》卷四《文宣帝纪》。

⑧ 《读史方舆纪要》卷四四《大同府》。

⑨ 《北齐书》卷四《文宣帝纪》。

⑩ 《魏书》卷一〇六《地形志上》。

在居庸关旁①，距上谷也不很远。按它的形势可能还不是新筑。现在地图上由大同东西至于山海关的长城当然是明朝所修的，和南北朝时期无关，可是它们的方向并没有很大的出入。可见时期虽然不同，对于地形的利用却还是相差不多的。

东魏北齐还有数道新筑的工程。高欢执政的时期就于肆州北山修筑自马陵戍东到土隥一段的长城②。它是在现在山西省原平市和代县以北的勾注山上。高洋时又修筑黄栌岭至社干戍间的长城③，它蜿蜒于现在的山西省吕梁市离石区和神池县之间。这里正是吕梁山区，长城当修于吕梁山上。高湛时，北齐还在

---

① 《资治通鉴》卷一六六《梁纪》胡《注》。据胡三省说，则夏口当作下口，盖即居庸关的下口。

② 《北齐书》卷二《神武帝纪下》。这条长城《资治通鉴》卷一五八《梁纪》也有记载，惟土隥作土墱。胡《注》谓马陵盖东魏置戍之地，而不得其处所。又据《九域志》谓土隥为代州崞县西土墱寨。崞县今为山西省原平市。按，《魏书》卷一〇六《地形志上》，肆州领永安、秀容、雁门三郡。肆州治所为今山西省忻州市，永安郡治所为今山西省定襄县，秀容郡治所在今忻州市西北，雁门郡治所在今山西省代县西南。其时仅言修长城于肆州，当不出肆州之外。宋崞县之北即直抵勾注山，中间别无其他县。土墱当在勾注山间。则所谓北山应指勾注山而言，这条长城也应在勾注山上，就是说在肆州所属的永安和雁门两郡之北。肆州虽辖有永安郡，所属定襄诸县距勾注山远，所谓马陵当不在这一郡内。

③ 《北齐书》卷四《文宣帝纪》："至黄栌岭，仍起长城，北至社干戍四百余里，立三十六戍。"《资治通鉴》卷一六四《梁纪》社干戍作社平戍。胡《注》："此长城盖起于唐石州，北抵武州之境。"唐石州治离石，即今山西省吕梁市离石区。嘉庆《大清一统志》卷一四四《汾州府》："黄栌岭在汾阳县西北六十里，接永宁州界。"永宁州为今离石区。《新唐书》卷三九《地理志》，河东道有武州而阙具体记载。《辽史》卷四一《地理志》："武州……魏置神武县，唐末置武州。"按此武州今为山西省神池县。

王屋山上修筑过长城①。又曾修过由库洛拔至坞纥戍间长城②，和由库堆戍至海的长城③。这些地方都已难于稽考。后来北周灭掉北齐之后，曾经发山东的居民修长城④。据说这是修葺齐的旧城⑤。当时所修的是由雁门至碣石⑥。碣石在东海之滨。这样说来还是和后来明朝的工程相仿佛的。

隋朝继承北周之后，也还曾经几次修筑过长城。不过工程都不算是很大，所以史书对于这些事情的记载都相当简单，有的就干脆不举出它的起讫地点⑦。其中有一条是由灵武（今宁夏回族自治区灵武县）东修到黄河，西至绥州（即雕阴郡，治上县，今陕西省绥德县）南至勃出岭⑧。勃出岭未能确指它的所在。绥州在灵武以东，如何能说是"西至"？恐怕当时的记载是不十分确实的。隋朝后来还曾修过自榆林至紫河的长城⑨，榆林在河套东北，其遗址今为内蒙古自治区准格尔旗十二连城。紫河在今内蒙古自治区和林格尔县南，亦作紫塞河，相距本不甚远，所以才修了十天就已经完成。接着还修了一次，是在榆林

---

① 《北齐书》卷一七《斛律金传》附《斛律光传》："河清二年四月，光率步骑二万筑勋掌城于轵关西，仍筑长城二百里，置十三戍。"按，勋掌城在轵关西，而轵关则在今河南省济源市西北。当地正是王屋山，长城当修于山上。

② 《北齐书》卷四《文宣帝纪》："于长城内筑重城，自库洛拔而东至于乌纥戍。"《资治通鉴》卷一六七《陈纪》，库洛拔作库洛枝。

③ 《北齐书》卷一七《斛律金传》附《斛律羡传》。

④ 《周书》卷七《宣帝纪》。

⑤ 《资治通鉴》卷一七三《陈纪》胡《注》。

⑥ 《周书》卷三〇《于翼传》。

⑦ 《隋书》卷一《高祖纪》，修长城而未著确实地点的共有两次，一次在开皇元年，一次在开皇七年。

⑧ 《隋书》卷六〇《崔仲方传》。《资治通鉴》卷一七六《陈纪》亦载此事，但无"南至勃出岭"一段。

⑨ 《隋书》卷三《炀帝纪》。

谷之东①。隋朝长城的工程远不如北魏、北齐的繁杂，这是因为隋朝国力日强，北方的突厥逐渐削弱，而且成为隋朝的属国，修筑长城已经没有必要了。

以前这些王朝所修筑的长城，由于年代久远，有好多地方已经不能再看到了。现在祖国的地图上所绘的长城，由甘肃省的嘉峪关向东蜿蜒一直达到河北省的山海关。这是明朝的边墙。所谓边墙就是长城。明朝的人们特地改换了这个名称，为的是要和秦始皇引人诉怨的长城有所区别。明朝边墙的工程和以前各朝一样，皆是十分艰巨的。当时为了使长城发挥它的作用，有些地方都是采取垒石筑墙的办法。可是像余子俊在河套以南所规划的工程，有的地方要依山铲凿，使它成城垣一样。像花马池等地的工程还要在沙漠地带进行，当然更是艰巨了。由于明朝建都在北京，对于北京附近的长城就特别注意，在直隶（今河北省）、山西两省的北部，外长城之内还有内长城。使都城的西北有了更多的屏障②。

顺便提到，明朝在辽东还有一段边墙。它是由山海关外起，向北伸延，它绕过今辽宁省凌海市、义县之西，北镇市之北，再折向东南，直至辽水和浑河交会的地方。过了辽水，它再向北伸延，到今辽宁省开原市以北，复折向东南，绕新宾县之东，再向西南，过凤城市之西而达于海边③。辽东边墙的规模自然较小，工程也差一点，所以很早就毁坏了。不过有一点却和河套地方相似。因为今北镇市东南辽阳市以西，辽水的两岸都没有包在边墙之内。这里就是所谓辽河套。当然由于辽河套的存在，使辽东的边防增多了很多的困难，尤其是辽水东西的交通也因

---

① 《隋书》卷三《炀帝纪》。
② 《明史》卷九一《兵志》。
③ 白鸟库吉《满洲历史地理》第二卷第七篇《明代辽东的边墙》。

此而受到相当的阻碍。

　　长城的工程虽大，并不能够完全阻止住外来的侵扰。作为国家的疆界来说，自然地理的形势是需要人为的努力来补足它的缺陷，可是仅靠着劳民伤财的修筑长城的办法是难于达到目的的。

第四讲　秦汉及以后各时期都城的
　　　　营建及其演变

　　历代王朝无不有其都城，就是偏霸称雄以及倏起倏落的政权，亦无不对其都城多所经营。其中历年悠久的都城皆能颇见规模，为当时国内最为宏大而重要的城市，甚至为域外方国所称道，不容不为之论述。前文已对商周及春秋战国的都城作了论述，这里当赓续探索，以竟全功。

　　这里应该顺便提及：城市作为重要的都城，在其作为都城的时期，对于政治、经济以及其他方面都有密切的关系。这些在前文论述历史政治地理、历史经济地理、历史军事地理和其他篇章时都曾经先后作过说明，这里只就其营建和演变进行探讨，区区此意还盼有以谅之。

一、秦咸阳城和汉长安城

　　秦以咸阳为都城，远在秦始皇统一六国之前。秦孝公十二年（公元前 350 年）始作咸阳，筑冀阙，并徙都于其地。在此以前咸阳并未设县，可能是在乡或聚落基础上建立起来的。咸阳南濒渭水，北据高原。秦孝公始筑咸阳时，当是近渭水而未攀登原上。咸阳作为统一王朝的都城是由始皇二十六年（公元前221年）开始的。这一年始并天下，就徙天下豪富于咸阳十二万。这就使咸阳突然扩大起来。咸阳濒于渭水，咸阳扩大，自然会向渭南发展。当时所作的诸庙及章台、上林就皆在渭南。秦每破诸侯，就写放其宫室，作于咸阳北坂上。后来项羽破秦，焚毁咸阳。迄今北坂上犹有烧成红色的高土堆散布其间，当是焚毁宫殿的残迹。项羽所焚毁的仅是渭水之北的咸阳，并未触动渭南各处，故阿房宫和兴乐宫皆成为汉长安城建筑的一部分。兴乐宫后改为长乐宫，为汉时一些太后安居之所。

现在考古发掘，对于咸阳遗址多费功力，可是迄今未发现咸阳城墙，引起了一些议论。早年秦献公以栎阳为都时，就在那里筑过城墙，此事明见于《史记·秦本纪》的记载，自是确有其事，奈何献公之子孝公始作咸阳，就忽略城墙的建筑？秦始皇扩大咸阳时，据说："南临渭，自雍门以东至泾、渭，殿屋复道周阁相属。"徐广解释这座雍门，说是在高陵县。张守节《正义》又说是在唐时的岐州雍县东。秦始皇在雍门之东建筑殿屋复道周阁，以居所得诸侯美人，以雍门在高陵县，已属不经，更何得远至雍县。以雍县作解释，殆以雍门、雍县皆以雍相称，因而附会成文。雍门既临渭水，自应是咸阳的南门。雍门不仅南临渭水，而且近泾水。《三辅黄图》亦曾征引"自雍门以东至泾、渭"之说，其下即接着说到"渭水贯都，以像天汉，横桥南渡，以法牵牛"事。渭桥规模宏大壮丽，为当时所少有，则由咸阳至渭桥当亦有门。可能就是雍门。后来汉长安城亦有雍门，就在渭桥之南偏西处，当是因秦时故称，移其名于渭桥之南，以显示渭桥与雍门的关系。如此说不误，就足以证明秦咸阳本来是有城的。

秦咸阳城为项羽焚毁之后，代之而起的是汉长安城。汉朝以关中为都，是经过一番争议的。都城建在关中什么地方，争议之中没有提到，至少不是秦时旧都栎阳。项羽所焚毁的咸阳，只是渭水以北的部分，并没有触动渭水以南的宫殿。渭水以北的咸阳城无由恢复了，只好利用渭水以南的宫殿，以此为基础再行扩大。因而兴乐宫在当时就居有重要的地位，后来未央宫就在兴乐宫之西建筑起来。兴乐宫不久改名为长乐宫。长乐、未央两宫就成为汉朝决定大政方策的中枢要地。

汉长安城位于渭水之南，龙首山下。龙首山就是后来的龙首原。城濒渭水，筑城之时不免因水而曲折。城倚龙首山，山麓也难得整齐划下。未央宫和长乐宫皆在长安城内的南部，建筑未央宫时还曾削凿了龙首山的北面突出处。就是这样，长安城南北两面城墙就不免多有曲折。当时有人对此多所夸耀，说是城北墙颇像天上的北斗，南墙也颇像天上的南斗，这就使长安城有了斗城的称号。长安城西城墙临近谪水，也有点曲折，最显著的是西北城角向内偏斜。不过较之南北两面城墙还要算是较为端直的。据《三辅黄图》引《汉旧仪》说："长安城中，经纬各长三十二里十八步。"近年考古工作实际测量，汉长安城总面积约 36 平方公里[①]。

汉长安城四面共有 12 座城门，每面 3 座。东出南头第一门为霸城门，亦称青城门，或曰青门，亦名青绮门。第二门为清明门，亦称藉田门，或曰凯门，亦名城东门。北头第一门为宣平门，亦称东都门。南出东头第一门为覆盎门，亦称杜门，或曰端门。第二门为安门，亦称鼎路门。南出西头第一门为西安

---

① 王仲殊《汉代考古学概论》。

门，亦称便门，也就是平门。西出南头第一门为章城门，亦称光华门，也有称之为便门的。第二门为直城门，亦称龙楼门，本来是称为直门的。北头第一门为雍门，本名西城门，民间一般称之为函里门。北出东头第一门为洛城门，亦称高门。第二门为厨城门。西头第一门为横门，亦称光门。其中宣平门、霸城门、西安门、直城门近年都经过考古发掘，所得与文献记载相同。

按照以前的旧例，城之外还应有郭。汉长安城东出北头第一门宣平门，亦称东都门，其郭门亦称东都门。北出西头第一门横门，其外郭有都门和棘门。东都门为逢萌挂冠处。都门和棘门亦见《水经·渭水注》，应该是确实的。按照郭的本义，是筑在城外，环城筑起来的。汉长安城北濒渭水，西濒谲水，相去不远，其间是无地再筑郭的。城门之外有郭门，当是城门之外有郭，而这样的郭只限于城门附近，就是邻近的城门之外的郭，也是不互相连接的。因而这样的郭不能估之过大。有人认为当时的郭是很大的，有很多的人家，这样多的人家竟多到占当时城内所有人户的很大部分。这样过于夸张，是与实际情况不相符合的。现在西安城四门之外都有郭，每门之郭的广狭大小各不相同。各门之外的郭都有郭门，习俗改称稍门，含义还是一样的。这虽是后世的情形，溯其渊源，可能是汉代的旧规沿袭下来的。

汉长安城和其前代的都城一样，宫殿衙署占主要的位置。未央宫周回二十八里，长乐宫周回二十里，规模最为宏大。未央宫之北为桂宫和北宫。桂宫在西，北宫偏东。桂宫周回十余里，北宫周回十里。此外还有一座明光宫，位于长乐宫之北，规模也相当宏大。按照汉代制度，都城周围京畿之地，称为三辅，就是京兆尹、左冯翊和右扶风。三辅地域西起陇坻，东至于黄河，更东至于函谷关（在今河南灵宝市北），可是京兆尹、左冯翊、右扶风的衙署却都在长安城内。长安城内的八街九陌，一百六十闾里，还有九市，皆归长安县管辖，长安县为京兆尹属县，当时长安城只设置这一长安县。

当时所谓的八街九陌和一百六十闾里的具体名称，后来也难得考覈齐全。九市则分列于横桥大道的东西，六市在道西，三市在道东。这些市夹横桥大道，市楼皆重屋。横桥就是横门外的桥。横桥大道当在横门之内。这是主要的市区。杜门大道南有旗亭楼，也是一个市区。杜门就是长安城南出东头第一门，已见上文。有人说杜门大道不应在南出东头第一门，因为那座城门本来是称作下杜门，杜门应是北出东头第一门，也就是洛城门的异名，因而杜门大道应在洛城门里。这是错误的说法，不足为信①。杜门大道在杜门之南，能够成为繁荣的市，并不是没有原因的。汉时为了运输山东的粮食供应都城，曾经开凿过一条漕渠，引昆明池水，经过长安城的东南，再越过霸水向东流去。杜门近漕渠，故杜门大道能够繁荣起来。说者不明这中间的道理，因而也就把杜门的名称给否定掉了。

------

① 《三辅黄图》卷一《都城十二门》："长安城南出东头第一门曰覆盎门，一号杜门。"又说："长乐宫在城中，近东直杜门。"据此，杜门的名称和所在地是确凿无疑的。《三辅黄图》又说："其南有下杜城，《汉书》集注云：'故杜陵之下聚落也，故曰下杜门。'"《水经·渭水注》亦引《汉书》集注注文，谓为应劭所说。这只是应劭对于杜门的解释，不能以此而谓此门本为下杜门。《三辅黄图》还提到长安城北出东头第一门，并说："曰洛城门，又曰高门。"《水经·渭水注》在说过覆盎门之后也提到这一城门，其说是"（北出）第三门本名杜门，亦曰利城门，其外有客舍，故名客舍门，也曰洛门也"。这里所说的杜门，明显是愆文。杨守敬《水经注疏》也说："《黄图》亦曰杜门，则后杜门不应有。不宜以《水经注》的愆文，而谓《三辅黄图》为讹误。"还应该指出：长乐宫的位置是近东直杜门。如果以洛城门为杜门，则长乐宫北还有大明宫，如何能够和所谓的杜门相对？明白这一点，则有旗亭楼的杜门大道就和洛城门无关了。

由于汉长安城建筑的宏大，宫殿衙署和人家市肆又夹处其间，而八街九陌以及一百六十间里，复相互交错，交通应该是相当方便的。这些街道有的就和通过城门的道路连接在一起。通过城门的道路一般都是三股道。每股道的宽度可以通过四辆车。每股道之间，都用种植的树木相隔开。中间作为天子出入的道路，任何人都不得随意穿行。左右两股供军民人等行走，一股是进城的道路，一股是出城的道路，不得相互混杂。这样的道路在城门中看得很明显，却不限于城门中的一段。重要的街道上也是一样的。东汉时张衡在《西都赋》中，曾经称道说："城郭之制，则旁开三门，参涂夷庭，方轨十二，街衢相连。"有这样的设置和措施的城市，可以说是能够超迈前代的①。

汉长安城北濒渭水，然距渭水支流沇水最近。沇水由南山流来，经汉长安城章城门外，西北流，穿建章宫北流入渭。其枝津则北经直城门、雍门，又经长安城北，东北流入渭水。当时在章城门外，引沇水入城，称为明渠。明渠穿过未央宫，绕长乐宫之北，由清明门南出城，与绕长安城南引沇水的王渠会合，北流入渭。明渠经过长安城内，增添风光，显示长安城更为瑰丽。

二、隋唐长安城

隋唐长安城和汉长安城迥不相同。不仅所在地点不同，就是营建规划也各有特色。汉长安城位于渭水之滨，龙首原下。隋唐长安城却在龙首原上，距离渭水就显得稍远些。汉长安城只是一座城。隋唐长安城则是三座城合起来，从总的看，仿佛就是一座城。

---

① 这里论述汉长安城的资料大都征引自《三辅黄图》《水经注》。

这三座城分别为皇城、宫城和外郭城。皇城为王朝政府，宫城为皇室居处的宫殿。皇城在南，宫城在北，两者连在一起。外郭城则是官吏、庶民以及工商业者的居住和杂处的城市。外郭城在皇城和宫城之南。外郭城东西较长于皇城和宫城。皇城和宫城的东西两面也是外郭城。外郭城在皇城和宫城两侧的北城墙，和宫城的北城墙在一条直线上。

据宋敏求《长安志》的记载：皇城东西五里一百一十五步，南北三里一百四十步，周长一十七里一百五十步。宫城东西四里，南北二里二百七十步。外郭城东西一十八里一百一十五步，南北一十五里一百七十五步，周长六十七里①。

外郭城也是每面三门。南面三门，中为明德门，东为启夏门，西为安化门。东面三门，中为春明门，南为延兴门，北为通化门。西面三门，中为金光门，南为延平门，北为开远门。外郭城之北，正中为皇城。皇城南面自有门，与外郭城无关。外郭城北面的三门，集中在宫城之西，其外就是禁苑。这里的三门，中为景曜门，东为芳林门，西为光化门。皇城南面三门，中为朱雀门，东为安上门，西为含光门。东面二门，南为景风门，北为延喜门。西面二门，南为顺义门，北为安福门。皇城北面无门。宫城南面也有几座门，这里只提到其正南的承天门。承天门南与皇城的朱雀门、外郭城南面的明德门遥遥相对。

隋唐长安城中的皇城、宫城和外郭城各有其不同的结构，自难得都能一律，就以城中的街道来说，也是各具体系。虽各

---

① 中国科学院考古研究所西安唐城发掘队《唐代长安城考古纪略》（《考古》1963年第11期）："初步实测外郭城东西广（由春明门至金光门的直径）9721米，南北长（由明德门至宫城北面之玄武门偏东处）8651.7米。由明德门（外侧）至皇城朱雀门南侧为5316米。实测宫城东西广2820.3米（此数为太极宫、东宫、掖庭宫三部分之总合），南北长1492.1米。实测皇城东西2820.3米，与宫城同，南北长1843.6米（由南城墙的外侧至宫城南墙的南侧）。"

有体系，有一点却还是相同的，每座城门都与门内的街道连系在一起。如上所说，无论是皇城或外郭城的城门，都是东西两面两两相对的，南北两面虽不能如此，但每一面几座城门之间的间隔，也还是有一定的规矩，不同的间隔之间的距离都是一样的长短，与城门相连系的街道，其间的排列就能十分整齐。还有一点也应该提及：无论皇城或外郭城都相当广大，仅有与城门相连接的街道不敷应用，这就不能不在原有和城门相连系的街道之间再增辟一些街道。虽然有这样的增辟，各条街道之间彼此的距离也都无很大的差别，就全盘来说，应该都是很整齐的。这里所论述的只是皇城和外郭城的街道，宫城与皇城、外郭城不同，那就不能一概而论了。

就皇城来说，城内有南北的街道 7 条，东西的街道 5 条，合起来为 12 条街道。皇城是长安城主要组成部分，因而街道也显得重要，可以作为长安城的代表。白居易有一首题为《登乐游原望》的诗，诗中有句说："下视十二街，绿树间红尘①。"乐游原在外郭城朱雀门街东第四街，现在说来，在西安南郊大雁塔北偏东处。当时既在外郭城内，白居易在乐游原上所看见的并非外郭城内诸街道，而是较远的皇城之内十二街，其间消息是容易明白的。

外郭城的街道，南北有 14 街，东西有 11 街，其中朱雀门街最居冲要。这条街北起皇城南面的朱雀门，向南直通到外郭城南面三门中间的明德门。其东的 5 条街道，即以朱雀门街东第一街至第五街为名，其西的 5 条街道亦然。当时习惯称朱雀门街为天街。韩愈诗："天街小雨润如酥"②，杜牧诗："天阶夜色凉如

---

① 《全唐诗》卷四二四。
② 《全唐诗》卷三四四，韩愈《早春呈水部张十八员外》。

水"①，皆指此而言。朱雀门北对宫城的承天门。承天门南的南北向街道为承天门街。承天门街与朱雀门街相衔接，共为长安城内的中轴线。朱雀门外东西向的街道，东通外郭城春明门，西通外郭城金光门。承天门外东西向的街道，东出皇城的延喜门，直抵外郭城的通化门，西出皇城的安福门，直抵外郭城的开远门。这两条街道更向外伸延，成为国内有关各地和长安城之间往来的要道。

皇城的南北 7 街和东西 5 街，外郭城的南北 14 街和东西 11 街，各自互相交错，构成小区。皇城共有 24 个小区，台省寺卫各衙署骈列于其间。外郭城共 108 个，京兆府的万年、长安两县以及所治的寺观、邸第、编户随处错居。皇城中的小区当时并无特定的名称。外郭城则称为坊。这 108 坊由万年、长安两县分别管辖，以朱雀门街为界，万年县领街东 54 坊，长安县领街西 54 坊②。长安城诸坊之间还特设置市，为商业贸易之所。市有东市和西市，东市在朱雀门街东第四街，西市在朱雀门街西第

---

① 《全唐诗》卷五二四，杜牧《七夕》。

② 隋唐长安城的坊，隋时称里。《隋书·地理志》说："里一百六，市二。"《大唐六典》卷七《工部尚书》："凡一百一十坊。开元十四年，又取东面两坊为兴庆宫。"后来还不断有所增损，演变为 108 坊。《长安志》并说："万年、长安二县，以此街（朱雀门街）为界，万年领街东五十四坊及东市，长安领街西五十四坊及西市。"长安城中有 108 坊的时期是较为长久的。但万年、长安两县所领，并非都是五十四坊。外郭城的 108 坊是按如下的格式排列的：皇城之南 4 条街，每街 9 坊，就是朱雀门街东二街 18 坊，街西二街 18 坊；皇城、宫城东西各 3 条街，每街 13 坊，也就是各为 39 坊。这里面的东市和西市各据两坊之地，减去这两坊之地，各为 37 坊。再各自增加皇城之南的 18 坊，就是朱雀门街东西各有 55 坊。朱雀门街东的 55 坊中，应该增添贞观八年在街东第三街由翊善坊分出的光宅坊，由永昌坊分出的来庭坊，还应该减去街东第五街于先天元年划入苑中的最北一坊，开元二年作为兴庆宫的兴庆坊以及曲江所在的两坊之地，实为 53 坊。也就是说，在总的 108 坊中，朱雀门街西为 55 坊，朱雀门街东为 53 坊。

四街，各占有两坊之地。

隋唐长安城亦由城外引水，凿渠入城。所引用的有浐水、沇水和交水。引浐水的为龙首渠。龙首渠未入城前即已分为二渠：一渠由城东北入城，至于东内苑，一渠由通化门南，经兴庆宫入于内苑。引沇水的为清明渠。清明渠由安化门入城，由朱雀门街西第二街北流，折入皇城之中，再北流入于宫城。引用沇水的还有黄渠。黄渠由义谷口引水，那里是沇水上源的支流。黄渠入城后，即储为曲江，还由曲江流出，分散到其西北诸坊中。引用交水的为永安渠。永安渠由安化门西朱雀门街西第三街南端入城，即由第三街北流入内苑，再北流入渭。这些渠道进入城内，随处储为池沼，滋育林木花草。唐长安城中多园林，正是因为有这些渠道，引水入城，才能有此盛况。

这里还应该提到漕渠。天宝初年，曾开凿漕渠，自金光门入城，置潭于西市，以贮运来的材木。漕渠引用的是什么河水，有不同的记载，不外沇水和渭水。隋唐长安城在龙首原上，高于渭水岸旁十余米，看来是不能引用渭水的。后来到了代宗永泰二年（公元766年），为了运输南山木炭，才又整顿漕渠，由南山下沇水用船载运，转入漕渠，运到城内。漕渠在城内的段落，是由西市东南流，经朱雀门街西第三街由北向南第六坊光德坊东流，至街东第三街由北向南第二坊开化坊，折向东北流，经皇城之东，北流入苑。这条漕渠的开凿，本是为的运输南山木炭，因而在长安城行船，这是前代少有的大事。一时皆引为奇观，甚至连当朝帝王也亲自出来欣赏观看，这是不应不加以称道的①。

————————

① 这里论述唐长安城，多取材于宋敏求《长安志》和徐松《唐两京城坊考》。

三、汉魏洛阳城

洛阳为西周初年雒邑的旧地。周室东迁即以雒邑为都。东周灭亡后，都城久已废置。东汉肇兴，又定都其地，魏晋继之，无有改易。西晋末年，中原板荡，洛阳摧残殆尽。北魏南迁，又复重新兴建。北魏虽重新兴建，大体仍多循魏晋旧规。这里论述的汉魏洛阳城，应该包括北魏洛阳城。

汉魏洛阳城在今洛阳市东与偃师市、孟津县毗邻处。与西周雒邑不同，更与后来唐洛阳城有异。唐洛阳城已向西移，移至今洛阳市区偏东处。

汉魏洛阳城的广狭大小，也有一些不同的记载[①]。见于《晋书》的则为东西七里，南北九里[②]。洛阳城自东汉迄于西晋未曾改易，东汉旧制当亦如此。后来阳衒之撰《洛阳伽蓝记》，又谓为东西二十里，南北十五里[③]。洛阳城于北魏时重建，其城门多仍汉魏旧址，不应相差如此之大。《元河南志》曾谓阳衒之之记，为"增广而言者，盖兼城之外也"[④]。近人范祥雍为之证实，谓"除去所记城外东西十三里，南北五里，则洛阳城厢约为东西七里，南北十里"[⑤]，与《晋书》所载约略近似。

现在经过勘测，已知汉魏洛阳城东城墙残长 3895 米，西城

[①]　《元河南志》卷二《成周城阙宫殿遗迹》引陆机《洛阳记》，谓"东西十里，南北十三里"，又引《帝王世纪》，谓"东西六里十一步，南北九里一百步"，又引华延僬《洛阳记》，谓"东西七里，南北九里"。更引《晋书地道记》，谓"南北九里七十步，东西六里十步，为地三百顷一十二亩三十二步"。

[②]　《晋书》卷一四《地理志》。

[③]　《洛阳伽蓝记》卷五《城北》。

[④]　《元河南志》卷三《北魏城阙古迹》。

[⑤]　范祥雍《洛阳伽蓝记校注·附编三·图说》，古籍出版社，1958 年，上海。

墙残长 4200 米，北城墙长约 3700 米。南城墙被洛水冲毁。南城墙虽为洛水所冲毁，残迹尚可略知。南北约当汉代 9 里，东西约当汉代 6 里，周长 14 公里，折合晋代 33 里。城内的宫城的长阔幅度也已勘测出来，据说南北长约 1400 米，东西宽约 660 米。也勘测出宫城的正门和其南的街道。这座正门为阊阖门，街道为铜驼街，这应是北魏的宫城，与东汉的南北二宫不同。北魏时曾于洛阳城外增筑郭城。经过勘探和发掘，先后确定了北城墙和西城墙、东城墙。南城墙为洛水冲淹，尚未发现。北城墙位于邙山南坡，残长 4400 米，东城墙位于洛阳城东 3500 米，大致与东城墙平行，中多断处，大致可知的残段仅得 1800 米①。

汉魏洛阳城自东汉始置时，共有城门 12 座：南面 4 座，由东向西，为开阳门、平门、宣阳门和津门；东西两侧各 3 座，自南向北，东面为宣平门、中东门、上东门，西面为广阳门、雍门、上西门；北面 2 座，东为穀门，西为夏门。魏晋未有改易，惟城门之名前后略异。北魏亦稍改易其中一些城门的名称②，并于洛阳城西面最北处，也是金墉城的西南方，增置一座承明门，因而成了 13 座城门。

东汉洛阳城的宫殿有南宫和北宫。两宫相距 7 里，其间有复道相通。两宫相连，南北悠长，隔绝东西。东汉末年，董卓倡议迁都时，焚毁南北两宫，魏武帝更立北宫，南宫再未建立。北魏重建洛阳城时，也只建立北宫，宫址似稍往南移。

元人所绘《后汉东都城图》，以司徒、司空、太尉三府置于开阳门内南宫之东。三公府既在其地，其他官署相距谅不甚远。

---

① 《洛阳市志》卷一四《文物志·城址》。
② 魏时洛阳城门仍依汉旧，晋改平门为平昌门，宣平门为清明门，中东门为东阳门，上东门为建春门，雍门为西阳门，上西门为阊阖门，夏门为大夏门。北魏改晋时的清明门为青阳门，广阳门为西阳门，西明门为西阳门。

魏时虽未再建南宫，但所建的太极殿却在南宫的旧址上。太极殿自不能悉据有南宫旧地，三公官署当仍在其故处，似未移至南宫旧址。北魏官署则多在宫殿阊阖门南铜驼街的东西两侧，亦有散处东阳门内和西阳门内的御道两侧。

东汉洛阳城有 24 街，街名多已失传，所可知者有长寿街、万岁街，而铜驼街最为人所称道。魏晋可能承其旧规，未有改易。东汉时街间有里，晋时始见有坊名。惟里坊并存，可以考见的里坊名称亦殊非少，里坊并存，其间关系尚须再作探索。北魏时也是里坊并存，设坊之数似较里为多。宣武帝景明二年（公元 501 年）就一次在京城筑了 323 坊，各周 1200 步。里坊的关系虽不可具知，但应皆是贵族官吏以及齐民的居地。

东汉洛阳城亦设市，所设有三市，三市为金市、马市和南市。金市为大市，在城内，是在上西门之内。马市在城东，是在上东门外。南市在城南，更在平门之南。与汉长安城相较，显系向南移动，有的移到城外去。一说三市为平乐市、金市和马市。平乐市当设于平乐观。平乐观在上西门外。若如所言，则金市与平乐市只隔一座上西门。相距如此之近，似非设市的初意。魏晋承其旧规，未有改易。北魏亦设三市，更向南移。北魏三市为洛阳大市、洛阳小市和四通市。洛阳大市在西阳门外大道之南，洛阳小市在青阳门外大道之北，距西阳门和青阳门都不是很近，四通市更远在洛水以南。

以洛阳城作为都城的王朝，自东汉迄于北魏虽数有改易，但洛阳城中只设洛阳县，街道里坊的管辖，前后都应是一致的。

汉魏洛阳城的 12 座城门，由于内部两面城门多寡不同，不能相互对称，这就使其间的道路不易南北直通。东西两面的城门虽间有互相对称的，不过在东汉时，由于宫殿置于城内中部，还不能都有道路互相连接。北魏再建洛阳城，其宫殿只当东汉时的北宫，宫址似稍往南移。南宫旧址改成官员衙署。本来城东面的中东门和城西面的雍门不互相对称。北魏时中东门已改称东阳门，雍门亦改称西阳门，并稍移西阳门向北，和东阳门相对。这样就使东西两面各三门之间，都各自有街道互相连接，交通因而更为便捷。

还在东汉洛阳城南北两宫并存之时，两宫之间的复道，分成三行，天子案行中道，从官夹行左右。其实不仅复道如此，其他各街道莫不皆然。各城门之间更为显著，仿佛西汉当年旧规。魏晋两代皆相沿袭，未有改变。北魏更为伸延，至于城外郭门。东汉时的马市（北魏时人称"中朝牛马市"）于北魏时在绥民里。绥民里东为崇义里，里东有七里桥，桥东一里有郭门。郭门内就开有三道，和城中街道一样。可见规模具在，而又广为伸延，至于郭内各处。

汉魏洛阳城位于洛水之北，距水稍远。东汉初年，王梁欲引穀水以溉京师，渠成而水不流，其后张纯堰洛，引水入王梁所开的渠道，遂大得其利。所开的渠就是阳渠。《水经注》叙洛阳城旁的穀水也就是此渠。这条水渠不仅绕流洛阳城的周围，还灌到城内。宫殿之前，阊阖门外的铜驼街也有水渠流过。汉时金市、马市的设立，皆与阳渠有关，就是北魏的洛阳小市，也是深得这条渠道之利的。汉魏洛阳城从东汉初年始建时起至北魏季年的废毁时止，都有其繁荣昌盛的时期。能够繁荣昌盛，水上交通的发达实为重要的原因[1]。

四、隋唐洛阳城

隋唐洛阳城与汉魏洛阳城不同。汉魏洛阳城位于洛水之北，

---

[1]　这里论述汉魏洛阳城，大都取材于《水经注》《洛阳伽蓝记》《元河南志》。

其南郊稍稍伸延到洛水之南。隋唐洛阳城位于汉魏洛阳城之西，横跨洛水南北，南宽北窄。隋唐洛阳城亦如其时的长安城，有皇城、宫城和外郭城。皇城在南，宫城居北。宫城之北还有曜仪城，再北又有圆壁城。宫城之东有东城，东城之北又有含嘉仓城。东城还南伸到皇城北部之东。宫城和皇城以及这些较小的城都在洛水之北。其东就是外郭城。外郭城分设在洛水南北。洛水之南的部分更为广大，其西端直达皇城之南，甚至还稍稍过之。

　　皇城周长十三里二百五十步，约合今 7696 米。宫城周长十三里二百四十一步，约合今 7688 米。外郭城周长五十二里，约合今 27765 米[①]。现在实地勘测，外郭城南城墙长约 7290 米，东城墙长约 7312 米，北城墙长约 6138 米，西城墙长约 6776 米，计周长 27516 米，合 27.52 公里。皇城仅勘测出西墙长 1670 米。宫城北墙长 1400 米，西墙长 1270 米，南墙长 1710 米。东墙有些段落，夯墙渐没，难知确数[②]。

　　外郭城南面 3 门，中为定鼎门，东为长夏门，西为厚载门；东面亦 3 门，中为建春门，南为永通门，北为上东门；北面 2 门，东为安喜门，西为徽安门。外郭城的洛水之南部分西经神都苑，洛水之北部分，西为皇城和东城，皆自无门。皇城 6 门，南面 3 门，正南为端门，南当外郭城定鼎门，北当宫城应天门，仿佛隋唐长安城的朱雀。端门之东为左掖门，西为右掖门。东面 1 门为宾耀门。这 4 门之外皆为外郭城。西面 2 门，南为丽景门，北为宣辉门。宫城南面 4 门，居中的就是应天门。东城以

---

　　① 　隋唐洛阳城的皇城、宫城、外郭城的长阔里数及周回里数，《大唐六典》《旧唐书·地理志》《元河南志》所载不尽相同。兹篇所列，仅据徐松《唐两京城坊考》，因其中皇城、宫城、外郭城皆有里数。

　　② 《洛阳市志》卷一四《文物志·城址》。

位于宫城和皇城之东为名。其南其东皆为外郭城，南门为承福门，东门为宣仁门。

隋唐洛阳城亦分列各坊，和隋唐洛阳城一样。隋唐洛阳城共设113坊①。在洛水之南的82坊，其余皆洛水之北。外郭城的街道，据说纵横各有10条。实际上并不如此。洛水之南的街分别以定鼎门和长夏门为名，定鼎门东4街，门西3街，长夏门东5街，再加上东西两侧临城的街，就已超过了10街之数。洛水之南各街的坊，一般以6坊为度，可是长夏门东第三街就有9坊。坊间就是街道。近人所绘制的《隋唐东都城复原图》，不以这条街上的临阛、延福两坊间的街作为直达东西两城墙之间的街，这就还说不上洛水之北的街了。加上临城的街，覈实来说，东西的街多到14条，南北的街也多到14条。和隋唐长安城一样，隋唐洛阳城皇城也有街，不过只是宫城应天门外的4条横街。隋唐洛阳城增添了东城，东城也有街，为两条东西街和3条南北街。

隋唐洛阳城亦设市，洛水之南两市，洛水之北一市。洛水之南两市，隋时称丰都市和大同市，唐改为南市和西市。南市在长夏门东第二街嘉善坊之北，即隋丰都市旧地，只是市区有所缩小。隋大同市在定鼎门街西第二街由南向北第二坊，唐时向其西南移徙，迁到定鼎门街西第三街最南一坊。洛水之北的

---

① 隋唐洛阳城的里坊数目，有关文献记载不尽相同。隋时称里，《隋书·地理志》谓"里一百三，市三"。唐代称坊，"凡一百三坊，三市居其中焉。开元十二年，废西市，取厚载门之西一坊地及西市入苑"。如所言，则开元十二年后，洛阳城实有一百二坊。《旧唐书·地理志》说："街分一百三坊，二市。"少了一市，坊却还是一百三。《元河南志》又说："凡一百二十坊，八十八坊隶河南县，三十二坊隶洛阳县。"所列具体坊名也是一百二十。徐松《唐两京坊考》则谓："凡坊一百十三。"所列坊名也是一百十三。其中在洛水之南者八十二坊，洛水之北者三十一坊。

市，隋时称通远市。在东城之东第四南北街的南端，南临洛水，北濒漕渠。唐时改称北市，移至东城之东第三南北街景行坊之北①。隋唐长安城东西两市皆在朱雀门外东西横街之南，也就是说近于皇城。洛阳城的南市和北市，更在东城之东，距皇城愈远。只有西市在定鼎门西第三街，距皇城较近。南市和北市分列于漕渠南北，交通最为便捷。但其距皇城远，却不能以此作解释。唐时李翱家住定鼎门街东第二街最北的旌善坊，其南行也即由坊门口乘船②。旌善坊远在南市北市之西，航船也是可以达到的。

五、吴建业城和东晋南朝建康城

吴建业城为吴大帝孙权所建立，其地就在今江苏南京市。西晋末年，永嘉丧乱，中原板荡，元帝仓皇渡江，即以吴都旧地，另建新朝，以避晋愍帝名讳，改建业为建康。南朝各代皆沿用此称。前后相沿，长达三百余年。

建业城建于淮水（即今秦淮河）之北，距淮水尚有五里。北对覆舟山，相距约七里，山北为玄武湖。其始建置之时，城周二十里十九步。折合今制，约为8712米。东晋南朝，城名虽有改易，城址却因而未变。

吴国始建建业城，据说只有一座城门，据说宣阳门。宣阳门在城的南面，此事见于《地舆记》所载。《地舆记》说："都城本吴旧址，晋江左所筑，但有宣阳门。"《地舆记》不悉撰于何人，但为《建康实录》所征引，是其时已有成书。建业城只有宣阳门一门的局面，直到晋成帝咸和七年（公元332年）筑

---

① 这里论述隋唐洛阳城的资料，大都来自《元河南志》、徐松《唐两京城坊考》。
② 李翱《李文公集》卷一八《来南录》。

新宫时始有改变。既筑新宫，也相应修了六门。六门之中除南面正中的宣阳门外，尚有南面最西的陵阳门，最东的开阳门，东面最南的清明门，正东的建春门，正西南的西明门。成帝筑新宫、修六门之时，正当苏峻乱后。其时兵火之后，宫阙灰烬，故须另创新宫。而筑新宫之时，又修六门，是不仅宫阙灰烬，城门亦有残破。当吴国初建建业城时，城墙即以篱围绕，当时并以篱门相称。至南齐初年始建立城墙。这样的篱门在兵火之中，如之何能够避免浩劫？颇疑晋成帝所修的六门之中，并非除宣阳门外，皆属新建。也许是称颂晋成帝盛德，以吴人的旧绩，作晋朝的新猷。

后来到宋文帝元嘉二十五年（公元448年）又续作了六门：就是阊阖门、广莫门和延熹、元（玄）武、大夏、东阳四门。这六门的名称具见《宫苑记》。《宫苑记》亦不知撰人。《宋史·艺文志》著录许嵩《六朝宫苑记》，名称实相仿佛，然景定《建康志》及至元《金陵新志》所征引的佚文往往与《建康实录》有不符合之处，可能与许嵩无关，但其撰述的年代也不至过晚。就是元嘉作门的记载，《建康实录》也说："新作阊阖、广莫等门。"显然不以阊阖、广莫二门为限。

《宫苑记》不仅记载这些门名，还指出所在的方位。据其所说，可知在晋成帝咸和年间，建康城南面4门，宣阳门居中，其西陵阳门，其东为开阳门，再东为清明门[1]。宋文帝元嘉年新修的六门，是增添在建康城的北面和东西两面：具体说来，北面由东向西，依次为延熹门、广莫门、玄武门、大夏门；东面于建春门之南增修东阳门，西面于西明门之南增筑阊阖门。

---

[1] 景定《建康志》卷二〇《城阙志·门阙》："（《宫苑记》），清明门在南面最东，而《（建康）实录》乃在东面最南。今以《宫苑记》（清明门）北对延熹门证之，即《实录》误矣。"

　　吴和东晋、南朝的宫殿，皆置于建业或建康城内。吴时所置的为太初宫，东晋改置建康宫，宋齐诸国皆因晋制，只于宫门有所增损。吴太初宫南面5门，公车门居中，南对宣阳门。东晋建康宫，大司马门居中，亦南对宣阳门，是晋时大司马门就是吴时的公车门。这样说来，晋建康宫应该是在吴太初宫旧地建立起来的。可是《建康实录》于叙述吴太初宫时，却说在晋建康宫西南。建康宫南面共有4门，大司马门之西，有西掖门，大司马门之东为南掖门，再东为东掖门。南掖门于陈时改为端门。端门南对建康城的开阳门。依此而论，则大司马门并非建康宫南面正中之门，只是因为南对宣阳门而被称为正中。由于偏东一些，陈时就把南掖门改为端门，显示端门居中。《建康实录》谓吴太初宫在建康宫的西南，可能就是基于这样的缘故。

　　吴时既建太初宫，各府寺就排列在宫南。太初宫南面5门，其中间公车门实为正门。由公车门南行，为至淮水（今秦淮河）岸上大航门的大路，大路两旁排列了很多府寺。这样的营建显然是取法于当时的洛阳城。前面曾经叙述过，东汉以洛阳为都，都内有南北两宫。后来董卓焚毁南宫。曹魏虽仍都于洛阳，南宫却迄未修复。南宫旧地就兴建了一些府寺。这样改弦另张，遂为吴人所师承。其时邺都（今河北临漳县）自经曹操经营之后，繁盛并未稍替，仍超迈于洛阳。晋初左思撰《吴都赋》，对于太初宫前的设置，盛加称道，谓其"列寺七里，侠栋阳路，屯营栉比，解署碁布"[1]。这一点可能为邺都、洛阳所不及，故左思特以为言。自吴人首开其端，东晋南朝皆因而未改。惟晋成帝改大航门为朱雀门，遂为永制。

　　建业城和建康城也都设市。早在吴时，就有三市，为大市、

―――――――――――

[1]　《文选》卷五，左太冲《吴都赋》。

南市和北市。三市皆不在城内。城外多河道,交通便捷,货物运输较为方便。左思《吴都赋》形容其时肆廛之盛,曾指出:"轻舆按辔以经隧,楼船举飘而过肆①。"能有楼船驶过,则所设的市有的可能在淮水岸边。其后设市愈多,大市小市各有十余所。这些市肆都相当繁荣。后来隋代平陈,对建康城多所摧残,可是当时还称其"市廛列肆,埒于二京②",谓其可以媲美长安和洛阳。

建康城内有街有巷,宫城南有朱雀街,沈约祖上曾居于都亭里的运巷。其主要区划则仍以坊为主。景定《建康志》、至正《金陵新志》,皆记载有不少的坊,有些可能是唐宋时所置,不能尽以之作为东晋南朝旧制。当然也有东晋南朝旧坊,其后因袭沿用,未曾有所改易的。

当吴人始建建业城时,城内交通就相当发达。由宫城南出至大航门的道路,就特为著称。左思《吴都赋》曾盛加称道,谓其"高闱有闶,洞门方轨,朱阁双立,驰道如砥,树以青槐,亘以绿水"。高闱有闶,形容宫殿的高大,这是无容道及的。洞门方轨就具体说到建业城的宣阳门。宣阳门有三道,所以说是"洞门方轨"。其实不仅是宣阳门至大航门之间的道路如此,就是宣阳门北至太初宫以至后来的建康宫都是如此。

这样门开三道的设施还涉及其他一些城门,南面最东的清明门,正东的建春门(后改为建阳门),正西的西阳门,宣阳门东的开阳门(后改为津门)、北面中间的广莫门和玄武门,也都是一样的。也就是说,12门中的6门都是门开三道。还应该指出:东面的建春门正对西面的西阳门,两门之间的道路,就是宫城大司马门的横街。而南面最东的清明门,直对北面最西的

———————————
① 《文选》卷五,左太冲《吴都赋》。
② 《隋书》卷三一《地理志》。

大夏门，东面最南的东阳门直对西面最南的阊阖门。这些两相直对的城门之间，也必都有街道相互连系的。宣阳门东的开阳门，北面也是宫城，却直对宫城的端门。端门在大司马门之东，其间的街道可以说近似大司马门和宣阳门之间的街道。北面的广莫门和玄武门虽无其他门可以直对，但广莫门北向直对乐游苑南北，玄武门也北向直趋玄武湖。这两座城门都能够门开三道，可能就是这样的缘故。

建业城、建康城南临淮水。淮水舟楫便利，可与长江沟通。水滨的大航门亦即后来的朱雀门有道路直通宣阳门。这条道路称为御街和御路，重要性可以略见一斑。就是这样，吴时还开凿了一条潮沟，引青溪水绕城北城西而入于淮水，直可谓锦上添花了①。

六、北宋开封城

北宋开封城当时称为东京。东京是对西京洛阳而言的。其地现在仍称开封市。

宋开封城有旧城和新城。旧城在内，亦称内城。新城环绕旧城，亦称外城。旧城周回二十里许，新城广大，周回四十余里。旧城之内，别有宫城。外城12门。南面3门，东面2门，西面3门，北面4门。南面3门，中为南熏门，东为陈州门（顺化门），西为戴楼门（安上门）。东面2门，南为新宋门（朝阳门）。北为新曹门（含辉门）。西面3门，南为新郑门（顺天门），北为万胜门（开远门），再北为国子门（金曜门）。北面4门，由东向西，为陈桥门（永泰门）、新封丘门（景阳门）、新

① 这里论述建业城和建康城，多取材于许嵩《建康实录》、景定《建康志》、至正《金陵新志》、朱偰《金陵古迹图考》（商务印书馆，1936年，上海）。

酸枣门（通天门）、卫州门（安肃门）。

宫城位于内城偏北部分，四面各有门。南为宣德门。宣德门南对朱雀门，更南对南熏门。

宋开封城本为唐时的汴州。汴州濒汴河。汴河就是隋炀帝所开凿的通济渠，颇具舟楫之利，为国内重要的航运渠道。宋开封城远较唐州为宏大，汴河穿城东南流。汴河而外，宋开封城还有惠民河（蔡河）、五丈河（广济河）和金水河。这些河流经过城墙时，皆设水门。水门像窗门一样，用铁包裹，夜晚之时，如闸垂下水面，隔绝内外。岸旁另设门道，供人行走。汴河流入城内的水门，在新郑门南，称为西水门；由城东南的东水门流出城外。惠民河流入外城的水门在戴楼门东，流出城外的水门在陈州门东，皆称蔡河水门。五丈河由卫州门西流入城内，其地水门据说称善利水门。由新曹门的东北水门流出①。至于金水河流入外城的水门则在国子门北，金水河只是供大内池浦用水，未至流出城外。

宋开封城的宫城，如其名称所示，自是皇室的大内。大内亦有内诸司，如学士院、四方馆之类。至如尚书省等府寺则皆设在宣德门外，最远至于州桥。州桥为架于汴河上的架梁。由宣德门外至于州桥的御街两侧，散布着一些府寺。府寺之间也杂有民居市肆，与隋唐长安城、洛阳城迥然不同。

宋开封城亦如隋唐长安城和洛阳城，亦设有坊。坊名和所置的坊的数目，时有变更。宋太宗至道八年（公元995年）曾经厘定过坊名，据《宋会要·方域》所载，共有121坊。分属

---

① 明李濂《汴京遗迹志》卷七《河渠三》："五丈河在安远门外。唐武后时引汴水入白沟，接注湛渠，以通曹兖之赋，因其阔五丈，名五丈河，即白沟之下流也。"《东京梦华录》卷一《河道》："五丈河来自济、郓。"如所言，则是五丈河倒流西行，误矣。《汴京遗迹志》说："五丈河在安远门外。"亦误。安远门即新封丘门。五丈河即已流入城内，如何还能在安远门外？

开封、浚仪（后改祥符）二县。两县所辖，旧城以宣德门前御街为界，开封县辖御街之东，浚仪辖御街之西。大内东西与御街同。新城东部南部属开封县，西部北部属浚仪县。宋时坊上尚设有厢。厢为军事组织，为五代时所新创，宋时因承其旧规。厢分左右，诸左厢辖隶属开封县各坊，诸右厢辖隶属浚仪县各坊。唐时坊有坊门坊墙。坊内人家不能随便于坊墙开门。宋时这规范已不复遵用，坊只是行政组织区域，所辖只是若干街道而已。

宋开封城已形成开放型城市。城内市肆随处设置，无固定的地区。有的市肆就设在宫城附近。宫城南面正中的宣德门外，宫城东面的东华门外，均甚繁华，其他如朱雀门内宣德门南的州桥以及迄至现在遗迹犹在的相国寺，其市肆皆有名于一时。甚至有些街道、官署、坊巷人家也与市肆杂然并处，没有显著的区分。北宋以前，无论是汉魏洛阳城、隋唐长安城，皆属于封闭性城市，北宋开封城一变而为开放性城市。这些城内市肆的设置及其所处的地位，就可略见一斑。

宋开封城内有御街，自宣德楼一直南去，阔约二百余步。路心安朱漆杈子两行，中心御道，不得人马行走。杈子里还有两道御沟水，显得别有景色。这条御街南行，过州桥，出朱雀门，一直通到南熏门。和南熏门相同的，还有新郑门、新宋门和封丘门。这几座门皆直门两重，因为留有御路。新宋门和新郑门东西相望，皆通到州桥，御路御街相会于州桥，彼此连贯起来。封丘门的御道只是经过大内之东，是否折而西行，进入宫城东华门，抑或继续南行，至新宋门之内，再折而西行，与宣德门南御街会合于州桥，皆未可知。御街御路所不及的街道，交通亦有可称道的。新宋门和新郑门之间皆有御路，自然可以互相联系，就是新曹门和万胜门之间的街道以经过宫城宣德门前，也应是畅通无阻的。至于南面的陈州门、戴楼门和北面的陈桥门、卫州门，也皆各自互相对称，其间的道路同样可以彼此贯通。

北宋开封城的水道交通自别具特色，超迈前代。流到城内的四条河水中，只有金水河是为了供应大内后苑池浦的用水，汴河、广济河、五丈河皆有船只往来，运输货物。特别是汴河更为重要。汴河就是隋炀帝所开凿的通济渠，有唐一代成为交通干线，北宋建国后并未减色，往来运输且益为繁剧。今传世的张择端《清明上河图》就足以见当时的规模。《清明上河图》中显示汴河上一大桥，桥旁市肆商业最为繁盛。说者谓此桥就是虹桥。虹桥在外城东南的东水门外七里，据说："其桥无柱，皆以巨木虚架，饰以丹艧，宛如飞虹。"所说和《清明上河图》所绘的相仿佛。汴河在城内流经州桥和相国寺前，州桥和相国寺的市肆皆繁多昌盛，冠于城内其他各处，其间缘由是可以具悉的①。

七、南宋临安城

南宋临安城就是杭州。宋高宗南渡偏安，改为临安府。实际上就是都城，当时只是称为行在所，以示暂时居留，期望日后返回开封城。临安城位于西湖之东，据说是隋时杨素创建的，周回三十六里有余。宋高宗仓皇南渡，自仍其旧贯，无暇再事扩展。西湖之东丘陵起伏，南宋的大内就建在凤凰山上。凤凰山就在城内，城内还有吴山等山。这样的形势使得临安城共有13座城门，东面7座，西面4座，南北两面各1座。城东为便门、候潮门、保安门、新门、崇新门、东青门和艮山门。城西

---

① 这里论述北宋开封城，多取材于孟元老《东京梦华录》《宋史·地理志》、明李濂《汴京遗迹志》。

为钱湖门、清波门、丰豫门和钱塘门。城南为嘉会门，城北为余杭门。另外还有 5 座水门。

皇宫所在的凤凰山，位于城内南部，嘉会门内。皇宫虽狭小，亦有南北两门，南为丽正门，北为和宁门。临安城虽有 13 座城门，东西两面的门数不同，难得都能互相对称，不易有街道联系，仅崇新门和丰豫门间有街道连接。丰豫门就是俗称的涌金门。临安城和北宋开封城一样，也有一条御街。御街起自皇宫北面的和宁门外，北行稍转西北至景灵宫前。景灵宫在新庄桥之西，新庄桥又在万寿观之西。据《咸淳临安志》的《京城图》，景灵宫和新庄桥皆在余杭门之南，可以说这条御街为贯穿嘉会门和余杭门之间的南北大道。余杭门位置稍稍偏西，这条大道也就有些弯曲，并非笔直。御街按照当时的规定，乃是"乘舆所经之路"。当时人盛加称道，说是"跸道坦平，走毂接轸，若流水行地上。经涂九轨，于是为称"。"经涂九轨"是《周礼·考工记·匠人营国》的话，是说道路分成三股，每股可以并行 3 辆车子。中间为君王乘舆所经之路，两边可供其他行人往来。

由于皇宫位于临安城的最南部，其他营建都应该在皇宫之北。首先是官署就多在御街的两侧。御街两侧当然也夹杂着许多民户。临安城也和宋开封城一样，民户所居为坊，坊上设厢，以相统辖。城中共设九厢，其中宫城厢当设于宫城附近嘉会门一带外，其余 8 厢分为左右各 4 坊。左右两伴分别列于御街东西，诸左厢在西，诸右厢在东，分隶于钱塘、仁和两县。钱塘县的四至中的东至是以中心大街与仁和县为界。所谓中心大街所指的当是御街，因为右二厢的西至就是在御街中心和左一北厢左二乡为界。

临安城经济亦最为繁荣，市肆众多。吴自牧生当其时，目睹耳闻，最为亲切。据他所说，"大抵杭城是行都之处，万物所聚，诸行百市，自和宁门权子外至观桥下，无一家不买卖者"。观桥在报恩坊北。报恩坊位于钱塘门正东稍偏北处。御街在观桥之北，就转而向西，不远就可至新庄桥万寿观。也就是说，御街的南段、中段，甚至还到初入北段处，两侧都遍布商业市肆。不仅此也，吴自牧还说："自大街及诸坊巷，大小舖席，连门俱是，即无虚空之屋。每日清晨，两街巷门，浮舖上行，百货买卖，热闹至饭前，市罢而收。"有些市还以市中主要商品为名，主要的市设在城内，其中有药市、花市、珠子市、肉市，而米市和菜市则分别在余杭门和崇新门外。市之外，还有一些行和团，如设于便门外的布行，设于钱塘门里的花团，即其著例。行和团，与市也都相仿佛。这些商业市肆的设置和组织，分布于城内外各处，显示临安城的繁荣景象①。

八、金中都城和元大都城

金中都城和元大都城皆在今北京市。金中都城在今北京市西南，其东其北皆稍稍越过现在北京城的宣武门。由宣武门往西往南，皆迤出现在北京城外。元大都城大体就是现在北京市的东城区和西城区，就是所谓的内城，不过其南不及崇文门和宣武门，而北则超出安定门和德胜门。明北京城为现在北京城的东城区和西城区以及崇文区和宣武区，东城区和西城区，在当时称为内城，崇文区和宣武区则称为外城。清因明制，少有改易。

金中都城周围七十五里，呈正方形。每面有3座城门，共为12门：正东为宣耀门，阳春门和施仁门；正西为灏华门、丽泽

① 这里论述南宋临安城，多取材于《咸淳临安志》《乾道临安志》《淳祐临安志》、王象之《舆地纪胜》、吴自牧《梦粱录》、周密《武林旧事》。

门和彰义门；正南为丰宜门、景风门和端礼门；正北为通玄门、会城门和崇智门。这 12 座城门见于《大金国志》的记载。《金史·地理志》在此 12 座城门之外，增添了光华门。据说光华门为正北诸门中最东的一门。或疑为会城或崇智二门的别称，并非另有一门①。中都城内有内城。内城居中都城的中央，周回二十七里，城开八门。其南门为宣阳门。内城之内又有宫城。宫城周回九里三十步。宫城当依内城的南墙建成，即以内城的南墙为宫城的南墙。内城的南门为宣阳门，宫城的南门亦为宣阳门，宣阳门的规模又皆相同，可为例证。由宣阳门北行，至通天门（后改应天门），据《大金国志》的记载，"通天门即内城之正南门"。内城不能有两个不同方位的正南门。又有人认为通天门内为宫城，其南应为皇城。可是与宣阳门相对应的拱辰门却在通天门之北，而且还被称为后朝门。这是还有待于再作考释的问题。

这里提到宣阳门，又提到通天门，是因为两门的各自左右两侧，各又设一门。宣阳门的左右两门未见门名，通天门的左右两门，分别称左掖门和右掖门。中门惟帝王车驾出入乃开，两偏分双单日开一门，以备官吏和士夫出入。金中都城每面 3 座城门，都是各自互相对称的。由于中间有宫城，每面中间的城门就不能有街道相连接。不过城内各坊中间的街道还可有助于交通。金中都城是在辽南京的基础上扩建的，而辽南京又在唐幽州的基础上建立起来，城的规模前后有所不同，城内的坊也被沿袭设施。据元人记载，中都城中西南、西北二隅有 42 坊，东南、东北二隅有 20 坊，坊名具全，遗址皆不可寻。中都城的坊可能不以此 62 坊为限。就以这 62 坊来说，坊间的街道已是相

————
① 《日下旧闻考》卷三七《京城总纪·原编者按》。

当繁多的。中都城内诸坊，可能都是民间居住之所。宫城宣阳门之北有千步廊，廊之西为尚书省，其他官署所在地不易具知，也许杂列于诸坊之中。

金中都城的市设在城北。据北宋时人许元宗所见，城北的市，陆海百货萃于其中。尤其是锦绣组绮，精绝天下。金灭之后，元人另建新都，犹称金中都城为南都。元时有南都市，在大悲阁东南巷中，大悲阁附近还有穷汉市和蒸饼市，可能是金时留下的残迹。此所谓大悲阁东南巷，当是在金中都城中，与原来城北的市不同①。

元人灭金之后，并未承受金中都城的旧规，而是于中都城的东北，另建立大都城。大都城方六十里，共有 11 座城门：南面和东西两面各有 3 座城门，北面却只有两座城门。南面中间为丽正门，其东为文明门，西为顺承门。东面南头为齐化门，依次向北为崇仁门和光熙门。西面南头为平则门，依次向北为和义门与肃清门。北面东为安贞门，西为健德门。丽正门北为皇城。皇城中有太液池，即今北海和中南海。太液池西侧也有宫殿，宫城却在太液池东。宫城南门为崇天门，其南为灵星门，经过一段千步廊，再南就是丽正门。

大都建都之时，郭守敬曾为测定中心位置，为之置中心台。中心台西南建有鼓楼，鼓楼之北，建有钟楼。中心台早已圮毁，钟鼓楼犹巍然耸立，使人知其为元大都的中心台所在。应该说，中心台的构置为都城营建的创举。以中心台定位，则元宫城实在大都城的偏南处。中心台的作用只是作为定位的标志，殆难再作其他的引申。或谓中心台位置的选定，显示大都城为坐南向北的都城。别的不必说起，就以当时的宫城来说，似并非如

---

① 这里论述金中都城，多取材于《大金国志》《金史》《析津志辑佚》《日下旧闻考》。

此。元宫城的南门为崇天门，北门为厚载门。崇天说天，厚载说地，以天地相比拟，可知其宫城并非坐南向北。

元大都城也设坊，其初共有 50 坊，到了明初未建都之前，犹有 33 坊①。这 33 坊分属大兴和宛平两县所辖。诸坊中有万宝坊，在宫城前右千步廊之西，又有日中坊，在鼓楼周围。这两坊都属宛平县，可知大兴、宛平两县所辖的坊以丽正门至于厚载门为分界线，其东属大兴县，其西属宛平县。

元人所撰的《析津志》说：元大都城的街制，"大街二十四步阔，小街十二步阔，三百八十四火巷，二十九衖通。衖通二字本方言"。所谓火巷、衖通，当系坊的巷曲。三百八十四火巷今已难指确地。衖通当是现在的胡同。当时胡同只有 29 条，后来逐渐增多，甚至如俗人所说，多如牛毛，难于计数。不论火巷或胡同，都不是大街或小街。

说元大都城中大小街，应从城门内说起。元大都城的 11 座城门中，南北两面所设置的城门数目不同，未能相互对称。东西两面皆有 3 座城门，都能分别各自对称。可是东面齐化门和西面平则门之间，中隔皇城，两侧街道难以相连接。东面崇仁门和西面和义门皆在皇城之北。可是皇城之北却有巨大的积水潭，由宫城北门的西北，斜贯西北，至和义门北。由和义门东至崇仁门，还须绕行一段道路。两相对称的城门之间能有街道相连接的，就只有最北的东面光熙门和西面肃清门了。其他诸城门

---

① 《日下旧闻考》卷三八《京城总纪》载明初未建都以前北平府时所设规制："坊三十三：五云坊、保大坊、南熏坊、澄清坊、皇化坊、贤良坊、明时坊、仁寿坊、思诚坊、明照坊、蓬莱坊、湛露坊、昭回坊、靖恭坊、金台坊、灵椿坊、教忠坊、居贤坊、寅宾坊、崇教坊，已上二十六坊属大兴县。万宝坊、时雍坊、阜财坊、金城坊、咸宜坊、安富坊、鸣玉坊、太平坊、丰储坊、发祥坊、日中坊、西城坊，已上十三坊属宛平县。"按宛平县所属十三坊中少列一坊。

虽不能都像光熙门和肃清门之间的样子，也皆能通到城内的最远处。特别是南面最东的文明门内的街道可以直抵北面的城墙之下。所有的城门之内的街道都以其城门之名命名，就可知其重要的作用。再加上若干火巷和衖通，可以说是无所不至了。还应该指出宫城南门崇天门和大都南面三门中的丽正门之间的所谓御街或御道。崇天门和丽正门之间还有一座灵星门，灵星门有千步廊。崇天门左右有星拱门和云丛门。灵星门和丽正门两侧也各有一门。中间的门专供帝王车驾行走，这样就构成了御街或御道。另外还有一条称为驰道的道路，是由元太庙直抵齐化门街。元太庙就在齐化门之内，这条驰道可能不是很长的。虽然成为驰道，也可能和御道相仿佛。

积水潭是汇集大都城西山上流下的诸小水而成的。元时为了运输东南各地的粮食和商货供应都城，曾倡修各段运河。其中通惠河一段就进入大都城内，由皇城之东，与积水潭相连接。积水潭畔商货云集，自然就繁华成市了。

据明初所撰写的《洪武北平图经志书》的记载，当时设有"三市：斜街市在日中坊，羊角市在鸣玉坊、咸宜坊，旧枢密院角市在南熏、明照二坊"。这虽出于明初的记载，应是依照元时的旧规，只是在枢密院之上冠以"旧"字。斜街市就是积水潭旁的市。因为日中坊就在鼓楼近旁，积水潭东北的街道，斜向西北，因而称为斜街。羊角市所在的咸宜坊位于顺承门北，咸宜坊北为鸣玉坊，羊角市亦伸入鸣玉坊内。这两坊皆在平则门内，可能就在今西四一带。旧枢密院角市，当在枢密院近旁。称为旧枢密院者，因明初已废元人的旧官衙。元时枢密院在宫城东华门外御河（即通惠河渠）之东。角市所在的南熏坊和明照坊，也应在御河之东。明照坊隔皇城与咸宜坊相对称，咸宜坊在顺承门北平则门内今西四附近，明照坊亦当在文明门北齐化门内今东四附近。南熏坊和鸣玉坊一样，在明照坊之北。据说元大都城内尚有东市和西市，东市在居仁坊，西市在由义坊。居仁坊和由义坊的确地，无明确记载。这东市和西市可能就是羊角市和旧枢密院角市。这两市分列皇城的东西，故得以东市与西市为名。两市都具有一定的规模，如上所说，羊角市在鸣玉坊和咸宜坊，二坊一南一北，连在一起，旧枢密院角市在南熏坊和明照坊。两市各自在两坊之外还涉及邻近的坊，所谓居仁坊和由义坊当为所涉及的坊，不同记载各记其一部分，仿佛角市和东市、羊角市各自两方互不相关。

这里所论述的三市不过是诸市中的规模较为宏大的。据《析津志》所载，各种市竟多至20余处，名目亦殊繁多，一应生活用品皆能成为市名，甚至尚有人市。设市地方遍于城内各处，譬如草市，竟门门有之。即此可见元大都城，无怪马可波罗对之盛加称道，至谓"世界诸城无能与比"①。

九、明清北京城

明清北京城也就是现在的北京城。这是明初因元大都城改建并经后来增补而成的都城，清人继起，承袭其旧规，以迄于今。明初对于大都城的改建是压缩其北部，并使之向南扩展。其后的增补是在向南扩展了原来的大都城之后，在其南面又增建新城。因为有了新城，原来的城就称为内城，其南的部分别称外城。

由于元大都城北部被压缩，原来城东面北头的光熙门和西面北头的肃清门也被隔到城外。其南面的丽正门、文明门、顺承门也向南移徙。稍后改丽正门为正阳门，文明门为崇文门，顺承门为宣武门。这样的移动使新的北京城较元大都城为狭小。

---

① 这里论述元大都城，多取材于《析津志辑佚》《元史·地理志》《日下旧闻考》。

元大都城周回六十里，明北京城周回才有四十五里。元大都城的光熙门和肃清门被隔到城外后，明时再未增置，因而就只有9座城门。东西两面所留下的各两座城门未另更新址，只是后来名称有所改易：东面的齐化门和崇仁门改为朝阳门和东直门，西面的平则门和彰义门（即和义门）改为阜成门和西直门。北面城墙南移，城门还是两座，东为安定门，西为德胜门。明北京城内仍建皇城和宫城，宫城称为紫禁城。皇城周回十八里有奇，紫禁城周回六里有奇，大体皆仍元人之旧。皇城6门：正南为大明门，还有东安、西安、北安和长安左门、长安右门①。大明门北对紫禁城的承天门。长安左街门和长安右街门就在承天门前的东西横街上。大明门南出就是正阳门。

后来到明世宗嘉靖三十二年（公元1553年），又在北京城南筑起外城。外城包京城之南，转包东西角楼，长二十八里。有七座城门：南面3座，中为永定门，永定门东为左安门，西为右安门；东面为广渠门，西面为广宁门；东北角为东便门，西北角为西便门。后来到了清代，仍因明代旧规，仅改皇城南门大明门为大清门，北门北安门为地安门。这样的规模从那时起就已确定下来，历经清代、民国以迄于现在。

前面曾经提到明初因元大都城设立的33坊，是因元时50坊而少有增减的。此后相当长久的时期殆仍依此划分。后来增建了外城，和内城一样，也分列诸坊。虽仍分属大兴、宛平两县，却另设中、东、南、西、北五城，内城外城亦分属五城。五城各设御史巡视，所辖有兵马指挥使司等，盖属监察和军事设置，

①　《明史》卷四〇《地理志》说到皇城的六门，指出："大明门东转曰长安左，西转曰长安右。"仿佛长安左右两门在大明门外。大明门于清时改为大清门。嘉庆重修《大清一统志》卷一《京师》说："大清门少北曰长安左门，曰长安右门。"这与《明史·地理志》不同。清代大清门即明代的大明门。按：今长安街在天安门前。天安门于明时为承天门，在大明门之北。

与大兴、宛平两县的行政区划不同。两县区分，仍然以正阳门（即元丽正门）和北安门（即元厚载门）一线分东西，至于外城，当是正阳门和北安门一线的引伸线，即正阳门和永定门之间的一线①。

　　清时对于明代的五城大有调整，内城分为五城。新的五城是于原来的中、东、西、北四城之外增设南城，由东城析来自崇文街东单牌楼南起，至王府大街路东一段，由中城析来东长安门南沿城墙至西单牌楼双塔寺路南一段，由西城析来由宣武门起至泡子街一段。其他各城自然也难免相应的调整。外城亦分为五城：正阳门街居中为中城，街东则为南城、东城，街西为北城、西城。这样的定制，后来也还有所调整，光绪末年就以区来划分，内城外城各分为 10 个区，但这并不等于把原来的五城各自分为二区。

　　明时虽缩小元大都城，后来成为北京城的内城。内城的街道大体仍同于元大都城。由于移元丽正门、文明门和顺承门，并改为正阳门、崇文门和宣武门，原来三门所依的大都城南城墙也一并拆毁。城址即改成街道，就是后来的长安街。承天门前的长安街中间一段，设有长安左门和长安右门。两门之间禁

---

　　① 《日下旧闻考》卷三八《京城总纪》引《春明梦余录》说："京城虽设顺天府两县，而地方分属五城，每城有坊。中城曰南熏坊、澄清坊、仁寿坊、明照坊、保泰坊、大时雍坊、小时雍坊、安福坊、积庆坊。东城曰明时坊、黄华坊、思诚坊、居贤坊、朝阳坊。南城曰正东坊、正西坊、正南坊、宣南坊、宣北坊、崇南坊、崇北坊。西城曰阜财坊、金城坊、鸣玉坊、朝天坊、河漕西坊、关内坊。北城曰崇教坊、昭回坊、靖恭坊、灵椿坊、发祥坊、金台坊、教忠坊、日中坊、关外坊。"此中坊名有与洪武时不同的，当是后来时有增损。《日下旧闻考》卷六〇《城市》："南城诸坊，白纸坊最大，元于此设税务副使。"当系《春明梦余录》误遗此一坊。南城诸坊中，正东坊和正西坊、正南坊分列正阳门大街东西，显示正阳门大街南至永定门为大兴、宛平两县分界线。

民间往返，两门之外竟成了通衢。长安街东端伸到崇文门街，两街之交处有单牌楼，其北更有四牌楼。四牌楼东行，可通至朝阳门。长安街西端伸到宣武门街，两街之交处亦有单牌楼，其北同样更有四牌楼。此四牌楼西行，可通至阜成门。两单牌楼分称东单牌楼和西单牌楼。两四牌楼亦分称东四牌楼和西四牌楼。东西长安街和两单牌楼、两四牌楼所在地，都是当时的通衢大街。

北京城外城是明代新扩的。外城南面也有3门，其中只有永定门北对正阳门。正阳门大街自可直达永定门。可是左安门和右安门就不能各自和崇文门、宣武门相对称。东面的广渠门和西面的广宁门遥遥相对，其间有几条相互连接的街道，使这东西两门可以连接起来。这中间的几条街道也就都能显示出重要的作用。崇文门大街和宣武门大街也都能达到其间的有关街道上。这样的情况沿袭了很久，一直到现在还没有很多的改变。

明清北京城中也有以天街和御街相称的街道。御街指的是由承天门（即后来的天安门）南行，出正阳门，一直向南，直至天坛的近旁。天坛在永定门内稍偏东处，为明清帝王祭祀天神之所。御街的名称不仅为民间所习用，就是清高宗也以此相称。清高宗有《乾隆三十八年正月御制诣离宫作》的诗，诗中有句说："玉辇陈仪金水桥，午门钟动御街遥。"天街指的是承天门前的东西街道，就是现在的长安街。上面所说的长安左街门和长安右街门，就设在这里。每日百官奏进，皆从两长安门出入，就是守门者也常有数百人之多，看来非常严肃，和唐长安城中的天街不大一样。

元时北京城内设市不少，而以钟楼近旁积水潭最为繁华。明时通惠渠水道受阻，航运中断，市肆遂逐渐萧条，且显得陆续向南移徙。东四牌楼和西四牌楼以交通较为便利，就接踵而起。元大都城已有一些即以所专卖某些货物为名的市，明清时习俗犹在。明时东华门附近王府街东、崇文门西有灯市，据说："市之日，省直之商旅，夷蛮闽貊之珍异，三代八朝之骨董，五等四民之服用物皆集。"清时，灯市也已萧条，仅存灯市之名，犹可略觇当年的盛况。灯市萧条后，代之而起的当为王府大街。灯市还有市之日，王府井大街则长年为市，中无断期。

明时内城最为重要之市，则是大明门前棋盘天街。当地多官署，府部对列街之左右，天下士民工商云集，百货杂陈。此风至清时犹未稍戢。清代前期，内城各处的市肆似稍逊于往时，盖当时内城各处除皇城外，皆划为八旗人等居住之地，他人不得涉足其间，市肆也就不振。

明时最为繁华的市肆固在大明门前棋盘天街。大明门南就是正阳门。因而繁华的市肆就向南扩展到正阳门大街。正阳门俗称前门，正阳门大街也就是前门大街。前门大街的繁华最后还超过了棋盘天街，而且从那时起，一直繁华到现在。尤其是大栅栏更受人称道。

明时增建了外城，民居逐渐繁多。清代前期内城尽改为八旗的居地，外城人户更为增多，前门大街市肆虽为繁华茂盛，似尚不能应付裕如。因而专卖某些货物的市肆，也就先后蜂起，甚至成为所在街道的名称，迄今市容虽已改易，犹可据以略知当年的盛况。正阳门的煤市口和猪市口，崇文门外的米市口、柴市口，宣武门的骡马市街、米市口、菜市大街皆其著者①。

①　原稿行文止此，页末脚注曰：这里论述明清北京城，多取材于《明史·地理志》《日下旧闻考》。

第五讲　祖国的历史名城

我们伟大的祖国历史悠久，人口众多，经济繁荣，文化发达。自古以来，就陆续兴起了无数的名城大都。以统一王朝的都城来说，就有咸阳、长安、洛阳、开封、南京、北京等著名都会。今天的北京是我们伟大社会主义祖国的首都。其他值得称道的，还有太行山东的邯郸和邺（今河北临漳县西南），山东境内的临淄和陶，四川盆地的成都，长江中下游的江陵和扬州，太湖东南的杭州等。西藏的拉萨，也曾名重一时。特别是近百年来突起的上海，迄今犹为世界有名的商埠，这里仅就其政治经济地位特别重要的。分别论述如下。

一、咸阳和长安

咸阳和长安都在今陕西关中的中部，隔着渭河遥遥相对。咸阳为秦王朝的都城，其故地在今咸阳市东。长安则为西汉、隋、唐诸王朝的都城。其间前赵、前秦、后秦、西魏、北周也都在这里建都。东汉与西晋末年，都曾迁都于此。农民起义领袖黄巢和李自成也在这里分别建立过大齐和大顺政权。隋以前的长安在今西安市西北，从隋时起才迁到现在的西安市。如果由秦汉向前推溯，则西周的丰镐就在今西安市西南的丰河两岸。丰镐、咸阳和长安相互成为一个三角形。实际上汉长安也正是秦咸阳的继续和发展。因为秦咸阳经过项羽的焚毁，了无余烬，西汉才不得不在渭河南岸另建新都。

丰镐、咸阳和长安相继建为都城，是有其共同的特点的。不论其政权的性质如何，都城的选择都以能否加强其统治为出发点。丰镐、咸阳和长安都位于关中的中央，而关中有四塞之险，足以作为固守的凭借。关中虽在四塞之中，交通却也还算是便利，能够和四周各处密切联系。这种优越的自然条件构成了进可以攻，退可以守的有利形势。

关中平原土地肥沃，农业经济发达，为建立都城创造了一定的经济基础。只是由于关中平原的范围有限，都城人口稍多，当地所生产的粮食就会感到不足，所以建都在关中的王朝就不能不讲求漕运，由关东各处运来更多的粮食作为补充。漕运的顺利与否，往往会关系到一些王朝的安危。

现在丰镐故地早已湮废，其遗址在今沣河东西的斗门镇和马王村一带。今咸阳市窑店镇东的秦咸阳故城遗址，南濒渭河，北达咸阳原上。由于渭河不断北移，原下部分遗址多已沦于渭河之中。近年考古发掘，在北原（就是所谓北阪）上陆续发现了一些城墙遗迹，还不易看到故都的全貌。不过那时一些宫殿如阿房宫等原来就建在渭河以南，咸阳毁灭，渭南则未波及，汉长安城的宫殿就是在前代离宫别馆的基础上发展起来的。长安和咸阳虽然隔着一条渭河，其间关系却是十分密切的。

汉长安城的城垣迄今还有大部分残存，犹能显示故城的轮廓。其东墙较为端直，西、北、南三墙多有曲折，城的形状极不规则，仿佛天空中的南斗和北斗，故有斗城之称①。城内大部分为宫殿和官署，商业区在城内西北部，有东市和西市等市场。这大概是因为近于渭河，交通便利的缘故。汉长安城因受地理形势的限制，不易扩展，后来井水亦多咸卤，不适于食用，所以到了隋代，就在其东南的龙首原南麓另建新城。

隋唐的长安城包括宫城、皇城和外郭城三个部分。今西安城就是隋唐长安城的缩小和改建。宫城是皇室居住地，在今西安城内北部偏西处，兼有城北一些地方。皇城为隋唐王朝中枢官署所在地，在宫城之南，其南墙大致就是今西安城的南城墙的前身。宫城和皇城皆不包括今城内偏东的一部分。外郭城为住宅区，东、西、南三面拱卫宫城和皇城，这样的住宅区共有一百一十个坊。另有东市和西市，为城中的商业区。

唐代末年，封建统治阶级不断进行争权夺利的战争，长安城遭到严重破坏，国都也迁往洛阳。后来，只好舍弃外郭城和宫城，留下皇城，勉强维持残局。明朝初年改称西安，重修了城池。这次重修，只是对原城略加扩充而已。从那时一直到1949年，城垣大体没有多大变化。

二、洛阳

洛阳城就在现在河南省的洛阳市，是东周、东汉、魏、晋、北魏、后唐等王朝的都城，也是隋、唐两代的东都。东都是和长安相对称的。本来是陪都，实际上隋炀帝和武则天都长期住在这里，和都城没有什么差别。

在这里最早建立的城池，是周代的王城和成周。成周在瀍河东，王城在瀍河西、涧河东。汉、魏的洛阳城实际上就是成

---

① 《三辅黄图》。

周的扩大。隋唐的洛阳城兼有洛河南岸地。现在的旧洛阳县城则在隋唐东都中宫城的东侧。其西城墙且侵入隋唐的东都城内。

洛阳城位于洛河之北，南望龙门山，北倚邙山。邙山之北就是黄河。洛河在这里会合伊河和瀍、涧诸河，形成山环水绕的形势，也是一个易于防守的地方。虽然山水环绕，却不如关中的险固。伊洛河谷平原自来也是一个富饶的经济地区，足以作为建都的经济基础。不过论平原的范围，较之关中还要狭小。

洛阳城最初是作为西周王朝的东都而建立的。周室东迁，才正式作为国都。西周初建洛阳时，说它是"天下之中"，四方入贡的道路比较平均①。以周王朝的疆域来衡量，洛阳的位置大体是适中的。其实当时建城的目的，则是为了加强对于其前代殷商遗民的统治。西周灭亡，丰镐已成废墟，周室东迁本是出于无可奈何，加之一些诸侯封国先后强大起来，东周王朝实际上没有什么统治力量。洛阳这时作为全国的都城，只不过徒有虚名罢了。

西汉初年，本来打算建都洛阳，由于考虑到这里不如关中险要，因而改变了计划②。到了东汉，才以洛阳为都。当时长安已经残破，不易恢复。东汉所以迁都，除过这一点外，主要还是从经济着眼。论伊洛的河谷远不如关中的广大，可是洛阳距黄河下游南北富饶的经济地区较近，又无三门砥柱之险，漕运是要比关中方便些，所以东汉就把洛阳建为国都。后来隋唐王朝都于长安，却建洛阳为东都，也是基于同样的原因。

西周的王城和成周分在两处，周王朝的统治者居于王城，

---

① 《史记》卷四《周本纪》。
② 《史记》卷九九《刘敬传》。

而被迫迁徙的殷遗民则居于成周①。东周初年的都城实际上是在王城②。到后来才又迁于成周③。秦时的三川郡和西汉的河南郡因之也就设在成周故城。东汉就在这个旧址上扩建为都城。自此以后，魏晋和北魏皆沿而未改，只是北魏的洛阳城是在西晋的废墟上重建的，到现在，城内早已成为田畴，仅若干城墙残段犹残留地上，显示其为故都的旧址而已。

洛阳城到隋时曾迁徙改建。这和长安城的变迁相仿佛，只是时间稍晚了二十多年④。新建的洛阳城较故城西移十八里，已在瀍河以西。隋亡之后，唐代依旧以这里为东都。东都也和长安一样，有宫城、皇城和外郭城。外郭城也是分成许多坊的。当时的宫城在皇城之北，也是在整个洛阳城的西北隅。皇城南近洛河，外郭城的大部分在洛河之南。后来在隋唐故都的一部分废墟上建立的洛阳城，到 1949 年时也已残破不堪了。

三、北京

北京是我们伟大社会主义祖国的首都。北京城有悠久的历史，可以远溯到周代的蓟。那时蓟为燕国的都城。蓟的故址据说在现在北京外城的广安门以北和白云观以南⑤。东晋时，蓟还曾作过前燕的都城，不过只有八年光景。如果除去这短促的年代，自秦统一六国之后，蓟长期是一方的军事、政治和经济的中心。

蓟再次作为都城，是在辽时。辽以这里为南京，只是居于

---

① 《书·多士》；《史记》卷四《周本纪·正义》引《括地志》。
② 《左传》庄公二十一年。
③ 《左传》昭公二十六年。
④ 中国科学院考古研究所洛阳发掘队《隋唐东都城址勘查和发掘》，刊《考古》1961 年第 3 期。
⑤ 侯仁之《历史上的北京城》。

陪都的地位。后来金朝才正式在这里建都，定名中都。辽的南京大体是沿袭蓟的规模，金则对辽的南京从东、西、南三面大加扩展。城内中部的前方是内城，为皇宫所在，内城北面为市场。蓟仅占有今北京外城的西北一隅，中都城大部分在今北京外城的西部①。辽、金两朝分别与北宋、南宋相对峙，算不上统一的政权，所以那时的南京或中都也不是全国唯一的政治中心。

　　后来到了元代，北京才成为统一政权的都城。明、清两代和民国初年都因循未改。元代称为大都，明代始改称北京。北京的名称自是对南京而言的。明初本是建都于金陵的，稍后才因元代的故都另建新京，南北相对，就分别称为南京和北京。清代继起，以后就一直称为北京。在元代，北京城有了很大的变迁。辽、金两朝都是在蓟的旧基上改建和扩展的。元代初年，由于金的故都已经毁灭，于是另奠新基，而且这个新基大部分为明代所沿袭，元代大都城的南城在今北京东西长安街上。北城则远在今城之北，仅东西两垣和现城相一致。今北海和中南海周围是当时的皇城。皇城之中又有宫城。明初加以增损，缩减它的北部，并把南垣向外扩展，成为新的北京城的内城部分。内城的名称是增建了外城之后才有的。外城在内城之南，两者紧相连接，这是明代新建筑的部分。内城中的紫禁城，也是皇室宫殿所在地。它位于北海和中南海之东，较之元代的宫城偏南一点。

　　北京城的不断发展，成为一些王朝的都城，是与它所处的地理位置的优越分不开的。北京位于华北大平原西北边缘的北京小平原上。它西倚西山，北据军都山。这两座山分别是太行山脉和燕山山脉的支脉。两山蜿蜒掩映，险峻相连，为西北方

---

　　①　侯仁之《历史上的北京城》。

面的屏蔽。永定河绕过它的西南，潞河（潮白河）经过它的东面。山河环抱，自古就是一个交通枢纽。由这里循太行山东麓南行，可以达到中原各地，这条古道远在蓟城初建时即已通行。后来秦始皇修的驰道也从这里通过。秦始皇时的驰道还由这里东达碣石山，西北又通到位于今内蒙古包头市西南的九原郡。那时由于永定河和潮白河下游还是一片沼泽，蓟城东南的道路未免要受到阻隔，好在后来沼泽逐渐干涸，道路才得畅通。由这里东北行，通过燕山山脉上一些峪口，可以远至松花江和辽河流域，自山海关一路开辟，东北的道路更为便捷。陆上交通之外，还有一条北运河，就在北京城东的通州。金元时期曾先后修到北京城下。北运河实际上就是通往长江下游的大运河的一部分。水陆道路互相配合，北京城的交通就愈臻发达。

北京城不仅为交通枢纽，而且距我国北部游牧地区不远，所以这里很早就成为汉族与游牧部族之间文化、物资交流的处所，并且进而发展成为地区之间的经济都会和政治都会。一些王朝还以此作为军事重镇。燕国以后的统一王朝几乎都在这里驻扎过重兵，积极经营，唐代中叶因此还导致过安史之乱，唐代以后，我国北部和东北部地区的契丹、女真、蒙古各族相继兴起，更使这个地方日趋重要。这些游牧民族进入中原，北京实为其必经的门户，又距他们后方基地不远，所以先后都以北京为都城。而明代却正和这些王朝相反，由于元朝的后裔仍然存在，加强北边的防御实为当时不可忽视的急务，所以就把都城由南京迁到北京。

北京是具有悠久历史的名城。近百年来，揭开中国新民主主义革命序幕的五四运动就是在北京城爆发的。

四、南京

南京也曾作过一些王朝的都城。最早在这里建都的是三国时期的吴国。后来东晋偏安江左，仍然在这里建都。南北朝时期宋、齐、梁、陈诸王朝都因而未改。吴时称为建业，东晋以后改称建康。一般称南京为六朝故都，就是指此而言。其实后来到五代时期，南唐的都城也是设在这里，当时称为江宁府。这些虽都是分裂割据时期政权的都城，算不得全国的政治中心。可是南京城也不是没有作过统一王朝的国都的，不过历时短暂，只有明代初期的五十多年而已。到了清代中叶，这里成为太平天国的都城，名称改为天京。太平天国在这里建都，是要进一步推翻清王朝，却未能达到目的。辛亥革命后，临时政府就设在南京。后来国民党反动派在这里盘踞，直到蒋家王朝的崩溃，南京城才回到人民的怀抱。

　　南京城东倚钟山（一名紫金山，又名金陵山），西踞石头山（亦名清凉山）。自古论南京的形势，就有"钟山龙蟠，石头虎踞"的说法，也是一个险要的所在。不过分裂割据时期在这里建都的政权，其着眼点却都在南京城西北的长江，认为这是一道天堑，可以作为防守的要塞。南京城能够作为都城，除这些地理形势外，也有它的经济基础。长江下游的三角洲是一个富饶的经济地区，南京就在这个地区里，在这里建都，粮食问题也就容易解决。这个经济地区在汉魏之际已经逐渐繁荣起来，所以吴国能够有所凭借，建立它的政权。就这个经济地区来说，南京实际上是在它的西北角，距富饶的中心区域还不算很近。这固然可以利用长江运输，可是一来路途更远，再则江中多风涛，也非十分安全。为了解决漕运的问题，吴国初年就开凿句容中道，以通吴郡（今江苏苏州市）和会稽（今浙江绍兴市）[①]。句容中道在今江苏句容和丹阳两县之间，也称为破冈渎。

---

　　① 《三国志·吴书》卷二《孙权传》。

这里是秦淮河的一个源头，而秦淮河则流经当时的建业城外。由秦淮河畔到建业城，那时还修了一条运渎，所以吴郡和会稽的粮食就可由这条水路运到都城里。梁时破冈渎的运道还曾一度改到附近的上容渎。直到陈朝灭亡，这条漕运道路才堙塞废弃。明朝初年，再在这里建都，苏浙粮食改由高淳县东坝运到秦淮河中，再顺水而下，运到都城①，经济地区的富饶和水上交通的便利也使南京城成为繁荣的经济都会。

其实，这两个有利的条件并不一定能够保证作为都城的南京万无一失。东晋时，苏峻入据建康，郗鉴就断其粮道，峻军终于败北②，就是一个显著的例证。长江虽号称天险，然在南京割据一方的一些政权，其最后覆灭还不是由于未能守住这一线的江水？

南京城由于历年悠久，城池已经过几度的变迁。六朝的旧城北近覆舟山（一名九华山），南去秦淮河五里。城内还有一个台城，为当时皇室所在地。台城北至北极阁下鸡鸣寺前，南去旧城正南的城墙尚有二里③。陈灭之后，隋王朝尽毁建康城郭宫殿，成为耕地。当时石头山上另有一座石头城，隋王朝毁建康城后，在石头城中设了一个蒋州④。

五代时的南唐改筑江宁城。新城跨秦淮河南北，南近聚宝山（即雨花台所在地)⑤，西距石头山⑥，东至今大中桥，北至今北门桥⑦。这个江宁城远较六朝的建康城为广大。现在的南京

---

① 《天下郡国利病书》第八册《江宁》引韩邦宪《东坝考》。
② 《晋书》卷六七《郗鉴传》。
③ 朱偰《金陵古迹图考》。
④ 《隋书》卷三一《地理志》。
⑤ 《天下郡国利病书》第八册《江宁》引《京城图志》。
⑥ 《读史方舆纪要》卷二〇《江宁府》。
⑦ 朱偰《金陵古迹图考》。

城为明代初年所筑，又较五代时江宁城为广大。然其南亦至于雨花台北，西仍据石头山，新扩展的部分只在北部和东部。城内东偏有明王朝所筑的皇城。皇城的遗址就在今中山门内。明时尚有外郭城。虽利用天然土坡，未起城垣，然当时诸城门如江东、仙鹤、麒麟等仍沿用至今，有的已成为人民公社的驻地。

五、扬州

扬州位于江苏省长江北岸，隔江与镇江市相望。京杭大运河由城东通过。

历史上的扬州城曾一度是全国最著名的经济都会。这是因为它位于长江沿岸，又在长江与运河的交叉处，具有优越的交通条件。长江是我国通航里数最长的水道，沿岸又有许多富饶的经济地区，为扬州的兴起和发展提供了有利的条件。然而最为重要的还是运河的开凿。经过扬州的运河，南通钱塘江，北达黄河流域和海河流域，南段较为短促，往北的部分却相当绵长。运河的一些河段有时也有些改变，而长江与运河的交叉处，总是在扬州附近，这就使扬州能够得到较长时期的繁荣。

扬州的历史可以远朔到春秋末年吴国所筑的邗城，邗城的故地在今扬州市西北的蜀冈之上。那时的长江在这一带偏向北流，经过蜀冈之下，和现在很不一样。邗城西南角实际上正是濒临江岸①。吴国在筑邗城时，又开凿了邗沟。邗城和邗沟的兴建都是为了北伐齐国。目的既相同，动工也在同时，可知二者是密切相关的。邗城下的运河开通以后，接着吴国再向北掘沟于商、鲁之间。所说的商就是宋国。宋国都城在今河南商丘市。鲁国都城在今山东曲阜县。商、鲁之间的运河实际上就是前面

———————

①　陈达祚、朱江《邗城遗址与邗沟流经区域文化遗存的发现》，刊《文物》1973年第12期。

所说的连接济水和泗水之间的菏水。到战国时期，魏国又开通了鸿沟，于是邗城就通过这些运河和黄河流域各地相往还，扩大了互通有无的范围，地位也日益重要。

这些运河的先后开通，首先繁荣起来的是济、菏两水相会处的陶，而不是长江与邗沟相会处的邗城。就是长江下游这一地区间的经济都会也只有吴（今江苏苏州市）一处①。为什么如此？因为当时富饶的经济地区是在黄河下游，而不在长江下游，没有一个富饶的经济地区作为基础，邗城只能起到一个转运站的作用。而这时的长江下游也只有海滨之盐、章山之铜、三江五湖之利而已②。

但是扬州优越的地理条件终于使它在隋唐和宋时发展成为全国最繁荣的经济都会。魏晋南北朝时期，黄河流域经济衰退，而长江下游经济却有了突出的发展。虽然后来到隋及唐代前期黄河流域的经济有了恢复，而长江下游的经济则发展得更为迅速，一跃而为漕粮的主要供给基地。扬州也正处于这个富饶的经济地区之中。隋唐两代兴修了长安和扬州之间的一系列运河，以转运长江下游的漕粮，使扬州的繁荣得到空前的发展。后来到了元、明、清诸王朝，以北京为都城，开凿了南北大运河，促使扬州继续维持繁荣的局面。

当然，扬州的繁荣能够蒸蒸日上，盐业的发展也是一个原因。就在唐时，长江下游南北近海处盐场每年所得的盐利，竟相当于百余州的赋税③。当时总缉盐利的盐铁转运使就驻在扬州④。尤其是长江下游丝织业的发展，也更助长了扬州的繁荣。

---

① 《史记》卷一二九《货殖列传》。
② 《史记》卷一二九《货殖列传》。
③ 《新唐书》卷五四《食货志》。
④ 《容斋随笔》卷五。

公元 743 年（唐玄宗天宝二年）韦坚聚江淮漕船数百艘，溯运河来到长安，船上各载其本地物产，其中广陵郡（即扬州）船就载有锦、铜器、绫绣等物①。

扬州在唐时不仅成为国内最著名的经济都会，而且还发展成为对外的贸易港。对外贸易发达，税收自多，这就引起唐朝统治者的垂涎，甚至颁发诏书保护蕃客②。本来南海岸上的广州早已成为重要的对外贸易港口。由广州到长安，以取道扬州，泛舟运河最为方便，而由广州到扬州，则要经过大庾岭路，才能顺赣江而下，转入长江③。大庾岭为五岭之一，山高路险，不易通行，所以外国商贾多直接从海道直至扬州城下。唐末，田神功兵洗扬州，大食、波斯的贾胡死者竟有数千人④。扬州对外贸易的发达，由此可见一斑。

邗城筑成后，几经变迁，才有现在扬州城这样的规模。这里于秦汉时期为广陵，广陵城是在邗城的基础上扩大的。扩大的部分是在东郭。唐时扬州大城西据蜀冈，北抱雷塘，远较秦汉时广陵城宏大。宋代对扬州大城更加修整。今扬州城只是宋代扬州大城的一部分⑤。

扬州城自兴建之后，以地居要津，曾经遇到多次兵燹，其中以明、清之际清兵屠城那一次，损失最为惨重，迄今数百年，仍令人为之发指⑥。只是由于运河继续通航，扬州才又恢复了繁荣。清代末年，黄河一再决口，运道受阻，封建统治阶级束手无策，漕粮只好改由海运。运河失于维修，若干段落阻塞不通，

① 《新唐书》卷一三四《韦坚传》。
② 《全唐文》卷七五《大和八年疾愈德音》。
③ 《全唐文》卷二九一，张九龄《开大庾岭路》。
④ 《新唐书》卷一四四《田神功传》。
⑤ 《读史方舆纪要》卷二三《扬州府》。
⑥ 王秀楚《扬州十日记》。

扬州就顿时萧条，一蹶不振。

六、上海

上海位于长江入海口以南的黄浦江沿岸。黄浦江是太湖通长江的最大水道。它汇集了太湖东南的一些小水流，从金山区以下始称为黄浦江。黄浦江在上海市区又会合吴淞江，北流至吴淞江口入于长江。长江下游三角洲的河流密如蛛网，而长江又浩淼广阔，支流众多。上海正是凭借这些水路交通的发达，和长江三角洲的富庶，再加上和海外贸易的便捷，后来居上，终于发展成为全国最大和闻名世界的经济都会。

虽然如此，上海成为全国的经济都会却远在扬州之后。上海本来只是海滨一个渔村，由于不断有所发展，才设镇置县。上海设镇已在南宋末年，置县更晚到元代初年①。上海设县之始，隶属于松江府。棉花于元代始由岭南传入松江。至明代，松江的棉纺织业已十分发达。松江的布被誉为衣被天下，上海一县所产的已销行到"秦晋京边"和"湖广、江西、两广诸路"②，而海运的发展也使上海的繁荣更为显著。公元1685年（清圣祖康熙二十四年），清朝就在上海设置江海关。江海关的设置，标志着上海的发展已进入一个新的阶段，成为全国最重要的海港城市，这是扬州望尘莫及的。

下至公元1840年（清宣宗道光二十年），上海的发展却又经历了一个新的转折点。这一年，英国资产阶级依仗它的船坚炮利，对中国发动了无耻的鸦片战争，用武力打开了中国的大门，迫使腐朽的清政府签订了丧权辱国的不平等条约——中英南京条约，规定上海和广州、厦门、福州、宁波五个港口为通

---

① 《读史方舆纪要》卷二四《松江府》。
② 叶梦珠《阅世编》卷七《食货五》。

商口岸。从此以后，各资本主义列强群起效尤，接踵而来，上海就成为它们吸吮中国人民膏脂的重要侵略据点，向着殖民地、半殖民地的方向畸形发展。这些侵略者还溯着长江而上，把他们的魔爪伸入我国内地。与此同时，英、美、法、德、日、意各国侵略者还在上海强辟租界，侵犯我国主权。其初，英租界在吴淞江口以南，美、日、德三国租界皆在吴淞江口以北，法租界在洋泾浜以南，意租界在洋泾浜以北。此后多次无理取闹，强行扩大。公元 1900 年（清德宗光绪二十六年），除法租界外，其他各国租界合并为公共租界，与法租界南北相对。据公元 1918 年的记载，公共租界之中、东、西、北四区已占地三万三千余亩，法租界为一万二千余亩①，而旧上海县城则跼蹐于黄浦江边，与租界相较，俨然成为弹丸之地，迥不相侔。县城之外，非租界的市区如闸北、南市、沪西、浦东等处，则十分落后，与各租界形成对照，充分表现了殖民地、半殖民地城市的基本特征。

1949 年以前，上海虽已成为我国最大的工商业城市，但在帝国主义的政治经济压力之下，所谓商业，主要是帝国主义及其所豢养的买办资产阶级搜刮我国物资和推销帝国主义货物的场所。后来各帝国主义就干脆利用我国的廉价的劳动力和资源就地设厂制造，排挤我国民族工商业。我国的民族工商业在帝国主义的经济压力之下，很难得到发展，而帝国主义卵翼下的封建主义和官僚资本主义却乘机对广大人民进行残酷的压迫和剥削，帝国主义、封建主义和官僚资本主义就是压在中国人民头上的三座大山。

---

① 民国《上海县续志》。

七、拉萨

西藏高原上的拉萨，远在唐代初年即已成为吐蕃的都城。当时称为逻些①或逻娑②，这只是音译的不同。从那时起，迄今一千多年，拉萨一直成为这个地区的政治、文化和经济的中心。

拉萨位于拉萨河北岸。拉萨河就是唐代逻娑川。它经过拉萨之南，西南流会合羊八井河，注入雅鲁藏布江。这里四山环绕，碧水如带，河谷宽广，阡陌纵横，气候温和，而附近几条河谷又都是交通孔道，可以通到更远的地方。这里虽是平川，却还有两个小山：一为布达拉山，一为招拉笔洞山，都是平地突起的石峰。布达拉山周回五里。招拉笔洞山较为矮小，就近在其西南。

唐时的拉萨已有相当的规模。传说布达拉山上的布达拉宫和其在南的大昭寺，那时已经建立，而布达拉宫尤为当时赞布建牙之所。不过那时的人尚多游牧积习，秋冬始入城隍，还多居于庐帐之中。大昭寺门前迄今犹竖有唐蕃会盟碑，记载当时汉藏两族亲密的友谊。大昭寺和布达拉宫相隔五里，当时的都会可能就是围绕大昭寺兴建的，只是街道狭隘，显得拥挤。布达拉宫后来长期成为达赖喇嘛的住所。这个宫殿历经整修，金碧辉煌，为西藏最著名的建筑。可是布达拉山下仅有房屋不多的小村落，和以大昭寺为中心的城区一直未能够连成一片。

拉萨附近还有一些大大小小的林卡，林卡是园林的意思。在以前，每到夏令，达赖喇嘛就移居拉萨以西的罗布林卡。拉萨周围尚有几个较大的寺院，其北十里为色拉寺，其西二十里

---

① 《旧唐书》卷一九六上《吐蕃传》。
② 《新唐书》卷二一六上《吐蕃传》。

为哲蚌寺，其东五十里为噶尔丹寺。这三座寺院在宗教和政治方面都有较高的地位和较大的力量，为藏中各地所不及。

（原载《中国历史地理论丛》第 1 辑，陕西人民出版社，1981 年 7 月）

第六讲　春秋时代的交通道路

春秋时代的交通相当发达。这种情形由列国之间会盟的频繁和战争的不时发生就可以看到一斑。当时列国之间的交涉最注重会盟。既为会盟，当然参加的不只是一两个国家，会盟的地方也一定要经过选择，确定最适当的处所，注意到交通的条件。即以齐桓公来说，桓公霸诸侯，据说曾举行兵车之属六，乘车之会三。其所聚会的地方有的在济水以北，也有的在淮水中游①，所涉及的地区相当广大。齐桓公本人在会盟之外，还曾经亲自南伐过楚国，他渡过汝水，越过方城。方城为楚北的阨

---

① 《国语·齐语》齐桓公兵车之属六，乘车之会三。注：兵车之会谓鲁庄公十三年会于北杏，十四年会于鄄，十五年复会于鄄，鲁僖公元年会于柽，十三年会于咸，十六年会于淮。乘车之会谓僖公三年会于阳谷，五年会于首止，九年会于葵丘。北杏，齐地，在山东旧东阿境。鄄，卫地，在山东旧濮县东。柽，今河南淮阳县东南。咸，在今河南濮阳县东南。淮，《左传》杜《注》渭在临淮郡左右，当在淮水中游。阳谷，在今山东旧阳谷县东北，今属寿张县。首止，在今河南睢县东南。葵丘，在今河南兰考县东南。其中北杏、鄄、阳谷及咸皆在济水以北。

塞，这是说他已经快要到楚地了。他还北伐过山戎，征过令支和孤竹。这些都是燕国邻近的部落，曾经不断骚扰过燕国。他还为了征伐白狄，到过西河，也还曾经越过太行、辟耳诸山，到过流沙、西吴①。他所到的地方已经不算是很近。再以当时另一个霸主晋文公的行踪来说，也可得到相同的证明。晋文公享国日短，虽仅举行过数次会盟②，不过当他逃亡的时候，却在晋国之外绕了一个大圈子。他初出亡时系由蒲入狄，后由狄至齐，由狄至齐途中，路过卫国的五鹿。离齐之后，适曹，过宋、去郑、至楚，又到了秦国，然后由秦归晋③。列国中几个重要的国家，他都是去过的。晋文公以后，晋国的霸业还维持了很久的年月，以晋国为主的会盟还有数十次之多，其会盟的地方几遍于中原各国。当然这只是列国中会盟的一部分。仅这一部分的记载，已经可以看到国际间的往来是怎样的频繁，更可以看到当时的交通已有相当的发达了。

西周末年，郑国东迁到虢郐之间，经过一段开辟草莱的阶段才能够定居下来。到了春秋，因为位置正在中原，成为各国往来必经的地方。齐桓公伐楚的时候，南征之师就由陈郑两国间进兵④。由晋文公时候起，晋楚在中原争霸，两国间的冲突以

---

① 见《国语·齐语》及《史记·齐太公世家》。西吴即虞国，见《左传》僖公五年《注》及桓公十年《疏》。

② 《春秋》：僖公二十八年，盟于践土，其冬复会于温。明年又盟于翟泉。践土，据《史记·周本纪·正义》引《括地志》，在今河南旧荥泽县西北。翟泉，据杜《注》在洛阳城内。

③ 见《史记·晋世家》。

④ 见《左传》僖公四年。

城濮之战，邲之战和鄢陵之战最为重要①。城濮之战由晋伐曹卫两国引起，城濮也是卫国的地方。邲之战和鄢陵之战却是晋楚两国因为争取郑国所引起的。邲和鄢陵也都是郑国的地方。郑国在当时成为晋楚两国冲突的焦点，也就是因为它的地位适当于冲要的缘故。

城濮之战将爆发的时候，楚子入居于申②，鄢陵之战时，楚军北上也经过申③。是申为楚国经略中原必经的路途。申为今南阳，由申往北，即为方城、叶县。齐桓公伐楚，屈完就对桓公说过："楚方城以为城，汉水以为池，虽众无所用之④。"这条道路不仅为必经之地，而且关系又极重要。由邲北上，汉水中游两岸各地皆是平原无阻，一直达到了申。从现在的地图来看，南阳西北为伏牛山脉，南阳东南为桐柏山脉，这两条山脉东西相对，方城附近就形成一条隘道。所以楚国向北发展，通过这条隘道，最为方便，它为了防止诸夏封国的攻击，也是在这里设防。申和方城固为楚国北上最重要的道路，但并非唯一的道路。鄢陵战后，楚师南归曾到过瑕。瑕的地方说者不一，大要以在今湖北随县附近的为是⑤。这时楚师既中途过瑕，自然不是走的申和方城一路。由鄢陵直南，越桐柏山脉就达于随县附近的瑕。桐柏山脉虽不如方城附近容易通行，但它的上面有大隧、

---

① 城濮之战在公元前632年（鲁僖公二十八年）。城濮，卫地，杨守敬《春秋地理图》定为在濮阳县东南，邲之战在公元前597（鲁宣公十二年）。邲，《水经·济水注》说在敖北，当现在河南荥阳市的东北。鄢陵之战在公元前575年（鲁成公十六年）。鄢陵为今河南鄢陵县。

② 见《左传》僖公二十八年。

③ 见《左传》成公十六年。

④ 见《左传》僖公四年。

⑤ 见江永《春秋地理考实》。

直辕、冥阨诸地，为汉水以东通往北方的隘道①。以现在地理来说，正是河南信阳以南湖北应山、广水以北的大胜、武胜、平靖三关②。楚师南归当由冥阨诸塞。不过这条道路在当时是不如方城一道为便利的。

晋国有事于中原各地，其出兵当是由它们的都城绛越太行山而至当时的南阳。这个南阳为太行山以南黄河以北的地方，本为周人故土，周襄王时始以赐晋。在此以前，齐国的兵队曾经越过太行山而西至于汾水流域。太行山绵亘广远，然齐桓公所越过的当在太行山的南端。现在地图上的析城、王屋之间，殆为齐师行经的地方。因为齐桓公不仅越太行山，而且还到过卑耳。卑耳山正在太行山西南黄河以北。这一条道路在以前大概不是经常通行的。所以齐桓公越过的时候还要"束车悬马"，想见当时的艰难了③。这条道路的不易通行是有原因的。这里不仅是太行山区，而且为"戎狄"杂居的地方。山地不易行车，这一带的"戎狄"又习于使用步兵，当然是不会好好整理道路的。晋文公平周王室太叔带的乱事，用贿赂的方式获得这里"戎狄"的允许，进而开通道路④。这条道路开通后，晋兵才能直下太行，伐卫，伐曹，又和楚人战于城濮。城濮之战，晋国固然获得齐宋秦诸国的赞助，增加若干胜利的信心。然太行南

---

① 见《左传》定公四年。

② 王应麟《通鉴地理通释·义阳三关》条说："《左传》大隧即黄岘，直辕、冥阨乃武阳平靖也。"顾祖禹《读史方舆纪要》河南省《黾阨》条却说："三关者：一曰平靖关，即《左传》之冥阨也。其山因山为障，不管濠湟，故以平靖为名。一曰武阳关，亦名沣山关，即《左传》之大隧也。地名大塞岭，薛氏曰，三关之险，大塞岭为平易是也。一曰黄岘关，亦名百雁关，又谓之九里关，即《左传》之直辕也。"

③ 见《国语·齐语》及《史记·封禅书、齐太公世家》。卑耳即辟耳。《封禅书·索隐》"卑耳，山名，在河东大阳"。大阳为今山西平陆县。

④ 见《国语·晋语》。

阳一途的开通，出兵便利，在战争上也容易获得优势。后来晋兵一再耀武中原，也都是由这条道路出师的。

郑国既是弱国，又因为地居中原的缘故，不仅晋楚两国把它作为争夺的对象，就是秦国看起来也不免眼红。城濮战后不久，秦国就曾帮助过晋国围郑①。稍后，秦国又打算乘着郑人的不防备，东向侵略。秦国这种企图引起晋国的不满，两国间因此发生了殽之战②。本来由渭水流域往东，顺着黄河南岸，越殽函的险隘，以至于中原，原是一条古老的道路。武王伐纣时是由这条路上进兵的，东周都雒也是由这条路上迁徙的。春秋时代这条道路的往来当更为频繁了。秦国助晋围郑的时候，郑人想离间秦晋的关系，就以秦人的东道主自任。不过作为军事行动来说，由于晋人的阻隔，秦国是不容易向这方面发展的。

其实秦晋两国主要往来的地方，并不是在河南殽函的附近。秦国都雍，在渭水中游。晋国都绛，在汾水支流浍水流域。循浍汾而下可以入于黄河。公元前647年（鲁僖公十三年），秦输晋粟，自雍及绛相继于道路，所谓泛舟之役，就是利用这一段水道③。这条道路虽可利用汾渭诸水和黄河供运输，但迂迴曲折究竟是绕了许多的路途。因此秦晋两国在战争中所涉及的地方，乃是在渭水以北及涑水流域的一个区域之内。在当时使用车战的时候，黄河弯曲处两岸附近的平原地带，对于这种战争工具的运用也是适合的。就是在平时这一地区也还是为秦晋两国间往来所经由的道路。殽之战后，晋襄公听从文嬴的请求释放秦百里孟明视等三帅，又因为先轸的反对，使阳处父往追。阳处

---

① 见《左传》僖公三十年。
② 在公元前619年（鲁僖公三十三年）。见《左传》这一年的记载。
③ 见《左传》僖公十三年。

父追到河岸，秦国三帅已在舟中①。他们渡河的地方虽不可知，但并非沿汾水而下是可以确定的。

如果就东夏诸国来说，齐鲁对于中原的郑国是没有若何威胁的。但是由东夏诸国到中原，郑国依然是一个交通的枢纽。齐鲁两国和周王室的关系是比较亲密的，他们和周王室间的来往，自然是要经过这条道路的。春秋初年，周王室的凡伯奉使往鲁国，归途为戎人在楚丘劫掠②。楚丘在今山东曹县东南。以当时的情形来说，这个地方恰是处于鲁国和郑国的中间，正为往来必经的地方。

但是齐国和晋国的往来道路却还要在北边。这可以由齐晋两国鞌之战中看出来。这一次战争发生在公元前 589 年（鲁成公二年）。据《左传》这一年的记载，晋师的东行是首先经过卫国。这分明是由南阳一道出师的。由卫国入齐境，最先到莘。莘在今山东西北（在范县和冠县境）。以当时情形来说，已在大河以东。由莘东行，再到靡笄之下。靡笄，山名，在今山东济南市长清区③。由靡笄之下再东，两军遂战于鞌。在战争中，晋师逐齐师，三绕华不注。华不注在今济南城北，则两军相战的鞌地也应该离那里不远，靡笄之下与鞌皆在济水以南，晋师由卫东行，显然是循泰山之北和济水之南向齐都临淄进发的。

还应该注意的乃是丹水汉水流域的道路。远在西周时代，周人向东南发展，就已经在这方面作过努力。楚人由丹阳南徙后，这里还有一些小国。丹、析二水之间的都国就是其中的一个。鲁僖公时候，都国受到秦晋两国的攻击，楚国为了援助都

---

① 见《左传》僖公三十三年。
② 见《左传》隐公七年。
③ 见江永《春秋地理考实》。

国，曾经出动了申、息的兵力①，显示出这次争执并非普通的事情。为什么如此？正由于丹水、汉水流域为秦楚两国间的要路，秦国如果控制了这条道路，无疑地会增加了对楚国的威胁。事实上秦国在当时企图向东方发展，受到晋国的阻隔，不能达到目的。攻击鄀国，就是改弦更张的一种措施。秦国这种打算，后来在鲁文公时候得到实现。因为鄀国的地方到底为秦人获得了②。秦人既得到鄀国的故地，也就是秦楚两国从此接壤。春秋末年，吴人入郢，秦师就是由这条道路前往援助楚国的③。这条道路由秦国南行是要越过秦岭。秦岭相当险峻。秦晋两国伐鄀的时候，详情已难备知。秦师援楚攻吴的时候，出车数目达到五百乘，就数量来说仅是稍少于城濮之战时晋国的兵力④。这样多的兵车通过险峻的秦岭，正说明春秋末年这条道路的规模已经有相当的样子了。

春秋末年，长江下游兴起了一个吴国。晋国为了牵制楚国，对于吴国极力拉拢。当时为晋国联络吴国的使人，乃是由楚国逃亡出来的申公巫臣。巫臣由晋国往吴国，曾假道于莒国⑤。莒国在沭水上游，当鲁国之东。巫臣为什么要绕道这样远的地方，已经不十分明白。可能是恐怕受到楚国的劫持。因为巫臣不仅是由楚国逃亡出来，而且此去的使命是有害于楚国的。这时楚国的疆域已达到淮水中游，如果巫臣有这样的顾虑也是近于情理的。就以当时的情况说，巫臣过莒的第二年，楚人就曾经出兵伐莒，而且攻入莒都⑥。如果巫臣迟来一步，也许就受到楚人

---

① 见《左传》僖公二十五年。
② 见《左传》文公五年。
③ 见《左传》定公五年。
④ 城濮之战时晋国出兵车七百乘，见《左传》成公二年。
⑤ 见《左传》成公八年。
⑥ 见《左传》成公九年。

的阻挠。话虽如此，但由中原至吴国，绕道莒国究竟不算正途，鲁襄公时，吴季札历聘中原诸国，往来都由徐国①。徐国在现在安徽泗县附近，这正是东南一隅和中原往来的孔道。徐国虽在淮北，却是受楚国的威胁，巫臣没有取道这里，不是没有理由的。

吴国受了晋国的提携和拉拢，不久就发挥出牵制楚国的作用。从那时起吴楚两国就不断发生战争，但是一般的战争区域乃是在淮水流域。公元前 570 年（鲁襄公三年），楚军深入吴地，攻克鸠兹并且达到衡山。鸠兹、衡山俱在今安徽芜湖县附近②，濒长江南岸。楚师从那条道路达到这里，已无从确知。不过这次战役的尾声，吴人乘楚师归去，又取得楚国的驾。驾在江北③。好像楚师的东侵，并非沿江而下。其后公元前 547 年（鲁襄公二十六年），楚君亲自征吴，到零娄后，听说吴人有了防备，就半路班师回来。零娄在今安徽霍邱县，固当淮水上游的南岸。更可以作为证明的，乃是公元前 537 年（鲁昭公五年）的一次战役。这一年楚君又复伐吴，其臣薳射帅师会于夏汭。夏汭当为夏水入江的处所，还在楚国的内地。越大夫常寿过会楚君于琐。琐乃在今安徽霍邱县东④。越人在楚的东南，以师会楚，不在长江沿岸，而待于淮水中游，分明楚师不是由长江东下的。据《左传》所载，楚君由琐而东，济罗汭，次莱山南怀，及汝清，观兵于抵箕之山。这一系列地名都很难考出确实地址。

---

① 见《史记·吴太伯世家》。
② 《左传》襄公三年杜注说，鸠兹在丹阳芜湖县东。衡山在吴兴乌程县南。然乌程去芜湖县远，且在吴国南僻，楚人是不可能深入到那里去的。江永引《春秋传说汇纂》说，当涂县东北六十里有横山，可能是楚师所到的地方。今从其说。
③ 杨守敬《春秋地理图》绘驾于安徽无为县西。
④ 见江永《春秋地理考实》。

总应该在琐以东。楚君观兵的抵箕之山，据说乃在巢县南①，距为吴所取的驾已不甚远。可能鲁襄公时，楚国攻克鸠兹一役也是由淮水前往的。楚人东下是如此，吴兵西上也不是例外。公元前506年（鲁定公四年），吴人伐楚，舍舟于淮汭，淮汭在光、颍境内②。再西即自豫章与楚师夹汉而陈。这个豫章就名称来说，容易和汉以后江南的豫章相混同，实则乃是汉东江北的地名③，和后来江南的豫章无关。楚师与吴师，战于大别、小别、柏举等处④。吴师节节获胜，因而长驱入郢。这些具体事实都说明了吴楚两国的交通主要是在淮水流域，并非是沿长江上下进行的。

为什么吴楚的战争不在长江沿岸进行，而移转到淮水流域争衡？有人说，吴楚共长江之险，而吴居楚的下流，仰攻不能胜，故吴用兵常从淮右北道⑤。但是楚人也由淮右进兵，和吴人所走的路相同，这样道理就不能解释了。其实这不是仰攻或俯攻的问题，而是吴楚之间的长江能不能在交通方面为当时人充分利用的问题。《禹贡》说："江汉朝宗于海，九江孔殷。"九江的解释甚多。伪孔《传》说："江于此州分为九道。"孔颖达《正义》加以引申说："江是此水大名，谓大江分而为九，犹大

---

① 见《太平寰宇记》卢州巢县《跏跗山》条。
② 见沈钦韩《春秋左氏传地名补正》。光今河南潢川县，颍今安徽阜阳县。皆在淮水上游。
③ 见《左传》定公四年杜《注》。
④ 《左传》定公四年杜《注》引《禹贡》汉水至大别南入江的话来解释大别的所在，并说此二别在江夏。《水经·江水篇》："江水又东过邾县南。"《注》说："江北岸烽火洲，即举洲也，北对举口。《春秋》定公四年，吴楚陈于柏举。京相璠曰：汉东地矣。"《读史方舆纪要》黄州府麻城县《龟峰山》条说："麻城县东北三十里有柏子山，吴楚陈于柏举，盖合柏山举水而名。"按《左传》记载当时战争情况说："楚将子常济汉而陈，自小别至于大别，三战。子常知不可，欲奔。十一月庚午，二师陈于柏举。"这是说吴师先与楚师战于大别，次战于小别，又战于柏举。大别当为今湖北麻城东北的大别山上。小别又在大别以南。
⑤ 《春秋大事表·吴楚交兵表》。

河分为九河。"郑玄说："九江从山溪所出，谓各自别源，非大江也。下流合于大江。"这是两种不同的说法。后来有许多人都在替九江找名称，定地位，闹出不少麻烦。这主要是由于过去的人们都认为九江的"九"字乃是一个固定的数字，因而从九江的本流分脉来说，要找出九条分流的名称；从入江的小水说，更要找出九条小水的名称。朱熹曾对这两方面的说法，都提出了批评。他批评前一种说法，说是："若曰派别为九，则江流上下洲渚不一，今所计以为九者，若必首尾长短均布若一，则横断一节，纵别为九，一水之间，当有一洲。九江之间，沙水相间，乃有十有七道，于地将无所容。若曰参差取之，不必齐一，则又不知断自何许，而数其九也。"他又批评后一种说法，说是："若曰旁计横入小江之数，则自岷山以东入于海处，不知其当为几十百江矣[1]。"朱熹这些批评是很对的。他还说"经文（《禹贡》）所言九江孔殷，正以见其吐吞壮盛，浩无津涯之势"。这种解释也是不错的。不过他也还受了九江"九"字的束缚，就定洞庭为九江，因为洞庭是浩无津涯，而且为其周围九水所汇聚的地方。就《禹贡》来说，这种解释是相当勉强的。洞庭在《禹贡》中是称为云梦的。云梦泽相当广大，横于江的附近。春秋时代人还有称江以北为云，江以南为梦的[2]。可见以九江为云梦的说法是不恰当的。

朱熹以洞庭来解释九江是不与《禹贡》相合的，但说九江是吐吞壮盛，浩无津涯之势，正指出九江一带在古代是不大适于交通的地方。九江所在，固不可以九水来忖度，但在吴楚之间则是应当毫无疑义的。江水在今湖北江西之间和江西安徽之间，两岸湖泊分布甚多，显示出是古代江流浩淼的遗迹。这一区域已不是

---

① 见《朱文公文集·九江彭蠡辨》。
② 见《左传》定公四年及宣公五年、昭公三年。

云梦范围之中，以之为九江所在或者还不为过分。江流到这里可能分派甚多，所以称为九江。也许和黄河下流的九河相仿佛。这种自然环境的不利正予吴楚之间的交通以不少的困难。

　　另外，春秋时代商业的发达也显示出交通比以前更加便利，由于商业的发达，商人在社会上已经有了一定的力量。郑国的东迁就曾得到商人的帮助。因之商人和郑国的国君定有盟誓，商人不叛郑君，郑君也不能恃势强购。商人有什么宝货，郑君也不必过问。这种盟誓，一直遵守到春秋的末叶还没有破坏①。郑国处于中原，所以和其他各国往来均极便利。商业发达乃是一种自然的情势。有名的弦高犒师的故事，就是出自郑国的商人②。弦高的故事不仅显示出郑国商业的发达，而且也显示由郑国都城至于雒邑之间道路的畅通。晋楚邲之战，知罃为楚所俘，郑国的商人就想设法把他藏于衣褚中逃出楚境。这种计划没有实行，楚国已放知罃回晋，后来那位郑国的商人到了晋国，知罃想报答他。他不肯居功，拒绝受酬，就转到齐国去了③。这个故事更说明郑国商人足迹所涉及的地方是如何的广泛。其实春秋时代商业的兴盛，不仅郑国为然，其他各国也都是如此。尤其是齐卫两国的商人更得到他们政府的奖励④。就是晋楚两国互相对立的时候，商业往来也并没有绝迹，楚国的杞梓皮革依然可以贩卖到晋国去，因而有了"楚材晋用"的传说⑤。商业发达，各国也就设关征税了⑥。当时商人往来各国的道路，虽无从得知，但可以相信这种通商的道路，在各国之间是普遍存在的。

---

① 见《左传》昭公十六年。
② 见《左传》僖公三十三年。
③ 见《左传》成公三年。
④ 见《左传》闵公二年，《史记·货殖列传》。
⑤ 见《左传》襄公二十六年。
⑥ 见《左传》昭公二十年。

　　春秋时代一般陆上的交通工具为车辆。车辆能够普遍使用，而且大规模用于战争，则行车的道路必有相当的修整。周定王时（公元前606年至586年）单襄公奉使自宋赴楚，路过陈国，见陈国道路不修，馆舍不整，即断定陈国有亡国的征兆①。鲁襄公时，郑国子产至晋国，因为晋国待诸侯的使节过薄，也不经常修理道路和馆舍，就责备晋国不能继续文公的政绩②，这些情形都说明当时人们对于道路的重视。甚而一些战胜的国家，还强迫敌国根据他们的要求，来改变道路的方式。齐晋鞌之战后，齐国失败，晋国所要求的条件中就有"齐之封内，尽东其亩"一条③。就是说齐国应该把境内的农田都改成东西行。如果齐国按照晋国的要求改变农田的方式，晋国以后若再向齐国用兵，兵车往来当然也就更方便了。自然晋国这种要求对于农业生产是有很大的妨害的。齐国就根据农田播种应该从其土地的方便，他国不应该有过分要求的道理拒绝了晋国。

　　车辆一般只是用于平地，或不甚险峻的坡地。春秋时代车辆的使用已相当普遍，但一些非华族的部落，由于居住在山谷间，还谈不到这一点。他们在作战的时候往往采取徒步方式。步卒作战，较为灵活，可以取得胜利。春秋初年，郑国抵抗"狄人"的侵略，即感到"彼徒我车"，不能防备他们的侵轶④。后来到晋文公时候，为了抵抗"狄人"，曾改变军队的编制，采取三行的办法，才获得了效果⑤。到鲁昭公时，晋中行穆子败"群狄"于太原，还是由于"毁车崇卒"的缘故⑥。在对于非华

① 见《国语·周语》。
② 见《左传》襄公三十一年。
③ 见《左传》成公二年。
④ 见《左传》隐公十年。
⑤ 见《左传》僖公二十八年。
⑥ 见《左传》昭公元年。

族的战争中，诸夏之国不仅被迫改变了作战的技术，另外还学得骑马的方法①。《左传》载鲁昭公时，"左师展将以公乘马而归"②，就是骑马的证明③。

至于水上的交通工具当然是船舶了。中原诸夏封国是注意到水上交通的，南方的吴楚更是没有放松这一环节。当时不仅对于内河想方法加以利用，海上交通也有了确实的记载了。春秋末年，齐国有了内乱，吴徐承就曾率领舟师由海道进攻过齐国④。后来越王勾践与吴起衅，也曾命范蠡、后庸率师沿海泝淮，断绝吴王夫差由中原南返的道路⑤。吴越两国本是海滨的国家，在海上航行，应该是平日习惯的事情，但像这样大规模的军事行动全赖船舶运输，还是以前所没有的。

春秋末年，交通方面有了突飞猛进的发展，运河的开凿就是划时代的壮举。最早开凿运河的为楚吴两国，而楚国较吴国更早⑥。不过最初所开凿的运河还是较小的规模，因此所发生的影响也不十分巨大。比较有关系的，乃是吴王夫差在江淮之间和淮水以北的两次兴工。吴国在江淮之间所开凿的运河乃是公元前486年（鲁哀公九年）的事情。这一年吴人始修筑邗城，接着就在邗城下凿沟东北通到射阳湖，又由射阳湖西北通到末口入淮。邗城在今江苏扬州，射阳湖在今江苏淮安县东南。末口则在淮阴境内⑦。至公元前482年（鲁哀公十三年），吴晋两

---

① 见顾炎武《日知录·骑》条。

② 见《左传》昭公二十五年。

③ 顾炎武《日知录·骑》条说，"《诗》云：古公亶父，来朝走马。古者马以驾车，不可言走。曰走者，单骑之称。古公之国邻于戎翟，其习尚有相同者"。古公骑马虽早，然为社会所习用当仍为春秋时代事。

④ 见《左传》哀公九年。

⑤ 见《国语·吴语》。

⑥ 见拙著《中国的运河》。

⑦ 见拙著《中国的运河》。

国打算在黄池会盟①，又引起新的运河的开凿。黄池在今河南封丘县，当时正在济水的沿岸。吴王夫差为了要乘舟达到黄池，就在商鲁之间又开了一条运河。根据《水经注》的说法，这条运河就是出于小黄县的黄沟。小黄县在今河南旧陈留县北，也在济水的沿岸。比黄池稍东一点。黄沟由这里分济水东流后流经外黄县故城南，再东流经定陶县南，又东经山阳郡成武县的楚丘亭北，又北经郜城北和成武县故城南，又东经平乐县故城南，又东经沛县故城南，东注于泗水②。外黄在今河南杞县东北。定陶县今已并入菏泽和成武二县。成武为今山东成武县。郜城在今成武县东南。平乐在今山东单县东。沛县在今江苏沛县东。就是说，这条运河沟通了济水和泗水，流经现在河南、山东、江苏三省间。这条运河诚然是沟通济水和泗水，但并不是像郦道元所说的流过那样一些地方。这条运河实际就是《禹贡》所说的菏水，为战国时代江淮流域和河济流域一条重要交通道路，这样的道理在拙著《中国的运河》中曾有较详的说明，这里就不再赘述了。这条运河既然注入泗水，泗水下游注入淮水，越淮水又可与邗沟相接，是由吴国境内可以乘舟直达于中原了。根据《国语》的记载，吴国所施工的水道，不仅西属之济，而且还北属之沂。现在山东境内有两条沂水。一条出于沂源县，一条出于曲阜东南尼山。这两条沂水古时下游都是入于泗水。不过吴国所开的运河应该是和曲阜的沂水相联系，也就是所说的商鲁之间。至于东面的沂水，不仅偏东，而且和吴国黄池之会的目的相差太远了。

吴国这两条运河的开凿，充分说明了当时人民对于地理环

---

① 见《国语·吴语》。
② 见《水经·泗水注》。

境的善于利用。就江淮之间邗沟所通过的区域说，这里的地势中间低洼，所以自古以来就成为湖泊罗列的地方，而且古时的湖泊可能比现在更多更大。邗沟在中途是通过射阳湖的。射阳湖当于今淮安、宝应、盐城三县之间，古时它的面积相当广大，据说萦回到三百多里①。由于逐渐淤积的结果，到现在只能依稀看到一点痕迹。当然射阳湖是这里湖泊中比较大的一个，其他也还是不少。过去一些地理书中，如《水经注》《太平寰宇记》等都记载了若干有关湖泊的名称，其中有的到现在已经不再存在，分明是逐渐湮没了。虽然如此，现在这个区域中湖泊的数目仍是不少。由现在的情形推想古代，就可以得出一个大致的轮廓。吴国的邗沟可能是利用这些湖泊，使它们能够互相联系起来。因为运河是这样开凿的，所以工程进行相当迅速。关于这条运河的开凿，《左传》记载在哀公九年的记事中。可能就是在这一年中开凿成功的。因为《国语·吴语》里面又记载说，"吴王夫差既杀申胥，不稔于岁，乃起师北征，阙为深沟，通于商鲁之间"。夫差杀子胥为鲁哀公十年事。子胥死后，吴国就又进行开凿商鲁之间的运河。如果邗沟没有开凿成功，第二个工程不会就动工起来的。

邗沟的开凿是这样的，商鲁之间的运河也应该相同。就开凿的时间说，新运河同样是迅速的。新运河工程的进行，乃在子胥被杀之后。它的开凿的目的是为了黄池会盟。黄池会盟在公元前482年，也就是在鲁哀公十三年。这当中只有二年的时间，它在这二年中已经由开凿而到使用，不能说是不迅速了。就地理情势来说，商鲁之间也是一个湖泊区域，在古代那里也星罗棋布着许多大大小小的湖泊。但由于后来黄河不时决口，使原来的湖泊陆续淤塞，甚或已失去原来的痕迹。吴国在这里

---

① 见《太平寰宇记》卷一二四。

所开凿的运河同样是利用当地的湖泊。虽然如此，这两条运河的成功也是具体表现了当时人民的智慧的。

从上面的论证中可以看到春秋时代交通已经有了相当的规模。当然这样的规模是在西周的基础上继续发展而来的。西周时若干较大的河流都已有舟楫之利，而道路的修整也经常为人们所注意。"周道如砥，其直如矢"，早就为诗人所歌诵。这固然不是普遍的情形，但能够如此，也不是容易的。

《国语·周语》中还记载着西周时道路的制度，据说，当时在国郊及野的道路两旁通常栽植树木以指示道路的所在，沿路：十里有庐，备有饮食；三十里有宿，筑有路室；五十里有市，设有候馆。这些都是为了供给各国的使人过客享用的，甚至在边境上还安置有候望的人随时招待。这可能是一种理想的说法。即令是实际的情形，也只是若干小的部分，不一定就是一般的状况。如前所说，春秋时代交通工具既已普遍使用车辆，而会盟战争又极频繁，道路修整的工作也就不能不被重视起来。甚至战胜的诸侯也以修整道路来要挟战败的国家。当时的情形虽不能就像《国语》中所记载的那种理想的情况，一般说来，平坦的大道是已经逐渐增多了。

春秋时代的人们不仅在平原上驰骋他们的车辆，他们所修筑的道路，也往往翻过崇高的山岭，太行秦岭以至伏牛大别诸山中都已有了通途大道，这对于生产的发展，应该起了促进的作用。运河的开凿是这一时期的重大建树，它说明人们对于征服自然获得了新的成就。虽然春秋时代人们在利用水道方面还没有克服像长江中游九江那样的困难，但由于他们的努力，到了战国时代，这一段水道上也照样有风帆上下了。

（原载《人文杂志》1960 年第 3 期）

第七讲　黄河流域经济地区的再造和长江三角洲的富庶

一、关中的农业和粮食问题

西晋末年永嘉乱离之后，至隋初灭陈，复归统一，经过两百多年分崩割据的动乱，黄河流域经济地区终于走出低谷，开始了恢复再造的进程。

与长江流域的太湖地区和洞庭湖地区相比，这时黄河流域经济地区的富庶程度还是有一定差距的。但是在南北朝晚期，黄河流域及其附近地区竟能存在北周、北齐两个政权与长江以南的陈相鼎立，已经可以说明黄河流域经济地区的恢复有了很大的起色。特别是北周据有的关中地区和北齐据有的太行山东地区，显然经济已经有了相当的规模。

关中是隋、唐两代都城的所在，隋唐以前，西魏和北周也在这里建都，更早的秦与西汉两大统一王朝的都城也建在这里。这都与关中地区的经济基础是分不开的。关中地区深处内陆，缺少舟楫之利，长久以来，就是一个古老的农业地区。在经过多次的破坏与不断的恢复后，到西魏和北周时才算初步稳定下来。此后的几个王朝的更迭，关中都没有遭到更大的兵燹，给关中农业的发展创造了有利的条件。北周后来能够灭掉北齐，统一黄河流域并进一步吞并巴蜀，固然是由于北齐和陈已经削弱，有机可乘，但也足以说明关中地区这时的经济已初步奠定了基础。

自隋统一中国后，各地经济包括关中地区的经济都有所发展。但隋祚短促，其末年又再经乱离，全国经济的大发展，富庶地区的形成，则有待于唐王朝了。关中地区的经济发展、农业的进步，自然也主要在有唐一代。

恢复与发展关中的农业，除了荒野的复耕外，水利灌溉设施的建造实是一个重要的条件。关中地区最重要的灌渠当属郑白二渠。苻秦时曾对损坏的两渠做过修复工作①，北周时亦曾在这里有所致力，但均未达到原来的规模。唐时对两渠的整治更加重视，不止一次地拆毁一些富僧大贾设在渠中的碾硙，以利渠水的畅通②。为了发挥郑白渠的作用，又开凿刘公渠，以增加灌田的亩数③。关中东部引洛水灌田的有同州龙首渠，乃是北周修复郑白渠时所开凿的④，当是仿照汉时的旧规模。唐代更多渠道的开凿是在渭水之南，引用由秦岭山下流出的水流⑤。为交通运输而开凿的关中东部的漕渠和关中西部用于运送陇地木材的昇原渠也都可以用于农田灌溉。如再加上渭、泾、霸、浐、丰、镐、潏、涝诸水，这就在关中平原上形成了纵横交错的灌溉网，

① 《晋书》卷一一三《苻坚载记》。
② 《元和郡县图志》卷一《京兆府》。
③ 《新唐书》卷三七《地理志》。
④ 《周书》卷五《武帝纪上》。
⑤ 《新唐书》卷三七《地理志》。

长安正处于网的中央。农田水利的修复和兴建，使本来土壤肥沃的关中农业地区增加了抗御干旱的能力，提高了农业生产水平，关中也自然富庶起来。

这里附带提及陇右的农业生产情况。陇右地区在南北朝时期已大部分以畜牧业为主，唐时陇右闲厩所繁殖的马匹也是作为军力的装备。但自隋初时，陇右地区的农业已开始恢复，甚至代替畜牧业而成为主要的生产方式，以致引起割据于高昌（今新疆吐鲁番）的麹文泰的惊讶，认为隋王朝的确强大无比[1]。后至隋末乱离，秦陇各地均受影响，又招致麹文泰对唐朝的轻视[2]。开元年间，在关中和陇右推行和籴，并取得了成效，可知当地农业已经很有起色，为以前少有的事情。陇右农业的卓越成就，也是黄河流域经济区再造的一大成果。它的发展是有助于关中地区的经济的，至少可以解除隋唐王朝的后顾之忧，使它们能全力去经营东方。

不过关中虽然成为富庶的农业地区，它的固有缺陷仍然难以解脱。关中平原西起陇山之下，东至黄河之滨，相距仅七八百里，南北更为窄狭。在这有限的土地上，粮食的生产也就受到了很大的限制。尤其国都长安处于关中，粮食供应的紧张就可想而知了。西魏及北周时期，长安作为都城，尚能应付割据政权和人口增长不多的情况，但至隋初，国都长安的粮食就感到困难，不得不赶快开凿渭河以南的广通渠，以漕运外来的粮食。而当时的渭河已因水浅沙深，无法载粮行舟，接济长安的粮食了[3]。此后唐代仍借用这条漕渠运输关东的粮食，解决关中

---

① 《新唐书》卷二二一上《高昌传》。
② 《资治通鉴》卷二一四《唐纪三〇》。拙著《论唐代前期陇右道的东部地区》。
③ 《隋书》卷二四《食货志》。

的粮食危机。巴蜀之地战乱较少，农业经济破坏不多，北周很早就已控制了巴蜀，为灭北齐准备了条件。唐初，李渊由太原进兵到关中，未瞻目已经鼎沸的中原，反先经略巴蜀，这固然是因为当时巴蜀尚未有割据势力，可以早日底定，解除后顾之忧，而实际上却是图谋巴蜀的粮食，只是后来秦岭巴山的栈道不便运输，以后再未向这面发展。有时为了减少漕运的困难，唐朝统治者只好东赴洛阳就食。洛阳虽为隋唐王朝的东都，统治者可以随时巡幸，但因粮食的困扰而仆仆于道中，只好自嘲为逐粮天子①。以后唐朝的皇帝虽然不再作逐粮天子，却不能不向关东征运粮食，以解决都城的困难。

要解决关中的粮食问题，主要还靠关东各地的接济。这由隋初的开凿广通渠的计划中可以看出。那份开渠的诏书说："京邑所居，五方辐凑"，因而不能不开凿渠道，使"方舟巨舫，晨昏漕运，沿溯不停"②。开广通渠在隋文帝开皇四年（公元584年），上距北周灭齐只不过六七年，就是说长安初作为黄河流域的首都，便已感到粮食的困难，不能不向关东各地求得解决办法。

二、黄河下游南北地区农业的恢复和发展

南北朝晚期北齐占据的土地，包括黄河下游的南北一些地区，曾经是黄河下游的富庶经济区。在经历上百年的战乱之后，经济也多少有些恢复，北齐立国的基础就是仰赖这一经济的条件。隋立国未久，即发运关东粮食接济关中，也可证明黄河下游农业的恢复已有相当的程度。

隋初开凿关中的广通渠时，江南的陈国尚未灭掉，关中所

① 《资治通鉴》卷二○九《唐纪二五》。
② 《隋书》卷二四《食货志》。

需粮食只能由黄河下游各地运来。为了聚集粮食运往关中，还在开凿广通渠的前一年，就在黄河下游南北两岸及其他有关水道附近的各州置丁转运。当时一共有十三个州，从中可以看出隋初黄河下游南北地区的农业地区分布情况：这十三个州大部分在今河南省境内①。最远的为卫、汴、许、汝四州。卫州治所在今旧淇县，位于黄河之北；汴州治所在今开封市，许州治所在今许昌市，汝州治所在今临汝县，三州俱在黄河之南。可知当时黄河南北都有可称道的农业地区。如以黄河以南的地区来说，西起荥阳（治管城，今河南省郑州市）、颖川（治颍川，今河南省许昌市）、襄城（治承休，今河南省临汝县）诸郡，东至琅邪（治临沂，今山东省临沂市）、东海（治朐山，今江苏省新海连市）诸郡；北起梁郡（治宋城，今河南省商丘市）、济阴（治济阴，今山东省定陶）诸郡，南达谯郡（治谯，今安徽省亳县）、汝阴（治汝阴，今安徽省阜阳县）诸郡的范围之内，都有农业的经营，因而隋朝王室设置的转运机构分布才如此密集。这一地区的大致范围以今天的地理来说，则是西起河南省的郑州、许昌两市及临汝县，东过江苏省徐州市而至于海滨；北起山东定陶和河南商丘，而南至于安徽省的亳县和阜阳县。

隋初的情况即已如此，李唐立国之后，黄河下游南北地区的农业生产当更有进步。就黄河下游南北两区比较起来，似乎黄河以北的富庶程度还超过河南。因为隋初转运关东粮食时所设置的四个仓，分布在卫、洛、陕、华四州之内②。洛、陕、华三州治所分别在现在的河南省洛阳、陕县和陕西省华县，依次位于洛河、黄河和渭河的沿岸，处于输往关中长安的漕粮运道的左近，如当时人所说，是发挥了运输灌注的功效。也就是说，

① 《隋书》卷二四《食货志》。
② 《隋书》卷二四《食货志》。

它们是兼顾河南和河北两个地区，并不是专门为河南而设的。而卫州仓的设置，虽临近淇河，有利于运输方便，但从其地理位置来看，却显然是为收贮太行山东各地的粮食而设置的。既专门设仓，贮粮自应不少。据说北起今河北河间、定县，南至清河、永年，当时都重视农桑，是重要的农业地区①。前面也说过，在十六国及南北朝混乱时期，太行山东以邺为中心的一些地区尚保存着一定的农业基础，社会情况稍一稳定，自可得到更多的发展。

相比之下，黄河以南的一些地区自十六国战乱以来，长期成为战争的场所，后来南北朝初期，北魏统一了黄河流域，人民稍有喘息的时机，但南北的战争却一直未断，战场虽南移至淮河附近，但黄淮之间的地区仍然受到许多影响，对农业的影响就更大。此外，黄河下游的泛滥和决口所带来的灾难，对黄河以南地区的破坏也比河北大。黄河冲淹的地区，土壤不免变质，改善它的机能也非短日之功，这些都给黄河下游以南地区的农业的发展带来不小的困难。因此，这时黄河流域下游南北不同的富庶程度就是可以理解的了。

黄河流域下游以北的农业经济地区除太行山东以外，据《隋书·地理志》的记载，在太行山西的上党、长平等处，人们也颇重农桑。上党郡治上党，今山西省长治市，长平郡治丹川，今山西省晋城市，都属太行山西的高亢山地，农业在这里已有发展，相邻的汾河流域平原的农业当更有大的转变。当然太行山西农业的发展是不能与太行山东相比的。

《隋书·地理志》在叙述农业地区时没有提到邺。邺在相当长的时期内是太行山东经济地区的中心城市，邺城位于漳河沿

---

① 《隋书》卷三〇《地理志》。

岸，附近又有灌溉之利，它是不应被摈于农业地区以外的。只是北周末年，杨坚消除异己势力，竟然焚毁了邺城①。隋初虽另立相州（后改魏郡），州治亦南移于洹河岸上，与以前的邺不完全相同，但那一带的农业地区的规模还应是相差不多的。

黄河下游的河南、河北两个地区的发展，为隋和唐朝前期的国家财赋提供了大部分的需求，尤其是粮食的供应更受到这两个王朝的重视。隋时于各地设仓贮粮，除正仓外，还有义仓和常平仓，以备水旱荒歉的不时之需。唐朝继之，仍然遵循这样的制度。隋时各地的仓粟数目已不可详知。由唐玄宗天宝八载（公元 749 年）的诸道仓粟数目尚可见到一斑。当时各道正仓所储超过一百万石的有关内、河北、河东、河南四道。其中河南最多，达五百八十万石。河东次之，也有三百五十余万石。关内、河北两道各近二百万石。义仓所储超过千万石的，仅河北、河南两道②。这样的数目已经可以看出唐初黄河流域，特别是黄河下游的河北、河南两个地区的富庶情况。开元中，唐朝政府曾大举向关中运输粮食，在前后三年中，共运到漕粮七百万石。当时人们认为这是难得的数目。这次运输漕粮的地区很广，江南各地也运出了相当的数量。但其中由晋、绛、魏、濮、邢、贝、济、博各州运来的还是不少③。晋、绛二州的治所为现在汾河流域的临汾市和新绛县，魏、邢、贝三州的治所分别为现在河北省的大名县、邢台市和清河县。濮、济、博三州的治所分别为现在山东省的旧濮县、茌平县和聊城市，大部分仍然是黄河下游的地方。不过太行山东河北平原北邻突厥、契丹，和其他边地一样，防务也是相当重要。为了边防，需要更多的

① 《周书》卷八《静帝纪》。
② 《通典》卷一二《食货典·轻重》。
③ 《新唐书》卷五三《食货志》。

积贮，因此江南的粟米和绫绢也有通过海运输到幽州（治蓟，今北京市）①。而永济渠旁的清河（今河北省清河县），更聚集了江淮钱帛，以赡北军，号为天下北库。后来安禄山利用幽州的积贮起兵反唐，颜真卿就凭借清河的钱帛，抵抗他的南下②。这并不是说黄河下游以北的地区富庶有了减色，而是由于边防的重要，全国各地都应该经常供应的缘故。

三、永济渠的开凿和它的作用

隋大业四年（公元 608 年），在太行山东开凿了一条永济渠③。永济渠南在武陟（今河南省武陟县）引沁水入河，又沟通沁水和淇水，再循淇水而北，至今河北省静海独流镇折而西北合桑乾水（今为永定河区里的河段）后终至于涿郡（治蓟，今北京市），贯穿了太行山东的河北大平原。

永济渠的开凿后来在炀帝用兵高丽时曾经起了便利粮草转输的作用。但最初开凿的目的，可能不是为了用兵的缘故。因为炀帝大业三年（公元 607 年）八月在榆林郡（治榆林，在今内蒙古自治区准格尔旗）会晤突厥启民可汗，其时高丽使者亦从在榆林，炀帝还要他回去传谕高丽王元早日朝见④。当年九月炀帝始返洛阳，次年正月就开始了开凿永济渠的工程。这时高丽的态度还不甚明确，所以此时不会事先开凿一条水道，准备向高丽用兵。如果这样的说法不误，则永济渠的开凿当有其经济方面的意义。

前面说过，隋灭陈国以前，黄河下游南北地区的漕粮已大

---

① 杜甫《后出塞》有："渔阳豪侠地，击鼓吹笙竽，云帆转辽海，粳稻来东吴。越罗与吴绫，照耀舆台躯。"
② 《新唐书》卷一五三《颜真卿传》。
③ 《隋书》卷三《炀帝纪》。
④ 《隋书》卷三《炀帝纪》。

体可以满足关中的需要，与秦汉时期略相仿佛。统一以后，隋朝兼有了富庶的江南，但尚未见到当时对江南有过漕运的特殊措施。而沟通南北的通济渠①（唐时称为汴河）和邗沟②以及江南运河③，诚然是一宗重大的工程，但通济渠和邗沟的开凿已是统一以后十余年的事情，至于江南运河，则又更迟几年。这几条运河的开凿和沟通，显然都无军事上的意义，只能是为了加强江南富庶地区与国都之间的联系。与这几条运河几乎同期开凿的永济渠，其目的也应是相同的。

隋朝永济渠的南段本利用曹操所开凿的白沟的遗迹④，其作用也相仿佛。不过永济渠更偏东一点。永济渠的偏东固然是利用淇水的自然水道，但亦可显示出太行山东富庶农业地区的扩大。永济渠的下游在汉朝时为勃海郡。勃海郡素不以农业发达闻名于世。到唐时，在永济渠的左近开凿了许多的小渠道。如安阳的高平渠，邺的金凤渠，尧城的万金渠，临漳的菊花渠、利物渠，经城的张甲河，获鹿的太白渠、大唐渠、礼教渠，南宫的通利渠，堂阳的堂阳渠，衡水的羊令渠，宁晋的新渠，昭庆的澧水渠，柏乡的千金渠，清池的清池渠、无棣河和阳通河，无棣的无棣沟，平昌的新河，河间的长丰渠，渔阳的平卢渠⑤。其中安阳、尧城在今河南省安阳市。无棣、平昌在今山东省境内。无棣今仍为无棣县，平昌为旧德平县。其他各地皆在今河北省境内。临漳、获鹿、南宫、衡水、宁晋、柏乡、河间等地

---

① 《隋书》卷三《炀帝纪》。
② 《资治通鉴》卷一八〇《隋纪四》。
③ 《资治通鉴》卷一八一《隋纪五》。
④ 《元和郡县图志》卷一六《魏州》："馆陶县白沟水，本名白渠，隋炀帝导为永济渠，亦名御河。"又卷一六《相州》："内黄县永济渠，本名白渠，隋炀帝导为永济渠，一名御河。"可见永济渠中有一段就是利用白沟的故道。
⑤ 《新唐书》卷三九《地理志》。

现在仍因旧名。经城在今广宗县，堂阳在今新河县，昭庆在今隆尧县，清池在今沧州市，渔阳在今天津蓟州区。这些为数众多的小渠道无疑发挥了灌溉农田的作用，也增加了永济渠中的水力。农业区的发展和扩大也就是很自然的了。

永济渠的开凿，还因其航运之利，促进了渠旁城市的繁荣。如本来自魏晋以后，漳河沿岸的邺一直是太行山东的一个重要都会，邺的附近是一个富庶的农业地区，手工业也相当发达，又处于太行山东的南北大道上，一度相当繁荣。可惜北周末年，焚毁于杨坚之手，再未重新崛起。但是距邺城不远的武阳郡（治贵乡，今河北省大名县），由于恰在永济渠旁，又承继了邺城附近的富庶农业地区和相当发达的手工业，竟代替邺而繁荣起来。

四、手工业的发展

隋唐时期，随着黄河流域经济地区的恢复和长江流域富庶地区的发展，除了农业的进步之外，手工业也有很大的变化。

如丝的纺织业，这时黄河下游的南北地区仍然是丝织业的最主要地区，它不仅超过了江南，而且也超过了关中。就以黄河南北来说，则河北又胜过河南。还在南北朝晚期，颜之推以南人而仕于北齐，他就亲眼见到河北妇女从事纺织的情况，并惊呼其工艺非南方所及[1]。唐朝初年，作为全国各地衣料的贡赋，主要仍是丝麻两种。黄河流域从关中以下，大体皆是兼赋丝麻，只有河北一道，贡赋全是丝织品[2]。唐玄宗开元二十五年（公元737年），唐朝政府创行和籴法，准许庸调改征他物。因

---

[1]　颜之推《颜氏家训》。
[2]　《唐六典》《通典》《元和郡县图志》及《新唐书·地理志》，篇目卷数不备举。

为关中蚕丝不多，所以折纳粟米；河南河北不通水运的州郡，却须改纳绢绌，代替粟米。当时江南各地也暂不征粟米，但不改纳绢绌，而是以布代替①。当然这并不是说江南没有丝织品，而是这里出产的丝织品质量尚不如黄河流域。其实越罗与吴绫早已为人们所称道②。他如扬、润、宣、湖（治乌程，今浙江省吴兴县）、杭（治钱塘，今浙江省杭州市）、明（治鄞县，今浙江省宁波市）、睦（治建德，今浙江省建德市）诸州的丝织品也一样列为贡品③。当然更为精美的产品则有待于进一步的开发了。长江上游的巴蜀地区，也是一处丝织品的产地。成都蜀绵是早有名气了。而像阆州和果州出产的丝织品也有很高的声价④。阆州为今四川省阆中市，果州为今四川省南充市，可见蜀中丝织品产地也已扩展到嘉陵江畔。即使如此，比起黄河流域的下游地区来，这里的丝织品还是稍差一点。

丝织品的种类很多，如果以用途最广的绢的好坏作为丝纺业发达与否的标准衡量，黄河流域下游地区丝织业的地位就更为明显。唐朝中叶，曾将各地的纳绢分为八等，前五等大部分在黄河流域的地方出产，后三等就没有一处黄河流域的地方。特别是一等的宋（治宋城，今河南商丘）、亳（治谯，今河南亳州），二等的郑（治管城，今河南省郑州市）、汴（治开封，今河南开封市），曹（治济阴，今山东定陶西）、怀（治河内，今河南沁阳）共六州中，除怀州位在河北外，其余五州皆在河南。另外三等十四州中，河南五州，河北九州。四等十五州中，河南五州，河北十州。五等十四州中，河南五州，河北二州，其

---

① 《唐大诏令集》卷一一一《关内庸调折变粟米敕》。
② 如杜甫《后出塞》即有"越罗与吴绫"之句。
③ 《新唐书》卷四一《地理志》。
④ 《大唐六典》卷二〇《太府寺》。

余皆在淮水以南①。而长江中下游地区的绢等除过五六等中间或有位于现在湖北省内的安、唐、隋、黄、襄五州和八等中间或有位于现在福建省内的泉、建、闽（即福州）外，其他各处竟无一地列入其中。唐朝中叶八等绢的产地中，巴蜀地区虽占有二十八州②，居全部产地九十五州的四分之一强，也与黄河流域的绢等不可同日语。这里的排列仅是以绢等为例，而河北定州（治安喜，今河北省定县）所产的绢质量虽不甚高，但其各类丝织品的数量却居全国第一位③。据说定州富豪何明远，家有绫机五百张④，其数量超过后来北宋开封的官绫锦院。后者仅有绫机四百张⑤。无论从丝织品的产地范围来说，或是从丝织品的数量与质量来说，黄河下游南北两个地区，都是全国其他各地所难比拟的。

就盐的晒制来说，唐朝政府很重视蒲州（治河东，今山西省永济市）、安邑、解县（皆在今山西省运城市）的盐池，这是因为它们距离长安较近的缘故。黄河下游南北两地区可以晒盐的场所很多。盐产量历来也占有重要地位。唐朝当更有发展。自唐中叶以后，盐铁官卖，两淮的盐场占了主要的位置，扬州

---

① 《大唐六典》卷二中所说的十四个三等州为滑、卫、陈、魏、相、冀、德、海、泗、濮、徐、兖、贝、博。其中陈、海、泗、徐、兖五州在河南，余在河北。十五个四等州为沧、瀛、齐、许、豫、仙、棣、郓、深、莫、洺、邢、恒、定、赵。其中齐、许、豫、仙、棣五州在河南，余十州在河北。十四个五等州为颍、淄、青、沂、密、寿、幽、易、申、光、安、唐、随、黄。其中颍、淄、青、沂、密五州在河南，幽、易二州在河北。余寿、申、光、安、黄五州在淮南道，唐、随二州在山南东道。

② 这里所说的二十八州为六等的益、彭、蜀、梓、汉、剑、遂、简、绵九州，七等的资、眉、邛、雅、嘉、陵、阆、普、壁、集、龙、果、渠十三州，八等的通、巴、蓬、开、合、利六州。见《大唐六典》卷二〇《太府寺》。

③ 《新唐书》卷三九《地理志》。

④ 《太平广记》卷二四三引《朝野金载》。

⑤ 《续资治通鉴长编》卷四三。

成为盐市的中心①。这不是说两淮的盐场产量就高于其他各地，而是由于那时黄河流域下游沿海盐区多为藩镇所控制，唐朝政府无法利用的缘故。至于巴蜀的井盐长期以来就为一大的利薮，唐朝官卖盐铁，对于这些盐产自然也不会放过。

　　唐时对铁的重视不亚于盐。但黄河流域的铁业似不如长江流域产地的众多。黄河流域产铁地区多集中于河东道中，相当于今山西省的地区，铁矿蕴藏量最大。唐时这里产铁较多，也是当然的。黄河下游南北地区的平原地带，矿产开发不多。只有太行山东麓和嵩山、泰山诸山脉中所蕴藏的铁矿，已为人们利用。而泰山东南的莱芜县（今山东省莱芜市）的冶铁规模最为巨大，当地共有冶场十三个，为其他各地所不及②。长江中下游各地也有一些产铁的地方。在今江苏省境内的有二州三县，在今安徽省境内的有二州四县，在今福建省境内的有四州八县，在今湖南省境内的有三州四县，在今湖北省境内的有三州六县③。

---

① 洪迈《容斋随笔》卷九《唐扬州之盛》。
② 《元和郡县图志》《新唐书·地理志》有关各卷。
③ 《新唐书》卷四一《地理志》。在今江苏省境内的二州三县为扬州的六合、昇州的上元、溧阳。在今安徽省境内的一州二县为宣州的当涂、南陵。在今江西省境内的四州四县为虔州的安远（今安远县）、袁州的宜春（今宜春市）、信州的上饶、饶州的乐平。今浙江省境内的二州四县为越州的山阴（今绍兴市）、台州的临海（今临海县）、黄岩（今黄岩县）、宁海（今宁海县）。今福建省境内的四州八县为福州的福唐（今福清市）、尤溪，建州的邵武、将乐（今将乐县），泉州的南安（今南安县），汀州的长汀、宁化（今宁化县）、沙县。今湖南省境内的三州四县为岳州的巴陵（今岳阳市）、永州的祁阳（今祁阳县）、道州的延唐（今宁远县）、永明（今江永县）。今湖北省境内的三州六县为鄂州的江夏（今武汉市的武昌）、永兴、武昌，蕲州的广济（今广济县）、蕲水（今浠水县），归州的巴东（今巴东县）。

巴蜀地区铁矿分布于二十个县境①，有名的如临邛（今邛崃县）铁矿，唐时仍在开采。

隋唐时期铜的开采及铜制品的生产也见兴盛。但铜矿的开采黄河流域不如长江流域，制造铜器的手工业也以江南的扬州为中心。唐朝产铜地一共有七十二个县，在黄河流域下游南北地区的只有七个。整个黄河流域铜的产地也只有二十个县。而江南产铜地有三十几个县，剑南略少，也有五个县。据当时的记载，长江中下游各地发现铜矿的地方，在今江苏省境内的有三州七县，在今安徽省境内的有六州七县，在今江西省境内的有五州四县，在今浙江省境内的有七州十县，在今福建省境内的有三州五县，在今湖南省境内的有一州一县，在今湖北省境内的有一州二县②。蜀地的五个产铜县为邛州的临邛县，简州的

---

① 这二十个产铁的县为蜀州的新津（今新津县），嘉州的平羌（今乐山市北）、峨眉（今峨眉山市）、夹江（今夹江县），邛州的临邛（今邛崃县）、临溪（今蒲江县北），梓州的通泉（今射洪县东），绵州的巴西（今绵阳市）、昌明（今彰明县）、魏城（今绵阳市东）、西昌（今安县东），合州的石镜（今重庆市合川区）、巴川（今重庆市铜梁区西南），荣州（今荣县）及其所属的资官（今荣县西），昌州的永川（今重庆市永川区），利州的绵谷（今广元市），渠州的潾山（今大竹县），夔州的奉节（今奉节县），忠州的南宾（今丰都县东）。见《新唐书》卷四〇、卷四一《地理志》。

② 《新唐书》卷四一《地理志》。在今江苏省境内的三州七县为扬州的江都（今扬州市）、六合，昇州的上元（今南京市）、句容（今句容县）、溧水、溧阳，苏州的吴县（今苏州市）。在今安徽省境内的五州六县为宿州的虹县（今泗县），扬州的天长（今天长市），庐州的庐江（今庐江县），宣州的当涂（今当涂县）、南陵（今南陵县），池州的秋浦（今贵池区）、青阳（今青阳县），另外滁州境内也有两个铜坑。在今江西省境内的五州四县为江州的浔阳（今九江市）、彭泽（今彭泽县），饶州的乐平，信州的上饶，另外洪州和袁州境内各有一个铜坑。今浙江省境内的七州十县为湖州的武康、长城（今长兴县）、安吉，杭州的余杭（今余杭区），睦州的建德（今建德市）、遂安，明州的奉化，处州的丽水，婺州的金华，温州的安固（今瑞安县）。今福建省内的三州五县为福州的尤溪（今尤溪县），建州的建安、邵武，汀州的长汀、沙县。今湖南省境内的一州一县为郴州的义章（今宜章县）。今湖北省境内一州二县为鄂州的永兴（今阳新县）、武昌（今鄂州市）。

阳安（今简阳东）、金水（今金堂县东西），雅州的荥经（今荥经县）、梓州的铜山（今中江县南）①。其中的荥经铜矿较有名气。

铜矿的产品，可能就近进行加工铸造，制成成品，像宣、润、饶（治鄱阳，今鄱阳县）诸州，都有政府设厂铸钱。而扬州的铜镜，更为一时著名的商品②。扬州所辖的江都（即扬州治所）、六合（今南京市六合区）、天长（今安徽省天长市）诸县皆有铜矿，附近的滁（治滁县，今安徽省滁县）、润、宣、湖诸州也富有铜矿，当是扬州铜品加工业的原料。当然扬州也就成为铜器往外运销的集散地。

手工业的发展，自然促进商业的兴盛，同时也会反映到经济都会的分布。自隋朝开凿运河后，沿运河交通已甚便捷，唐朝更重视驿道，全国各要地无处不达，经济都会也更利于发展。隋唐时期黄河流域最大的都会当数长安、洛阳二京。其他则太原（今山西省太原市西南）、岐（治天兴，今陕西省凤翔县）、凉（治姑臧，今甘肃省武威县）、汴、宋、魏、贝诸府州皆有相当的重要性。太原、岐州唐时皆为陪都，太原控制汾河流域，岐州居于关中西陲，两州虽皆有一定的富庶基础，然汾河流域究竟不能与太行山东相比拟，而关中西陲又距长安不远，不能不受它的影响。至于凉州，诚为通往西域的大道上的名城，河西亦属富庶地区，不过这些地方范围有限，多起物资转输作用，难得有更多的发展。最为人们称道的则是汴河岸上的汴、宋二州和永济渠旁的魏、贝二州。长江流域的经济都会更以"扬一益二"著称于时。扬即扬州，位于邗沟南口，即以前的广陵，益即成都，二者都以商业繁荣著称，城内的手工业也十分发达，前面已经提到过扬州的铜器制作业，而成都的丝织业及金银器

---

① 《新唐书》卷四二《地理志》。
② 《旧唐书》卷一〇五《韦坚传》。

制作业也有名一时。唐朝后期，南诏曾攻破成都，掠走城中子女技工数万人之多，可以多少看出其中一点消息①。

五、通济渠（汴河）的沟通南北

隋炀帝初即帝位，建洛阳为东都②，同年即大业元年（公元605年）四月，就动工开凿通济渠。八月渠成，炀帝便御龙舟去幸游江都③。

通济渠到唐宋时期又称为汴渠或汴河④，其发轫地在东都洛阳，渠由洛阳西苑引穀、洛水入河，当循东汉张纯所开的阳渠故道。通济渠入河之后，又由板渚（今河南省荥阳县西北，旧汜水县东北黄河南岸）分河东南行，逶迤入淮，其所经流的地方，以现代地名顺序排列起来，就是荥阳、中牟、开封、杞县、睢县、宁陵、商丘、夏邑、永城、宿县、灵璧、泗县，最后在盱眙县北流入淮水。这样一来，通济渠的开凿就使黄河与淮水相沟通，如果再续接上淮河与长江之间的邗沟以及后来开成的江南河，则黄河流域与长江流域实现了南北的沟通。

黄河与长江的沟通并不自炀帝始。以前的鸿沟系统就曾将黄河与淮水相接，邗沟虽几经改易，也一直保持淮水与长江的联系。更早在春秋时期，吴王夫差为着军事的目的，开凿了邗沟和菏水两条运河，就已将黄河与长江之水沟通起来。

隋炀帝开凿通济渠，除了便于幸游江南外，也是想把东南

---

① 《新唐书》卷二二二中《南诏传》。
② 《隋书》卷三《炀帝纪》。
③ 《隋书》卷三《炀帝纪》。
④ 《元和郡县图志》卷五《河南府》："汴渠……隋炀帝大业元年更令开导，名通济渠。"《宋史》卷九三《河渠志三·汴河上》："汴河，自隋大业初，疏通济渠，引黄河通淮，至唐改名广济。"然习俗多以汴渠相称，宋改五丈河为广济，汴渠因成通称。

富庶之区与国都连接起来，特别是扬州等地的逐渐繁荣，对炀帝有着强烈的吸引力。

通济渠的开凿成功与邗沟的修复，使其成为斜贯西北与东南的一条交通动脉，为大江以南各地和中原往来的主要水路交通孔道。唐代中期安史之乱以后，太行山东河北平原尽为藩镇所割据，唐朝政府仰赖的山东漕粮被迫转由江南供给，因此通济渠及邗沟也就愈显重要了。

不过，汴河与邗沟既作为东南富庶区的漕粮运道，也就成了唐王朝的一条生命线，尤其是汴河一段更为重要。一些藩镇们看到唐朝政府这样的弱点，就采取截断运道的手段进行挟制。安史乱后，唐朝中央与地方的争执，主要是争夺运道的控制权。割据于淮西和淄青的藩镇们就曾经使唐朝政府大伤脑筋。因为淮西（治蔡州，今河南省汝南县）在今河南省东南部，淄青（治青州，今山东省东平县）在今山东省。这两个地区从东西两面夹持运道，极易控制运道的通塞①。另外治所在今河南省开封市的汴州②，治所在今江苏省徐州市的徐州③，也都曾为跋扈的藩镇占据过，对运道的安全同样构成过威胁。因此唐朝政府对这些藩镇的行动常常防不胜防。

六、扬州的繁荣

唐时的扬州就是以前的广陵。南北朝时期，广陵还是一个军事重镇。因其位居长江北岸与邗沟的南口，长期以来又是联系淮河流域和长江流域各地的重要的经济都会。

扬州与太湖区域隔着一条江水，它的对岸就是润州，也就

---

① 《资治通鉴》卷二三七《唐纪五三》。
② 《新唐书》卷二二五《李希烈传》。
③ 白居易《白氏长庆集》卷二九《襄州别驾府君事状》。

是以前的京口，今江苏省镇江市。这里本是江南运河的起点，因此扬州可以直接和太湖流域相联系。就以扬州左近来说，农业也已有了相当的发展。扬州附近还是盛产食盐的地区，扬州也就成了盐铁转运官员活动的中心。铁矿与铜矿在扬州的附近也有开采，它们对扬州的繁荣都起了一定的作用。特别是铜器的制作业更有名于世。其他衣着、皮革等物的制作业也很有名。

在长江下游三角洲地区，扬州正是一个中心。位于邗沟南口的扬州，又当汴河和邗沟这条斜贯西北与东南的交通孔道的枢纽的地位，自然更容易繁荣起来。尤其是扬州既处于运河与长江的交叉处，又距长江入海处不远，除了有相当发达的造船业外，又是重要的对外贸易口岸，可与南海之滨的广州和山东半岛的登州（治蓬莱，今山东省蓬莱市）相媲美。而扬州与运河的交通关系，使其腹地显得较为广大，就更增加了它的重要性。当时人有"扬一益二"的称道，以扬州为全国第一商业都市，而益州居于其次①。益州即成都，自从秦汉以来就一直繁荣，它虽为繁荣，却还是不能够和扬州相比拟。

安史之乱以后，太行山东河北平原以及一部分黄河以南地区常为藩镇所割据。唐王朝所仰赖的漕粮及其他物品转而求之于长江流域。此后，唐朝政府对长江下游更为重视，扬州的繁荣和长江下游的富庶遂成为唐王朝的经济基础。

七、关中和长江三角洲的关系

关中为隋唐王朝都城的所在地。由于农业生产条件的限制，关中地区的粮食生产面对人口的增殖及统治者的过分消费，越来越显得不足以敷用，只好求之于关东地区。及至唐高宗（公

---

① 洪迈《容斋随笔》卷九《唐扬州之盛》。

元 650—683 年）以后，困难日趋明显，以致不能不逐渐增大对江南粮食的依赖程度。这种情况在唐朝中叶安史之乱后，更有了根本的转变。安禄山乱事的发生，不但蹂躏了黄河中下游的许多地方，而且乱事平定之后，太行山东河北平原大都为藩镇所割据，地方经济更受影响，显而易见，唐朝政府所需要的漕粮不得不舍弃黄河下游各地而转仰给于长江下游各地了。

　　自东晋南朝以来，长江流域的经济已经有了迅速的发展。隋及唐朝初期，由于战乱而引起的大批人口的南迁早已停止，但已经传播到长江流域的优良的生产工具和先进的生产经验仍在扩大它们的作用和影响。所以长江流域的发展还是未稍间断。江南的富庶地区本来是在太湖地区和洞庭湖地区。太湖地区的经济价值在南北朝时期就已超过了洞庭湖地区。随着农业生产的发展需要，水利设施的兴建也得到重视。隋时的情况已经难以备知，唐初的成效尚显然可见。在今江苏省的金坛市，那时曾修南北谢塘，句容县又有绛岩湖，在今浙江省安吉县有邸阁池、石鼓堰，富阳市有阳陂湖，高碑店市有官塘堰。唐朝中叶以后，兴修水利的记载更见繁多，包括上述的金坛、句容、安吉、富阳诸县已有的塘池湖堰在内，在今江浙两省之间的太湖周围的农田水利设施共二十二处，为唐代长江中下游最多的地区①。

---

　　① 这二十二处为：润州丹阳（今丹阳市）的简渎和练塘，金坛（今金坛市）的南北谢塘，昇州句容县的绛岩湖，常州武进县（今常州市）的孟渎，无锡（今无锡市）的泰伯渎，苏州海盐（今海盐县）的古泾、汉塘，湖州乌程（今湖州市）的官池、陵波塘，长城（今长兴县）的西湖，安古（今安吉县）的邸阁池、石鼓堰，杭州钱塘（今杭州市）的沙河塘，余杭（今余杭区）的上湖、下湖、北湖，富阳（今富阳市）的阳波湖，於潜（今于潜县）的紫溪水，新城的官塘、九澳。其中绛岩湖溉田万顷，孟渎溉田四千顷，长城西湖三千顷，余杭三湖千余顷，石鼓堰百顷。见《新唐书》卷四一《地理志》。

在今江苏省江北淮南地区十二处①。今安徽省淮南江南各地五处②。今浙江省中南部九处③。今福建省十二处④。今江西省六处⑤，今湖北省只有一处⑥，今湖南省五处⑦。虽然各地多寡不同，都有助当地农业的发展。

　　长江中下游各地的富庶经济除太湖地区和洞庭湖地区外，其他地区亦有开发。自唐中叶以后，关中粮食的供给及国家财赋的来源，主要仰赖于东南八道。即浙东道（治越州，今浙江

---

　　① 这十二处是：扬州江都（今扬州市）的雷塘、勾城塘、爱敬陂，高邮（今高邮市）的堤塘，楚州山阳（今淮安县）的常丰塘，宝应（今宝应县）的白水塘、羡塘、徐州泾、青州泾、竹子泾，淮阴（今清江市）的棠梨泾。其中堤塘溉田数千顷，勾城塘溉田八百顷。见《新唐书》卷四一《地理志》。

　　② 这五处是：和州乌江（今和县东）的韦游沟，寿州安丰（今霍邱县东）的永乐渠，宣州宣城（今宣城市）的德政陂，南陵（今南陵县）的大农陂、永丰陂。其中大农陂溉田四千顷，韦游沟溉田五百顷，德政陂二百顷，见《新唐书》卷四一《地理志》。

　　③ 这九处是：越州会稽（今绍兴市）的防海塘，山阴（今绍兴市）的越王山堰，上虞的任屿湖、黎湖，明州鄞县（今宁波市）的小江湖、西湖、广德湖、仲夏堰，衢州西安（今衢县）的神塘。其中仲夏堰溉田数千顷，小江湖溉田八百顷，鄞县西湖五百顷，广德湖四百顷。任屿湖和神塘各二百顷。见《新唐书》卷四一《地理志》。

　　④ 这十二处是：福州闽县（今福州市）的海堤，长乐（今长乐市）的海堤，连江（今连江县）的材塘，泉州晋江的尚书塘、天水淮，莆田（今莆田市）的诸泉塘、沥峥塘、永丰塘、横塘、颉洋塘、国清塘、延寿陂。其中延寿陂溉田四百顷，莆田七塘，除延寿陂外，其余六塘共溉田一千二百顷，尚书塘溉田三百顷，天水淮溉田八十顷。见《新唐书》卷四一《地理志》。

　　⑤ 这六处是：洪州南昌（今南昌市）的东湖、南塘，江州浔阳（今九江市）的甘棠湖，都昌（今都昌县）的陈今塘，饶州鄱阳（今鄱阳县）的马塘、土湖。见《新唐书》卷四一《地理志》。

　　⑥ 这一处是：鄂州永兴（今阳新县）的长乐堰。见《新唐书》卷四一《地理志》。

　　⑦ 这五处是：朗州武陵（今常德市）的北塔堰、考功堰、右史堰、津石陂、槎陂。右史堰溉田二千顷，北塔堰和槎陂溉田各千余顷，考功堰一千一百顷，津石陂九百顷。见《新唐书》卷四〇《地理志》。

省绍兴市)、浙西道（治润州，今江苏省镇江市）、宣歙道（治宣州，今安徽省宣城市）、淮南道（治扬州，今江苏省扬州市）、江西道（治洪州，今江西省南昌市）、鄂岳道（治鄂州，今湖北省武汉市）、湖南道（治潭州，今湖南省长沙市）、福建道（治福州，今福建省福州市）①。这八道已包括长江中下游各地，浙西道正是在富庶的太湖区域之中。

关中粮食的需求量越来越大，对长江下游三角洲地区的依赖也就越来越强。以德宗贞元（公元785—804年）初年，一次关中仓禀完竭，皇宫的禁军士兵有的就脱去军服，在街上发怨说："把我们拴到军队里，却不给粮饷，难道我们是犯罪的人吗？"士兵的忿怒，使德宗皇帝很害怕。直到在润州的镇海军节度使韩滉运粮至京，德宗情不自禁，亲到东宫对太子说："粮已运到，我父子可得生了②。"由此可见江南富庶区与关中的联系是多么重要。

八、水陆交通要津的开封

开封地处中原，交通素称便利。远在战国之时，就已成为魏国的都城，当时称为大梁。魏地四平，条达辐辏，已为人所称道③。梁惠王更修凿鸿沟，水陆交通益为发达。鸿沟是以大梁为中心的渠道的总称，它包括狼汤渠、汳水、获水、睢水、阴沟水、鲁沟水等在内。它沟通了黄河和济水、汝水、淮水和泗水几条河流。由于有了这几条渠道，所以大梁和宋、郑、陈、蔡、曹、卫诸国的交往更为方便。当时宋国的都城在现在河南省商丘市，濒于睢水。郑国的都城在现在河南省新郑市，濒于

① 《资治通鉴》卷二三七《唐纪五三》。
② 《资治通鉴》卷二三二《唐纪四八》。
③ 《战国策·魏策一》。

洧水，洧水入于颍水，而颍水又和狼汤渠相通。陈国的都城在现在河南省淮阳县，濒于狼汤渠。蔡国的都城在今安徽省凤台县，在淮水沿岸。曹国的都城在今山东省菏泽市定陶区，位于济水和菏水会合处。卫国的都城在今河南省濮阳县，就在黄河岸边，其南就是濮水，濮水又为济水的支津。大梁就在这些地方的中间。

尤其可以称道的是在鸿沟开凿以前，吴王夫差已经开凿了邗沟和菏水。邗沟联系着淮水和江水。菏水则联系着济水和泗水。鸿沟开凿成功后，魏国的船只就可由鸿沟中任何一条水道，都能经过淮水，再由邗沟进入长江，通到江岸各地。

说到陆路交通，就在魏国大梁时，就已经四通八达了。上边已经提到大梁和郑、卫两国的交往，由郑、卫两国都可以向北通到太行山东赵国的都城邯郸（今河北省邯郸市）。由邯郸循着太行山麓通到更北的涿和燕。涿是现在河北省的涿州市，燕国都蓟，就是现在的北京市，在当时这是最北的两个重要地方。大梁往西经过洛阳，再往西去，就是秦国了。可以说，大梁作为交通的要津，是能够通往各诸侯国的①。

秦始皇统一六国之后，以咸阳为中心修筑驰道，通到全国各地。原来六国的都城都在经过之列。大梁在秦灭魏时，虽经河水灌城，受到摧毁，但它还是驰道通往东方各处的必经之地。张良曾刺秦始皇于博浪沙中。博浪沙就在开封之西②。正是由于有这样便利的形势，楚汉战争时，郦生就向汉王说："陈留天下之冲，四通五达之郊③。"陈留是大梁附近的一个县，就在今开

---

① 《史记》卷一二九《货殖列传》。

② 《史记》卷五五《留侯世家·索隐》："服虔曰：'（博浪沙）在阳武南。'按：今浚仪西北四十里有博浪城。"浚仪即今开封市。

③ 《史记》卷九七《郦生传》。

封市的东南，相距不远，因而郦生就直接提到陈留。也正是因为陈留能居天下之冲，郦生接着就建议汉王，塞成皋之险，杜太行之道，距飞狐之口，守白马之津，以示诸侯效实形制之势①。

西汉末年，黄河泛滥，冲入到济水中，鸿沟诸水也同时受到波及。这次灾害太严重了，一直过了六十多年，才告堵口合龙，河汴也才得分流②。这里所说的汴，指的是汴水，也就是鸿沟系统中的汳水。这是说经过这六十多年的黄河泛滥，鸿沟系统中诸水绝大部分都淤塞了，只剩下这条汴水。当然是经过治理黄河决口时的同期施工，才能得到恢复的。这条汴水是由今河南省荥阳市西北分黄河东流，经过开封（当时称为浚仪县）城北，再经商丘城北，到今江苏省徐州市（当时称为彭城）北流入泗水。东汉末年，曹操还曾经作过整理，所整理的仅限于由黄河分流处到商丘间的一段。商丘在当时称为睢阳，因而这段渠水就改称为睢阳渠③。

经过修理的汴渠一直畅通无阻。大致到了西晋末年，永嘉乱离之后，才又阻塞了。阻塞的地方在由黄河分水口的石门。桓温北伐时，曾经设法疏浚，企图打开石门，由于未能成功，粮运不继，失败归来④，后来刘裕伐秦，才凿开石门，汴渠又复通起来⑤。刘裕归来，关中又复失守，这条汴渠由于无人照料，大概断断续续，并未一直畅通。到北魏孝文帝时，还曾经再度

①　《史记》卷九七《郦生传》。成皋在今河南省荥阳市西北。白马在今河南省滑县东南。飞狐，如淳谓在上党壶关，裴骃谓在代郡西南，张守节谓在唐蔚州飞狐县。按当时形势，郦生所言当不能远至代郡或唐蔚州也。

②　《后汉书》卷二《明帝纪》。

③　《三国志》卷一《魏书·武帝纪》。

④　《晋书》卷九八《桓温传》。

⑤　《宋书》卷二《武帝纪中》。

整理。按照孝文帝设想，如果他要向南朝用兵，就可以从洛入河，从河入汴，从汴入清，以至于淮。这样就可以下船而战，便利无比①。

追溯了汴渠的通塞史事，主要是为了说明开封的水上交通的变迁。就当时情形说，汴渠是鸿沟系统绝大部分淤塞之后，唯一的联系黄河和淮水的水道，甚而还可以说是联系黄河和长江的水道，交通意义是无可比拟的。开封位于汴渠岸旁，水上交通往来无疑也是方便的。

大致是在南北朝后期，汴渠又复淤塞不通。当时不仅有北朝与南朝之争，再往后一点，又有东魏和西魏之争，北周和北齐之争，军务倥偬，这水上交通的事情就难得再有人提起。直到隋朝统一南北之后，隋炀帝才开凿通济渠，使这条贯通南北，联系黄河和淮水，更进而联系长江的水上交通的道路才重新沟通起来②。

隋祚短促，这条通济渠凿成之后，还没有发挥出很大的作用，隋朝就崩毁了。到了唐朝，影响才日渐显著，汴州（治所就在开封）也就日益繁荣起来。有人称道它说："当天下之要，总车舟之繁，控河朔之咽喉，通淮湖之运漕"③，也有人称道它说："梁宋之地，水陆要冲，运路咽喉，王室屏藩"④，这样的称道丝毫都不能说是过分。

唐代一些有关开封交通的设施，仿佛是在锦上添花。武后时就增加了一条湛渠⑤。通济渠在唐时是称为汴河的。湛渠就是

---

① 《魏书》卷五二《李冲传》。
② 《隋书》卷三《炀帝纪》。通济渠动工于大业元年（公元605年）。
③ 《全唐文》卷七四〇，刘宽夫《汴州纠曹厅壁记》。
④ 白居易《白氏长庆集》卷四〇《与韩弘诏》。
⑤ 《新唐书》卷三八《地理志二》。湛渠的开凿在武后载初元年（公元689年）。

由开封城西北引汴河水流到白沟，东流到曹州（治所在今山东定陶）注入巨野泽中。唐代后期，又在巨野泽东北向南开凿一条盲山渠，向南流到泗水①。这就等于延长了湛渠，使开封的水路交通更向东发展。唐代后期，由于藩镇控制了运道，因而另外开凿一条蔡河②。蔡河是由开封附近流到陈州（治所在今河南省淮阳县）的渠道，其本是鸿沟系统中狼汤渠的旧水道，这时又重新恢复起来。这样的恢复使开封增加了一条向南的水上交通道路。

这里还应该提到隋时和通济渠同时开凿的永济渠③。永济渠是南引沁水入河，又向北通到涿郡。当时涿郡治所为蓟县，就是现在的北京市。沁水入黄河处在通济渠分黄河处的下游，相距很近，往来船只通过一段短促的黄河水道，就可以互相出入，不至于有若何的困难。

应该指出，这几条渠道的开凿都各有它自己的目的，说不上和开封有多少关系。由于开封的地理条件的优越性，使它恰恰属于这几条渠道的中心。湛渠和蔡河由开封始凿，那是不必说了。通济渠经过开封城，那也不用说了，永济渠本来和开封没有关系，通过一段黄河也就联系起来了。

由于这几条渠道的开凿。开封不仅成为交通要津，而且成为当时全国水道交通的中心。它由汴河转入黄河，再接上关中的漕渠，可以向西通到当时的都城长安。由汴河转入黄河，再接上永济渠，可以向北通到涿郡的蓟县。由湛渠可以向东通到曹州，再经过巨野泽入盲山渠通到兖州（治所在今山东省兖州

---

① 拙著《中国的运河》第五章《隋唐运河的开凿及其影响》。
② 《新唐书》卷一四五《逆臣·李希烈传》。
③ 《隋书》卷二《炀帝纪》。永济渠始凿于大业四年（公元608年），略迟于通济渠。

市），也可以经过巨野泽通到齐州（治所在今山东省济南市）和青州（治所在今山东省青州市）。由蔡河可以向南通到颍州（治所在今安徽省阜阳市）和寿州（治所在今安徽省寿县）。还应该特别指出，它循汴河而下，过了淮水，进入漕渠（即邗沟）通到扬州（治所在今江苏省扬州市）。扬州为当时有名的经济都会，长江以南的货物凡是要运往长安的，都是先集中到扬州，再由汴河西运，这也就是说，是一定经过开封的。

唐代末年，都城东迁，迁到洛阳。朱温建立后梁，却把都城移到开封。后梁以开封为都城，道理很单纯。朱温本以宣武节度使起家，宣武节度使治所就在开封。中间后唐再以洛阳为都城，到了后晋石敬瑭又迁回开封。石敬瑭为此还颁布一封诏书，明白指出迁都的缘由，是因为开封水道交通集中，便于运输粮食①。从石晋以后，直到北宋，都城再未迁徙。

石晋迁都时，淮水以南尚为南唐所有，汴河和邗沟不相联系，作用并不能算是很大。到了北宋，全国统一，汴河的作用又恢复到唐时的规模。北宋时汴河经常疏浚，这是用不着多说的。当时又疏浚了广济渠和蔡河。广济渠又名五丈河，是在唐代湛渠的旧道上重新疏浚的。这时又引濮水到开封，以充实蔡河的水源，引京、索诸水作为广济渠的水源。唐代汴河是用来运输太湖流域的粮食供应都城长安的，都城东迁了，东南粮食不再西运，可是陕西粮食却要东运，这是说黄河这段运道还可以用来有助于开封的交通。由于幽云十六州的丧失，永济渠再不能通到涿那，但大部分还是畅通的。

由于这些水道仍然畅通，开封作为交通要津，水道交通中心，并没有改变。不仅没有改变，由于开封成为都城，更有助

① 《旧五代史》卷七七《晋书三·高祖纪三》。

于水道交通的发展。也由于水道交通的发展，开封就更为繁荣。现存的宋人张择端所绘的《清明上河图》和孟元老的《东京梦华录》，都可以显示出当时开封繁荣的一斑。

　　水道交通以外，开封的陆路交通亦称发达，前面曾经提到秦始皇时所修的驰道经过大梁。秦亡汉兴，驰道规模依然保存未废。东汉时班昭由洛阳东至陈留，大体就是遵循这条道路①。陈留就在开封的东南，要到陈留，开封是必须经过的地方。

　　后来到了隋唐时期，长安仍是都城的所在。由长安东行至于齐鲁，也是要经过开封的。开封有地名板桥，乃是西行路上宿寓旅人的镇店。有名的板桥三娘子的故事就发生在这里②。当时东西往来的官道，也是经过城西北的博浪沙③，大体还和秦时驰道相仿佛。隋时浚仪县（即今开封市）属荥阳郡，郡治管城，今为郑州市，浚仪只是郡中一个普通县邑，唐时设立了汴州，浚仪就是州治所在。中叶以后，汴州成为宣武节度使的治所，更非一般州县所可比拟。这时开封不仅是水道交通的要津，也应是陆道交通的枢纽。经过五代，到了北宋，开封作为都城，陆道交通更会受到重视。由开封分往东西，仍应是隋唐时期的旧路，由开封往北，经过陈桥驿④、封丘⑤至澶州（治所在今河南省濮阳县）⑥，澶州之北就是大名（今河北省大名县东）。大名于宋时为北京，由开封经澶州就可以达到大名，由大名再至以北各处。由封丘亦可北至滑州（治所今河南省滑县东南），再

---

①　《文选》卷九，曹大家《东征赋》。
②　《太平广记》卷二八六《板桥三娘子》。
③　《史记》卷五五《留侯世家·正义》。
④　《宋史》卷一《太祖纪》，又卷六《真宗纪》。
⑤　《新五代史》卷一〇《汉本纪·隐帝》。
⑥　《新五代史》卷一一《周本纪·太祖》，《宋史》卷六《真宗纪》。

至大名①。至于由开封南行的道路，可由南宋初年岳飞北征的行军，略知其所在。岳飞北征始自鄂州（治所在今武汉市），再至郾城（今河南省漯河市郾城区），又北至朱仙镇②。朱仙镇北距开封只有四十五里。岳飞北征，所行之路如此，由开封南行当也是出于这一途的。

唐宋人论州郡地理，都能举出它们的四至八到。开封东至宋州（治所在今河南省商丘市），西至郑州（治所在今河南郑州市），更西至于洛阳、长安，南至蔡州（治所在今河南省汝南县），北至滑州，东南至陈州（治所今河南省淮阳县），西南至许州（治所在今河南省许昌市），东北至曹州，西北至孟州（今河南省孟州市南)③。当然，这只是就当时开封邻近各州而言，不可能再详细论述到更远的地方。就是再涉及更远的地方，也是要经过这些相应的州县的。前面说到由开封去大名的路程，就是要经过滑州的，而岳飞北征所到的郾城，就在许州之南，也就是许州的属县。

开封的陆路交通是这样的发达，开封当然是陆路交通的枢纽了。

北宋末年，由于金人的南侵，开封沦陷，水道交通也受到摧残和破坏，尤其是汴河断流，影响更大。这时陆路虽还可依旧通行，所谓交通要津也就难于存在了。

其实只要水道畅通，交通还会发达起来的。元代蔡河经过疏浚，称为贾鲁河。贾鲁河只经过开封城南的朱仙镇，朱仙镇很快就繁荣起来，成为全国四大镇之一。不过后来由于其他贸易道路代之而起，朱仙镇又复衰落不振了。

---

① 《旧五代史》卷一一《周书·太祖纪》。北汉时，大名府称为邺都。
② 《宋史》卷三六五《岳飞传》。
③ 《太平寰宇记》卷一《东京》。

九、南海岸上的广州

现在的广州市，汉时就已设县，称为番禺。番禺县属南海郡，为郡治的所在。南海郡又隶属于交阯刺史部。交州刺史部东汉时设在龙编，就是现在越南的河内。三国吴时始分交州置广州。即以南海郡番禺为广州治所。

番禺处于五岭之南。五岭之南近海，物产以犀、象、毒冒、珠玑、银、铜、果、布为多，这些都是内地所少有或者就不可能生产的，内地商贾多前往贩运，并且能够致富，番禺就是当地的都会①。

五岭以南不仅有奇异的物产，而且还能和海外通往来，西汉时，最远可以通到已程不国②。这是在今印度半岛南部的国家，也有人说就是现在的斯里兰卡。当时出海的船舶多从徐闻（今广东省徐闻县）、合浦（今广西壮族自治区合浦县东北）起航，这两地离番禺较远，不过运输来的海外奇珍，还是要集中到番禺来的。

这些奇珍货物固不仅为番禺商人在海外购得，也是海外各国商贸贩运来的。梁时中天竺国商贾往往至日南（治所在今越南广治）、交阯（治所在今越南河内）③。这虽然没有提到广州，但并非就没有到广州的。因为其时扶南王（今柬埔寨）就曾派遣商贾携带货物来到广州④。

外商来广州者多，内地商人前去者也不少，不仅商人前去，一些贵族官吏也掺杂在商贾队伍之中。东晋时，司马奇身封为

---

① 《汉书》卷二八《地理志》。
② 《汉书》卷二八《地理志》。
③ 《梁书》卷五四《中天竺传》。
④ 《梁书》卷五四《扶南传》。

义阳王，曾遣三部使到交、广商货，为有司所奏，贬为三纵亭侯①。而一些当地官吏更视之为利薮所在。晋时就已有人说："广州包带山海，珍异所出，一箧之宝，可资数世"②，甚至到南齐时，更有人说："世云：'广州刺史但经城门一过，便得三千万也③。'"

三国吴时，交、广二州分治是在孙权黄武五年（公元 226年）④。这次分治不久即作为罢论。后来到孙休永安七年（公元264 年）又重新分开⑤。但在东汉献帝建安二十二年（公元 217年），交州治所曾经迁到过番禺⑥。交、广二州分治后，番禺成为广州的治所，交州治所就仍迁回故地。当交州治所迁到番禺时，步骘为刺史。初迁来的新州，当然要建筑新的治所。据说："步骘到南海，见土地形势，观尉佗旧治处，负山带海，博敞渺目，高则桑土，下则沃衍，林麓鸟兽，于何不有？海怪鱼鳖，鼋鼍鲜鳄，珍怪异物，千种万类，不可胜记。"又说："骘登高远望，睹巨海之浩渺，观原薮之殷阜，乃曰：'斯诚海岛膏腴之地，宜为都邑⑦。'"这是说，当时对于新的州治是经过周密的选择的。交广分州后，这里也就成了广州的治所。既然州治在此，人口当然就会增多。具体的人口数已不易考核。晋卢循攻广州时，城内一次大火死者万余人⑧。可见当时城内人口是不会少的。广州既与海外通贸易，可能城内也住有海外商旅，以未

---

① 《晋书》卷三七《义阳王望传》。
② 《晋书》卷九〇《吴隐之传》。
③ 《南齐书》卷三二《王琨传》。
④ 《三国志》卷四七《吴书·吴主权传》。
⑤ 《三国志》卷四八《吴书·三嗣主传》。
⑥ 《水经·浪水注》。
⑦ 《水经·浪水注》。
⑧ 《宋书》卷三二《五行志》。

见记载，难以具知。

根据后来的记载，旅居在广州外国人是不少的。唐朝后期，广州的一次变乱中，死人甚多。除当地人外，回教徒、犹太人、基督教徒、火教徒亦被杀很多，死于此段者达十二万人[①]。这个数字可能并非夸大，因为每天到达广州的海舶都有十几艘[②]，来往的商贾是不会很少的。有的记载说，每年来的海舶才有四十余艘[③]。这样一座大海港，每年才有 40 余艘海舶出入，似与实际不符。如按每日十余艘计算，则每年应该有四千余艘。

广州有这样多的海舶前来，税收应当可观。唐朝曾在这里设置市舶司，以检查出入船舶，征收商税。这应是我国设置海关之始。

据东汉时的记载，大秦王安敦遣使自日南徼外献象牙、犀角、玳瑁，始乃一通[④]。大秦为罗马帝国。后来海上交通愈益发达，与广州往来贸易的国家应更为繁多。

---

①　张星烺《中西交通史料汇编》。

②　《新唐书》卷一七〇《王锷传》："迁岭南节度使。……请蕃舶至，尽有其税，于是财蓄不赀，日十余艘载皆犀象珠玑，与商贾杂出于境。"《旧唐书》卷一五一《王锷传》作："日发十余艇，重以犀象珠贝，称商货而出诸境。"

③　《旧唐书》卷一三一《李勉传》："五岭平，前后西域舶泛海至者岁才四五，勉性廉洁，舶来都不检阅，故末年至者四十余。"《新唐书》卷一三一《李勉传》作"明年至者乃四十余柁"。曾昭璇先生《广州历史地理》下篇《广州城历史地理》曾论证这四十余柁应为四千余柁的讹误，甚是。

④　《后汉书》卷八八《西域传》。

第八讲　富饶的经济地区的历史演变

一、富饶的经济区的所在

我们祖国的版图广大，幅员辽阔，很早就形成了许多富饶的经济地区。经济地区最早形成于黄河流域，其次是长江流域，后来又转到沿海一带。

黄河流域的经济地区先后有泾、渭两河下游的关中，汾涑两河之间的山西西南部，以洛阳为中心的伊、洛两河下游，另外还有黄河下游南北地区。不过汾、涑之间及伊、洛下游的经济地区较为狭小，不如关中及黄河下游南北地区广大。

长江流域的成都平原也曾经有过相当的繁荣，而洞庭湖南北的江汉平原和长江下游三角洲太湖周围也相继发展起来。成都平原于战国、秦、汉时期即与关中相媲美，均以"天府之国"闻名于世。三国时期蜀汉能够于此立国，就是由于有这样富饶的经济地区作为基础。南北朝时，地处长江中游的荆州（今湖北江陵县），江左诸王朝称之为"陕西"，与长江下游的建康

（今江苏南京市）相颉颃（这里所说的陕西，自然是当时引用西周时周召二公分陕而治的故事）。荆州能够获得这样的地位，就是凭借着洞庭湖南北江汉平原经济的发达。不过若论富饶的程度，这两个地区却都不能和长江下游三角洲的太湖周围相比拟。

沿海各地也有富饶的基础，但繁荣的迟早却因地而异，只是鸦片战争后，才发展成为举足轻重的富饶经济地区。

二、泾渭下游的关中平原

关中地区在泾渭两河的下游，位于现在陕西省的中部。从早周时起，这里就是一个农业经济相当发达的地区；周、秦、汉、唐诸王朝相继在这里建都，使关中成为全国最富饶的经济地区之一。

关中地区平畴沃野，自然条件优越。这里的黄土很早就被认为是上等的土壤①，加以气候温和，雨量比较充沛，适于农业的发展。其他资源也十分丰富，号称"陆海"②，使当地手工业的发展具备了一定的条件。关中虽是"四塞之国"③，但通过周围峰峦之间，交通也很方便。西南的四川盆地，东南的江汉平原，东北的汾河流域，北面的阴山南北，都有大道和关中相往来。尤其值得提出的是东出潼关和函谷关（旧关在今河南灵宝市北，新关在今河南新安县东），通到中原各处，西越陇山，可直达天山南北的西域诸国。正由于具备了这样的条件，关中能够发展成为一个富饶的经济地区。

关中虽然气候温和，雨量充沛，为了更好地发展农业，从西周时起就已经重视灌溉。秦、汉、隋、唐诸王朝更不断兴修

---

① 《尚书·禹贡》。
② 《汉书》卷六五《东方朔传》。
③ 《战国策·楚策》。

具有相当规模的农田水利工程，而以郑国渠和白渠的灌溉面积最为广大。长安城外泾、渭、灞、浐、丰、镐、涝、潏八水环绕，构成了以它为中心的水利网，使农业生产有了比较可靠的保证。不过农业的发达还有待于手工业的配合，铁器的生产应为其中的一个重要方面。西汉时由于采用盐铁专卖的政策，在全国各地设置铁官四十六处，关中一隅之地就占有四处①。就是后来到了唐代，关中产铁之地见于记载的也还有两处②。

冶铁业而外，其他手工业也相当发达。由于关中长期作为一些王朝的都城，为了供应各个王朝和它们的贵族的需要，官营手工业都有相当的规模。近年在周原地区发掘周代遗址（今岐山县和扶风县京当、黄堆、法门诸公社），发现手工业作坊不少，仅制骨作坊的范围就有 50000 多平方米，是全国已发现的最大的制骨作坊。仅从发掘出的一小部分，已经清理出废骨就有几百万斤。早周和西周时尚且如此，后来的王朝就更用不着多说了。这些官营手工业的制成品与广大人民的生计无关，但有许多原料却是当地供应的。唐代向关中人民征收的贡赋，约计有 47 种，其中需要加工制成的竟有 16 种之多③。民间的手工业也是不少的，以丝织品和麻布的生产为大宗。秦汉时期，亢父县（今山东济宁县东南）所织的缣是全国有名的丝织品，可是三辅白素的价值竟然还在亢父县的缣之上④，证明其质量更高。

关中的繁荣情况，西汉时史学家司马迁作过估计。他说："关中之地，于天下三分之一，而人众不过什三，然量其富，十

---

① 《汉书》卷二八《地理志》。四处，指郑县、夏阳、雍县和漆县。
② 《新唐书》卷三七《地理志》。两处，即韩城和汧源。
③ 《新唐书》卷三七《地理志》；《元和郡县图志》卷一、二关中诸府州。
④ 《流沙坠简考释》二。

居其六①。"不过应该指出，关中的长安，无论是在秦汉时期，还是在隋唐时期，都是兼有政治都会和经济都会两重性质。汉代的长安城中除一般市肆之外，还有一条蒿街，成为外国商贾聚居之所②，而唐代长安城中东市和西市的繁荣情况，更为当时各国城市所未有。秦汉时期，长安之西的雍（今陕西凤翔县南）和其东的栎阳（今陕西临潼东北武屯），也皆以经济繁荣著称；而隋唐时期，长安东西的都会则为凤翔和同州（今陕西大荔县）。唐代的凤翔其实就是汉代的雍，只是城池稍稍向北移了一点而已。雍和凤翔是绾毂陇、蜀两地交通的要道，陇、蜀的货物运到长安必先经过这里。栎阳和同州都是在由长安通往汾河流域及太行山东各地的大路上，因而先后都有过一段繁荣的时期。

作为一个富饶的经济地区，关中也有它的弱点。这里平原面积显得狭小，粮食产量有限。建都在这里的王朝必须依赖外地的支援。秦、汉和隋、唐几个王朝都先后由关东漕运过粮食，每年运转的数额最高达几百万石。秦汉时期，运粮的地方远及于山东半岛东海之滨，隋唐时期更远及于长江以南。为了运输粮食，还在渭河以南开过漕渠。漕渠由长安开始，到现在华阴、潼关之间入于黄河。以农业著称的富饶经济地区，为什么粮食有时反而紧张？这和当地人口密度有关，人口过于稠密，超过了当时生产所能负荷的饱和点，粮食自会感到不足，不过封建王朝所豢养的军队众多，官司机构庞大和统治阶级的挥霍浪费，实际也是促成紧张的重要原因。

正是由于统治阶级残酷的压榨剥削，和他们所进行的不义

---

① 《史记》卷一二九《货殖列传》。
② 《汉书》卷七〇《陈汤传》。

战争的破坏，关中这个富饶的经济地区后来终于衰落下去。而随着国都的迁离远去，也有很大的影响。因为水利不修，田亩荒芜，手工业不振，长安等处市容萧条，就长期不能和其他富饶地区相提并论了。

三、黄河下游南北地区

黄河下游南北经济地区，论繁荣的时期，大体和关中相仿佛，其中一些地方到北宋时还相当可观，论富饶的地区，却远较关中为广大。大体说来，从现在河南省郑州市附近起，东绕泰山之北，直到山东半岛的海滨，南起河南省开封、商丘诸县市以南，北抵河北省邢台、清河诸县市以北，皆包括在内，这当然只是一个总的轮廓，在不同王朝的统治期间，是不免略有出入的。

黄河下游南北地区的富饶，远在殷商时即已露其端倪。据说商代曾苦于河患，都城屡经迁徙，但却总在黄河的左近。这正说明当地富饶经济的吸引力量。对于商代的河患有些人还有不同的看法，这里不必详说，不过后来的事实仍能作为佐证。春秋战国时期，泰山以北为齐，泰山以南为鲁，齐鲁都是适宜于农业的地区①，实际上齐比鲁还要富饶②。秦始皇时就曾从齐鲁以东的海滨各地征集粮食，输往北河③。现在开封、商丘诸县市以北至于山东的西南部，那时是所谓梁、宋之地，农业也是可以称道的④。太行山东河北平原的土地虽稍瘠薄⑤，就在南北朝社会长期不安的情况下，北魏统治阶级还说"国之资储，唯

① 《史记》卷一二九《货殖列传》。
② 《汉书》卷八《高祖本纪》。
③ 《汉书》卷六四《主父偃传》。
④ 《史记》卷一二九《货殖列传》。
⑤ 《汉书》卷二八《地理志》。

借河北"①。直到唐代中叶，这里仍为征运供应关中漕粮的主要地区②。

黄河下游南北地区也是丝织业最为发达的地区。战国初期兖州的蚕桑事业居全国的首位③。那时的兖州相当于现在河南、河北、山东三省相接壤的地方。黄河下游范围广大，丝织业当非仅此区区一隅。春秋时，鲁国就曾送给楚国善于丝织的能工巧匠数百人④，齐国的丝织品也号称是"冠带衣履天下"⑤，足见泰山南北丝织业的雄厚基础。秦汉时期，临淄和襄邑是全国最著名的丝织业中心⑥。临淄就在今山东淄博市区的临淄，襄邑为今河南睢县。丝织业的产品更是名目繁杂，难以备举，而以绢的产量为最多。唐代全国产绢分为上下八等，黄河下游十几个州所产的绢皆位列前茅，尤其一二两等，别的地方更是无由达到的⑦。实际上黄河下游当时的丝织品不仅品种多，质量好，而且已成为农家普遍操作的手工业之一。一些地方偶有不事养蚕织丝的人，就要遭到邻里乡党的诃责⑧，仿佛不能见容于世。

黄河下游西有太行山，东有泰山，矿藏资源十分丰富。在现今山东省境内，西汉时就曾设有八处铁官，而太行山东麓也有同样规模的设置⑨。磬口山铁冶（在今河北沙河市）和牟口冶

---

① 《北史》卷一五《魏常山王遵传》。
② 《新唐书》卷五三《食货志》。
③ 《尚书·禹贡》。
④ 《左传》成公二年。
⑤ 《汉书》卷七二《贡禹传》。
⑥ 《唐六典》卷二。
⑦ 秦观《蚕经》。
⑧ 《汉书》卷二八《地理志》。
⑨ 《太平寰宇记》卷五九《邢州》引卢毓《冀州记》。

（在今河南安阳县）先后著名于三国①和北魏时②。今山东莱芜在唐时设有铁冶、铜冶三十余所③。这些冶铁手工业，不仅制造农具，有的还制造刀剑之属，显示出当地的富饶程度。与冶铁业同为当世所重视的就是晒盐业。远在齐国初封时，沿海鱼盐之利已闻名于当代，后世继踵，成为一个重要的手工业部门。黄河下游农业和其他工业虽有萧条不振的时候，晒盐业却未曾间断。

在导致黄河下游南北地区经济发达的手工业中，还应略一涉及瓷器的产地。瓷器为一般人的重要日用品之一，制作的地方多，销售的范围也广。我国瓷器的发明很早，至唐代，黄河下游邢窑所产的瓷器可与南方的越窑相媲美④，而邢窑的实际产地是在邢州（今河北邢台县）内丘县（今河北内丘县）⑤。宋代名瓷产地更多，以定、汝、官、哥、钧五窑最著名。五窑中的官窑设在当时都城所在地的开封。设在郑州的柴窑和陈留（今河南开封县陈留镇）的东窑也很有名。其他如汲县的河北窑和磁县彭城镇的磁州窑，也享有一定的声誉⑥。

黄河下游平原广漠，河流纵横，所以水陆交通皆称便利，春秋时期，诸侯之间会盟与征伐频繁不绝，显示出交通道路的完整。秦始皇时修筑的驰道，曾遍及全国各处，黄河下游尤为主要干线所经过。战国时期的菏水和鸿沟，汉魏之际的白沟和利漕渠，唐宋的汴河等运河，都与黄河下游直接或间接联系。水陆交通发达，有利于经济文化的交流，这就为黄河下游经济

---

① 《魏书》卷一一〇《食货志》。

② 《新唐书》卷三八《地理志》。

③ 《史记》卷三二《齐太公世家》。

④ 陆羽《茶经》。

⑤ 《唐国史补》。

⑥ 傅振伦《中国伟大的发明——瓷器》。

地区的繁荣创造了更好的条件。北宋王朝建都的开封就位于这个富饶的地区之中。开封交通便利①，很早以来，经济就相当发达。战国时的大梁，唐时的汴州，名称虽屡有改变，地方却只是一个。北宋时这里更成为汴河、惠民河、天源河和广济河交汇分流的中枢。汴河通往江淮下游，惠民河通往淮河中游，天源河通往开封以西，广济河通往今山东西南部，而通往陕西的黄河和通往太行山东的御河（即永济渠），也都能和汴河等相联系。所以开封能够成为一个繁荣的经济都会，是有其深刻的渊源的。宋代国都设在这里，经济中心与政治中心合二为一，就更相得益彰。另外，战国初年的陶（后称定陶，今山东定陶）、临淄、濮阳（今河南濮阳县）和两汉时的睢阳（今河南商丘市），魏晋南北朝的邺（今河北临漳县西南），唐代的魏州（今河北大名县）和贝州（今河北清河县），北宋的大名府（今河北大名县）和应天府（今河南商丘市）等地，都是闻名一时的经济都会。

黄河下游富饶的经济地区，在中唐以前也曾有过多次的萧条和复苏。直到唐代中叶，河北藩镇割据，局势才有了深刻的变化。北宋以开封为都城，正说明这一变化已成定局。开封本是四战之地，无险可守，宋代建都于此，完全是从经济方面着眼的。可是它所着眼的并非黄河下游南北的经济地区，而是更为遥远的江南，依靠汴河来运输粮食。开封距太行山东较近，当时已难指望那里的漕粮。宋代漕运迭有变迁，中叶以后，以汴河、惠民河和广济河为主。然惠民河及广济河漕运的数量仅及汴河的六分之一②。这已足以证明：黄河下游南北地区的富饶程度已有显著的降低，经济重心已经向南移转了。引起黄河下

---

① 《史记》卷九七《郦食其传》。

② 《宋史》卷一二八《食货志》。

游南北地区经济局势的重大变化的，除政治原因外，黄河的频繁泛滥也是不容忽视的问题。黄河自东汉初年堵口合龙后，曾有过长期的安澜。可是唐代后期以至北宋时期，河患迄无休止，而五代与北宋尤为严重。北宋以后，迄至 1949 年，黄河的溃决泛滥更为习见之事，甚至还频繁改道。因此，当地经济的恢复和发展，更是可望而不可及了。

四、长江下游三角洲和太湖周围

长江下游三角洲和太湖周围富饶的经济地区的兴起，远在黄河流域之后。直到西汉时，在今江苏南部与浙江、福建两省偌大一块地方只设立了一个会稽郡，为当时全国 103 个郡国之一①。虽然江东的吴（今江苏苏州市）因有海盐和铜山之利，而被称为一个都会②，可是江南等处气候潮湿热燠，又是水乡泽国，居住黄河流域的人往往对这里望而生畏③。不过这种自然条件恰恰适于农业的经营。当地之所以不能早日发展为富饶的经济地区，实因人口稀少，对此有利的条件不能充分利用。两汉之际，黄河流域社会动荡不安，南迁的人口逐渐增多，已初步促进这里经济的发展，三国时期的吴国即借以崛起。后来，人口的大量南迁还有过两次；一在东晋时，一在南宋时。东晋时，北方十六国割据起伏，黄河流域几无宁日，南宋时，女真族占据中原，对当地人民进行极为残酷的压迫，遂使黄河流域人口先后大量南迁。到了明代中叶，长江流域的户口就远远超过了黄河流域。特别是苏州、松江、常州三府的户口数合计，竟使

① 《汉书》卷二九《地理志》。
② 《汉书》卷二九《地理志》。
③ 《史记》卷一二九《货殖列传》。

全国的名都大省望尘莫及①。人口众多，劳动力增加，当地的生产自然能够得到迅速的发展。

　　长江下游三角洲和太湖周围经济地区能够后来居上，是有优越的自然条件作为基础的。这里一片平原，土壤肥沃，气候温暖，雨量充沛，水道密如蛛网，皆便于农业的经营。再加以人为的努力，优越的自然条件就更能发挥它的潜在力量。其中水利的兴修极为显著，自五代时起，规模就日益巨大，北宋继踵，愈有长足的发展②。迨宋室南迁，跼蹐于江南一隅，军糈民用，尽取于此，更不能不讲求水利③。于是农业的发展，竟为全国所仅见。俗谚所说，"苏常熟，天下足"，正是这种情况的生动写照。

　　水利的兴修不仅促进了农业的发展，而且也便利了交通。尤其是自江南运河和浙东运河开通后，当地经济更是锦上添花。运河联系长江和钱塘江两个流域，又绕太湖侧畔，成为这一地区的主要交通动脉。同时越过长江，大致借邗沟的旧道，更能与黄河流域相联系。自两汉时起，长安、洛阳、开封、北京诸地先后都曾经作过统一王朝的都城。都城虽时有转移，却皆有运河直通这个地区，这就使当地的繁荣更具有特殊的条件。

　　然而促成这个地区的繁荣，丝织业及继之而兴起的棉纺织业也占有重要的位置。这个地区丝织业普遍发展较黄河流域为晚。直至唐代，越罗、吴绫虽已间为人称道④，然江南道缴纳的贡赋仍以麻纻为主⑤；其后宋金对峙，南宋向女真贡献的岁币，

---

① 《明史》卷四〇《地理志》。
② 《天下郡国利病书·苏州府上·历代水利》。
③ 《宋史》卷九六、九七《河渠志》。
④ 《新唐书》卷四三《食货志》，卷一三四《韦坚传》。
⑤ 《唐六典》。

为银、绢两类，数量之大实堪惊人。这一方面是南宋小朝廷辱
国的证据，另一方面也可显示出江浙之间丝织业兴盛的一斑。
下迄明初，各布政使司所缴纳的夏税绢，以浙江为最多，南直
隶（今江苏、安徽两省）次之，而苏州一府所缴纳的几占南直
隶的二分之一，占浙江的约十分之一①。浙江的丝织业主要集中
在钱塘江两岸，而太湖以南的湖州和杭州也与苏州相仿佛。就
是到现在，这一带还是全国丝织业的中心所在。

棉花传入我国后，长江下游三角洲和太湖周围地区棉织业
也随着发展起来。松江、嘉定各处顿时成为棉纺织业的中心。
由于丝织业和棉纺织业相继兴盛，与此有关的手工业如浆染业
和踹布业也不断增加。自制茶业兴起以来，太湖周围茶叶种植
面积不断扩大，其中不少名茶，恒为品茗者所珍视。随后，嘉
兴、苏州、上海等处，更成为制茶业的中心，被视为利薮所
在②，产品畅销于国内外市场。

正是由于这个地方的富饶繁荣，所以形成了不少著名的经
济都会。其中长江北岸的扬州最为繁荣，这到后面另作说明。
稍居扬州上游的南京，更是六朝的古都。明王朝初建时，也曾
以这里为国都。后来迁都北京，南京仍与之相呼应，为留都所
在。南京虽曾成为政治中心，然以濒于长江，又近于富饶的经
济地区，所以也是一个重要的经济都会。此外，苏州、松江、
杭州、嘉兴、湖州等地，也都是这个地区的名都大镇。苏州、
杭州、嘉兴三地皆濒于运河，而松江在黄浦江旁，湖州濒临太
湖，皆有水道与运河相联系。这些地方物产既富饶，交通又便
利，宜其能够长期繁荣。就是一般市镇都显得兴盛，苏州附近

---

① 万历《明会典》卷二四《税粮》。
② 叶梦珠《阅世篇·食货六》；康熙《苏州府志》卷二二《物产》。

吴江县的盛泽镇就是一例。盛泽镇在明时仅丝绸牙行就有千百余家①，清代初年，依然繁荣，四方大贾辇金而至者，迨无虚日②。

长江下游和太湖周围富饶的经济地区的演变和关中及黄河下游不同：后两处经过社会动荡，人口减少，农田水利失修，黄河决徙泛滥，就容易萧条下去；而这里的农业和手工业的物质基础雄厚，干扰破坏较少，故能保持较长时期的繁荣。虽然如此，鸦片战争之后，上海已经发展成为沿海最大的通商口岸，帝国主义就以上海为据点，进行渗透掠夺，使这个经济地区遭受更多的灾难，经济也日益畸形发展。

五、沿海各地

鸦片战争以后，沿海一带经济地区的兴起，使内地各个经济地区瞠乎其后。沿海各处只要有良好的港口和丰富的物产，帝国主义便立即把它们的魔爪伸到那里，促使其经济适应它们各自的需要而畸形发展。上海以外，广州、青岛、天津、大连等处的繁荣过程都相仿佛。另有一些较为次要的港口，如厦门、宁波、烟台、牛庄等参差其间，也有一定程度的变化。

沿海良港，本是我们祖国自古以来和海外各民族交通的重要口岸。譬如广州，远在秦汉时期就已是我国通往南洋群岛和印度洋的海舶起碇的地方，唐代更在这里设立市舶使，专司对外贸易③，盛况空前。鸦片战争以前，广州一直以丝茶为出口的大宗商品。丝茶产地主要是在长江流域，而长江下游尤为重要产区。广州之北虽有五岭阻隔，然由五岭发源的北江、离江和

---

① 《醒世恒言》卷一八《施润泽滩阙遇友》。
② 乾隆《吴江县志》卷四。
③ 《册府元龟》卷五四六《直谏》。

湘、赣诸江南北分流，交通运输仍很方便。长江流域的货物就由这几条水道南运，越过五岭，直抵广州城下，而广州的货物也可由此运往长江流域。当然广州附近的珠江三角洲也是一个肥沃的地区，农业、手工业均很发达，佛山的铁器曾成为出口的重要货物①，就是明证。

鸦片战争后，各帝国主义逐渐垄断我国的对外贸易和控制我国的经济命脉，促使丝、茶、棉花、大豆、油料和烟草等经济作物大量种植，形成畸形发展，严重影响粮食的生产，竟然使我国这样一个农业大国也要靠进口粮食来过日子。譬如烟草，以前虽有种植，但面积有限。由于帝国主义插手控制，像本来不种植烟草的山东潍县，后来也成为有名的产地了。这当然是为了供应帝国主义青岛烟厂的需要。其他如桑、棉、茶等也是一样的，种植面积都在不断扩大。与此相反，据海关记载，以小麦及稻米为主的五谷类，在公元 1888 年（清德宗光绪十四年）时，已占进口货物的第三位，直到公元 1931 年为止，大抵波动于第二位至第六位之间。而公元 1932 年至 1934 年更跃居第一位，连素以产粮闻名的长江下游三角洲和太湖周围，也需要进口粮食。随着帝国主义各国发展其本国或其殖民地的生产之后，我国的丝茶等产品的出口量大幅度下降，原来繁荣的地区立即受到沉重的打击。譬如英国在印度培植茶树之后，我国出口的茶叶就受到影响；抗日战争时，日本帝国主义一方面在其本国发展蚕桑生产，另一方面在江浙等处沦陷地区大量伐砍桑树，使我国的桑蚕事业一蹶不振。

沿海的经济都会因为对外贸易的关系，本来就容易呈现出虚假的繁荣景象。因为帝国主义不仅在这里设立洋行商店，操

---

① 屈大均《广东新语》卷一五《货语·铁》。

纵市场，而且贪图我国沿海地区丰富的物产和廉价的劳动力，纷纷设立工厂，就近制造和运销，以谋取暴利。虽然使这些经济都会显得一时的繁荣，但实际上还是帝国主义对我国经济侵略的深入促成了我国经济地区的畸形发展。

第九讲　河西与敦煌

　　黄河自青海东流，至甘肃境内即斜向东北流去，故甘肃西北部历来就被称为河西。敦煌居河西的西端，与武威、张掖、酒泉并列，为赴西域的门户，在历史上居有重要的地位。数千年来亦颇有演变，今略论其递嬗之迹，谅为关心这一地区的人士所乐闻。

一、远古时期有关河西的记载及其解释

　　自张骞通西域后，河西始见重于当世。其实，在此以前，已经有了有关河西的记载。出之于战国时人士之手的《尚书·禹贡》篇，所论述九州中的雍州，就明确指出其西界为黑水。黑水所在，历来解经者议论纷纭，莫衷一是。既是雍州的西界，当于今甘肃西北部求之。《禹贡》的作者曾说："道黑水至于三危，入于南海"。今甘肃西北部皆在黄河以北，作为雍州西界的黑水如何能越过黄河而入于南海？这个千载难破之谜，迄今依然不易得到适当的解释。道黑水所至的三危，《禹贡》中曾两次

提及。其中一次也在雍州，即所谓"三危既宅，三苗丕叙"。窜三苗于三危，亦见于《尚书·舜典》。伪《孔传》说：三危，西裔。确地未能实指。郑玄引《地记书》，谓三危之山在鸟鼠之西南，当岷山。则在积石之西南。孔《疏》虽谓《地记》乃妄书，其言未必可信，却还说："要知三危之山必在河之南也。"今敦煌市城之南有三危山，逶迤蜿蜒，其势非小，说者谓即三苗所窜的三危，这是和解经者所说不尽相同的。

不过以三危在敦煌也并不是毫无来历的。《左传》襄十四年，晋范宣子数姜戎氏说："昔秦人迫逐乃祖吾离开瓜州。"又昭九年，周詹桓伯辞于晋，也曾说："允姓之奸，居于瓜州。"这都是晋惠公由秦东归，迁戎于伊雒流域近于周王都城雒邑所引起的问题。允姓为阴戎之祖，也就是后来的姜戎氏。杜预解释说："瓜州在今敦煌。"两汉魏晋时，敦煌为郡，其治所在敦煌县。敦煌县故城在今敦煌市西南。杜预在说到"允姓之奸"时，还特别提了一笔，说是与三苗俱放于三危。杜预这句话并不是随便说的。因为詹桓伯辞晋，在说"允姓之奸，居于瓜州"之前，先说了一句："先王居梼杌于四裔，以御魑魅。"梼杌为舜时四凶之一，四凶中包括三苗。既云四裔，当然也涉及三苗流放之地。经杜预这样的解释，三危山就由河南移到河北，而且具体确定到敦煌来。

以瓜州在敦煌，并非杜预所创始。这是东汉初年杜林的说法。《汉书·地理志》敦煌县的注文说："杜林以为古瓜州，地生美瓜。"颜师古更作补充说："即《春秋左氏传》所云'允姓之戎，居于瓜州'者也。其地今犹出大瓜，长者狐入瓜中，食之首尾不出。"

其实，瓜州之戎并非就在敦煌。这一点顾颉刚先生曾有论及。颉刚先生提出五大理由以驳斥旧说，可以成为定论。颉刚先生说：秦穆公都雍（按在今陕西凤翔县），去敦煌三千余里，如姜戎在敦煌，与秦何干？何劳师远征。这是理由之一。其二，自雍至敦煌，其间戎人至多，秦安得越国长途远征？其三，如果秦国西征，戎必更向西奔，何至反东向入秦，劳晋惠公诱之？其四，如秦地于穆公时已至敦煌，何必张骞专美于后？其五，秦始皇统一大业成就，如秦已取得敦煌，始皇何故不一言及？颉刚先生还特别指出：地出美瓜者多矣，不只敦煌，如杜林能更向西游，则瓜州将必不在敦煌①。虽说如此，但在以前由于杜林的说法几成定论，后魏明帝时竟于敦煌设立瓜州，经过一度改名，瓜州还是成为定称。隋初重定疆域制度，曾经罢郡存州，后又罢州置郡，其在存州之时，仍用瓜州名州。唐初于敦煌设立沙州，移瓜州于晋昌县②，其地在今甘肃瓜州县东南。后来瓜州的名称还是沿袭下去，一直到了元代③。不实之辞，竟然影响这样的深远，就是到现在，也还有人以此为故实，而频繁的称道。

　　《禹贡》于黑水、三危之外，还提到弱水、猪野、合黎和流沙。《禹贡》述导水，是先说弱水而后才提到黑水。可见弱水也是一条大川。后来释经者以今张掖河相当于弱水，这大体上是可以说得通的。确定了弱水，合黎山和流沙都可有了着落。今合黎山在张掖西北，张掖河绕合黎山之西而北流，是和《禹贡》所说相符合的。张掖河下入居延海，其周围皆为沙漠，正可以之解释所谓的流沙。历来释经者以猪野为今甘肃民勤县北的白亭海，揆诸事理，也是相当的。可以说《禹贡》的作者对于雍

---

① 《史林杂识·初编·瓜州》。

② 《元和郡县图志》卷四〇《沙州·瓜州》。

③ 《元史》卷六〇《地理志》："瓜州，宋初陷于西夏。夏亡，州废。元至正十四年复立。二十八年，徙居民于肃州，但名存而已。"

州的西部，也就是后来的河西，虽然不能像对当时其他诸州那样的了若指掌，基本上还是相当明了的。因为这里当时可能还是从事游牧的族类所居，和内地诸侯称雄的局面不同。后来张骞的西使，正是在这样前提条件下前往的。

二、独特的自然环境及其演变

论河西较为明确的历史，应从汉武帝建置武威、张掖、酒泉、敦煌四郡时肇始。四郡建置之前，汉的西北边郡为陇西郡。陇西郡治所在今甘肃临洮县。由陇西郡西北行，依次可以达到这四郡的治所，但偏向西北的角度却不尽相同。武威郡只在陇西郡稍偏西北处，张掖郡之于武威郡，酒泉郡之于张掖郡，就都更偏于西北。而敦煌郡和酒泉郡又几乎正为东西相对的局势。四郡逶迤相连，大体成为中间稍微向北突出的弧形。

《禹贡》称道河西的山，只说到三危山和合黎山。三危山能够为《禹贡》的著者所重视，并非由于其山的雄伟崇高，而是因为它为黑水流经的地方和三苗放逐的所在。它只能算是祁连山的一个小支脉，论河西诸山一般说来是数不到的。河西最大的山应为祁连山。匈奴人呼天为祁连，故亦称此山为祁连山[①]。以祁连名山，可知其确为大山。今其主峰海拔为 5924 米，为邻近诸山所难于比拟的。《禹贡》所称道的还有合黎山。合黎山在今高台县北，居于张掖和酒泉间，其海拔仅 2504 米。不仅无祁连山之高，抑且无祁连山之长。论者称河西四郡为河西走廊，以其在祁连山和合黎山之间。祁连山自敦煌蜿蜒至于武威，堪称一方的屏障。这条走廊之北，合黎山东西固然还有龙首山、北山等山，共同起着屏障的作用。然各山之间互不相连，阙口

---

① 《汉书》卷五五《霍去病传》。

亦复不少。汉唐诸王朝经营河西，每谓借此可以隔断羌胡，也就是说阻挠青藏高原和瀚海南北从事游牧的族类使之不能互相接近和联系。事实上，祁连山南从事游牧的族类诚然不易越山北向，而北方的匈奴、突厥、回鹘等族皆尝南向牧马，往往徜徉于合黎山南各处。这固然显示出当时国力的强弱，亦地势使然也。

自河西四郡先后建置之后，内地人士对于当地的了解，远较《禹贡》作者为深入。即以河西的河流而言，亦不复以弱水为限。由东徂西，则有流经现在古浪县的松陕水，流经今武威县的谷水，流经今张掖县的羌谷水，流经今酒泉市的呼蚕水，流经今玉门市西的籍端水及冥水，还有流经今敦煌市的氏置水。这些都是内陆河流，下游或入泽，或入海。其实所谓海也就是泽。松陕水是入海的。其他皆入于泽。谷水入休屠泽，弱水、羌谷水、呼蚕皆入居延泽，籍端水和冥水入冥泽，氏置水则入于无名的泽中①。谷水今为石羊河。弱水和羌谷水今为张掖河，张掖河亦称黑河。呼蚕水今为北大河。籍端水今为疏勒河。氏置水今为党河。至于松陕水和冥水今已绝流。就是松陕水所入的海，氏置水所入的泽，以及籍端水和冥水所入的冥泽，亦皆湮失。休屠泽更是往往干涸。居延泽则已分为二处：苏古诺尔和噶顺诺尔。这两个诺尔中间有了隔离地区，显示出原来的居延泽已经有所缩小了。

这些泽或海的缩小和消失，为时并非很久。清同治二年（公元1863年），胡林翼请邹世诒等编制的《大清一统舆图》，犹能显示出这些泽或海。松陕水所流入的海，在此图中称为白海，谷水所流入的休屠泽，则称为鱼海。此图中玉门县北有花

① 《汉书》卷二八下《地理志下》。籍端水本作南籍端水，"南"字误衍，今删去。

海子、布鲁湖、青山湖。布鲁湖居中，东为花海子，西为青山湖，三湖贯通，连在一起①。大体就是冥泽演变而成的。胡林翼图上已称氐置水为党河，党河流入哈拉池。哈拉池应是氐置水所入的泽。其实也不尽然。哈拉池位于敦煌市西北，更在玉门关遗址以西。氐置水则是由汉时龙勒县流向东北②，则其所在地应在今敦煌市北或稍偏东北处③。至于居延泽，胡林翼图上已经分成东西两海了。同治二年之后又70余年，为1934年，原来松陕水所入的海，即清时的白海，虽有残迹，已经常无水。籍端水所入的冥泽，也久已干涸，惟谷水所入的休屠泽，即清代的白亭海，仍见于当时所绘的图中。居延海虽分为东西，哈拉湖稍有东移，储水仍未竭涸④。

是什么原因促成这些泽和海干涸和消失的？问题可能相当复杂，气候过于干燥也许是其中一个因素。可是问题显著的形成却是在由现在上溯的125年之间，说得更严重的是在最近五十余年间。百余年来或五十余年来气候能有如此显著而剧烈的变化，殆属不可能。斯坦因在探索额济纳河（即弱水）下游居延海附近黑城子荒废的原因时，指出是由于灌溉的困难。而灌溉

---

① 《斯坦因西域考古记》（向达译本）第10章《古代边境线的发现》："库鲁克塔格斜坡南界三百尺以上的高沙丘之间，有一大片盆地，盆地中间有一连串显明的干湖床。……这些湖床证明是古代疏勒河的终点盆地，如今河流的终点是在更南十五里的大泽中了。以前相信疏勒河注入喀喇淖尔，现已证明还在更东边相差经度有一度以上。"疏勒河即汉时的籍端水，喀喇淖尔应即胡林翼图上的布鲁湖和花海子、青山湖。冥泽的故地应如斯坦因所说在其北的干湖床，喀喇淖尔当是泽地向南移动所构成的新泽。

② 《汉书》卷二八下《地理志下》。《元和郡县图志》卷四〇《沙州》："寿昌县，本汉龙勒县。"唐寿昌县在今敦煌市西南。

③ 出版于1934年的《中华民国新地图》标绘哈拉池（图上作喀拉湖）于敦煌市西北玉门关之东，则又向东移徙了。

④ 丁文江、翁文灏、曾世英编《中华民国新地图》。

之所以失败，可能是由于额济纳河水量的减少，也可能是由于河流在渠头处改道，而垦地因为某种原因以致不能得到充足的水量。斯坦因对此没有再作结论。灌溉渠道的更动以至于河流的改道都可促使灌区的荒废，这一点到后面当再详述，这里姑且暂置不论。斯坦因虽对这两种可能性未作结论，但他却提到额济纳河中游毛目垦地荒废的原因。毛目在金塔县东北。据斯坦因所述，这里适宜于维持沟渠，但是过去为了要在春初得到适当的水量，也曾感到重大的困难，因以，以前的垦地就此荒废了①。斯坦因虽没有肯定额济纳河水量的减少，实际上却是减少了。

这样的问题在敦煌莫高窟前得到证明。莫高窟前有一条干涸的大泉河河床，河床上架有规模不算很小的公路桥。由敦煌前往莫高窟的旅游者必须过桥，才能到莫高窟下。河西各处不乏干涸的河床，故旅游者对此不至于引起注意。莫高窟的第148窟中有一通《唐陇西李府君修功德碑》。根据碑文可知此窟是唐大历十一年（公元766年）凿建的，碑也是这一年建立的。碑文说到当时莫高窟的风景，说是"碧波映阁"。这是说窟前这一条干涸河床本来是有河水的。不仅有水，而且水量很大，足以使莫高窟的楼阁在碧波中反映出来。现在这条河道中诚然无水，但这并不能说这里就没有任何水源了。其实这条河道并非完全绝流，仅仅剩下的一条细流，被引用成为一条灌溉渠。莫高窟前绿树婆娑，绿树间栽种若干花草，也足以使旅游者为之流连。这样一条细小渠水，如何能够说得上"碧波映阁"？唐大历年间迄今一千二百余年，前后竟如此悬殊，不能不使人惊奇！莫高窟第329窟中有武周圣历元年（公元698年）李克让《重修莫

_____
① 《斯坦因西域考古记》第16章《从额济纳河到天山》。

高窟佛龛碑》。据碑文所记，莫高窟始建于前秦建元二年（公元366年），为沙门乐僔所创始。从那时起，历代都有兴建，规模日趋宏大。大德驻锡，役徒施工，前后不绝，当地如果没有充足水流，曷克臻此。据闻敦煌研究所工作人员饮食用水，尚需运自敦煌市城区，远在千百年前，如何能够有这样的设施？可知能有足以"碧波映阁"的河流，并非始自唐代大历年间，而是前秦始建莫高窟时，就已具有这样的自然环境。

这里的河流水量为什么减少？目前似尚不易得到答案。河流水量来源不外两途：一是地下泉水，又一空中降水。地下泉水若未遇到像剧烈的地震等引起地壳或岩石的变动，就不至于阻断泉水的来源。而近百年来尚未闻及当地曾经有可使地壳或岩石变动的地震，亦未闻及气候有明显的剧变，使降水长期减少，以致影响河流的流量及各自下游所入的泽或海的储水量。按照一般说法，山地森林可以含蓄水分，使所得降水不至骤失，有关的河流的流量亦不至前后过分悬殊。因此不妨略一探索河西各处山地森林的分布。关于森林的分布，一般地理载籍中往往不乏记载。今传世的嘉庆重修《大清一统志》，成书于道光二十二年（公元1842年）。其时下距胡林翼编制《大清一统舆图》仅20年，不妨以之为论证的依据。据其所刊载，河西森林山地有如下各处：

1. 雪山，在张掖县南100里，多林木箭竿。

2. 临松山，在张掖县南，一名青松山。按：山以临松、青松为名，其上可能多松。

3. 祁连山，在张掖县西南。据所征引的《西河旧事》记载，山在张掖、酒泉二郡界上，东西二万余里。南北百里，有松柏五木。

4. 青山，在武威县东 250 里，山多松柏，冬夏常青。

5. 松山，在武威县东 310 里，上多古松。

6. 第五山，在武威县西 130 里，有清泉茂林，悬崖修竹。

7. 燕支山，在永昌县西，产松木。

8. 黑松林山，在古浪县东 45 里，上多松。

9. 柏林山，在古浪县东南 75 里，上多柏。

10. 棋子山，按，在今天祝藏族自治县西南 200 里，相连者为桌子山，道险林密。

11. 大松山，按在今天祝藏族自治县东北 120 里，山多大松。

12. 榆木山，在高台县南 40 里，上产榆树。

13. 白城山，在高台县西南 80 里，有林泉之胜。

这样一些记载，显示出河西的森林山地似乎并不是很多的①。值得注意的是祁连山。《大清一统志》引《西河旧事》说，山在张掖、酒泉二郡界上。这是前人的一般说法，《元和郡县图志》也是这样说的②。其实并不应以此为限。《大清一统志》又引《行都司志》就指出永昌卫（今永昌县）南的雪山与凉州卫（今武威县）西南的姑臧南山相连，也是称作祁连山的。河西的河流不论其具体发源于何处，总起来说，都是由祁连山上流下来的。

---

① 《晋书》卷八七《凉武昭王传》："先是，河右不生楸、槐、柏、漆，张骏之世，取于秦陇而植之，终于皆死，而酒泉官之西有槐树生焉。"嘉庆《大清一统志》所载有森林诸山，其西亦仅止于高台县。高台县在酒泉之东，似酒泉之西本来就没有林木，现在酒泉之西各绿洲上，树木葱茏，敦煌附近尤多。莫高窟前大泉河的上源也有不少树木。这些可能是出于人工栽培，已和《晋书》所说不同，论现在河西的森林者，对此似当多加留意。

② 《元和郡县图志》卷四〇《甘州》。

祁连山上多森林，就不能不和这些河流的流量大小有关系了。

如前所说，河流的流量来源于地下泉水和空中降水。近一百多年来，这两项在河西不易得到完全了解。只能在与涵蓄水分有关的森林多事推敲。由于人为的原因，历来都有破坏森林的事例。而明代中叶以后，森林的破坏更为严重，黄河中游黄土高原最为突出，这一点我曾经有所论列①。应该指出，黄土高原以外的地区，也都难得幸免。上面征引《大清一统志》所记载的山地森林，有些都是根据其前代文献列举的。只不过特别提出《西河旧事》一种而已。它如张掖雪山的林木箭竿，就是出自《元和郡县图志》。这样的征引至少可以说明一个问题，就是河西的森林直至清代中叶还保持当时以前长期未有多少改易的情况。如前所说，这是在同治二年以前 20 年的记载，说明这些河流流入的泽或海还能保持一定的储水量不是没有理由的。同治二年以后，甚或是在公元 1934 年以后，这些泽或海有的干涸甚至消失，和山地森林就不能说没有关系，虽然具体破坏的过程和情况都还未能完全明了。河西许多地方近似戈壁中的绿洲，有的地方实际就已经成了绿洲。维持绿洲的生机，利用河水灌溉以前已经取得重大的作用，就在以后可以预见的岁月里，这样的作用还将是不可或缺的。如何能够保持河流常水位时正常的流量，确是一项不可稍微忽视的问题和工作。

河西自然环境的另一特点，是具有相当广大的沙漠和戈壁地区。河西的北方和东北方就是内蒙古的沙漠地区。阿拉善右旗的巴丹吉林沙漠和阿拉善左旗的腾格里沙漠，不仅已侵到合黎山和龙首山之南，而且有的地方也已逐渐接近到明长城，金塔、民勤等县的治沙工作已成为迫在眉睫的任务，是不可稍微

---

① 拙著《历史时期黄河中游的森林》。

忽视的。戈壁与沙漠不尽相同，也成为河西发展生产极大困难的地区。由河西走廊东端西行，愈往前行，所能看到的戈壁也就愈益繁多。在戈壁中有的地方还间生着杂草，有的地方竟然寸草不生，真可以说是上无飞禽，下无走兽，因为在这样地方连飞禽走兽也都不容易生存下去，遍地的石块和碎石形成另一种特殊景观。

正是由于有许多沙漠和戈壁的地区，当地人民的居住和生产就不能不受到影响。愈往西去，这样的影响就愈益显著，敦煌及其附近各地更是如此。显而易见的是居民点的分布很不均衡。西汉时，敦煌郡设有六个县，绝大部分是集中在籍端水和氐置水的下游。这固然是近水之地容易引水灌溉，也是近水地方不至于有很多沙漠和戈壁。西汉如此，唐代亦然。唐代的沙州虽是在汉代敦煌郡的基础上设立的，其实只有敦煌郡的一半，其东部另外设了一个瓜州。唐代的沙州除辖有汉代敦煌郡西部一半外，更向西扩展，其西境直达到且末城，也就是现在新疆的且末县。辖地虽然扩大了几倍，实际只设了两个县，就是敦煌和寿昌。敦煌是西汉时的旧县，寿昌则是西汉龙勒县改称的，还是没有能够远离氐置水。

全面积改造沙漠和戈壁是一项极难奏效的工作。但人总是有改造自然环境的意愿的。只要能够有机会、有可能也是不放过的。由柳园到敦煌市城区的大道上有相当广大范围的戈壁，而柳园和敦煌城区则是肥沃的绿洲。戈壁和绿洲都是自然形成的，当然不能都是整整齐齐的像刀截过的一样。可是这里的戈壁和绿洲之间虽不能说像刀截过的一样，却是整整齐齐十分明确。这当然是经过人为的加工的，说明当地的人对于沙漠和戈壁时时在想方设法加以治理。但自然环境也时时在演变之中，不一定就符合人的意志，甚或和人的意志背道而驰，出现了相反的结果。就在敦煌市区之外有过明显的反映。现在的敦煌市区据说是清雍正三年（公元1725年）由于党河决堤，冲毁旧城，才新建起来的。旧城在党河之西，是汉敦煌郡和唐沙州的治所，一般就称为沙州老城。现在敦煌县城党河以西，虽还有些绿洲，但戈壁却已是一望无垠了。汉代的龙勒县亦即唐代的寿昌县，也都成了戈壁。其间固然还有若干小块绿洲，由于范围太小了，起不到若何巨大的作用。像这些地方的戈壁，其形成的时期是不会太久的，可能是当地居民离开以后才有的。

绿洲的形成主要是有赖于水流的灌溉。一条河流在常水位时，可资灌溉的水量是一定的。绿洲人口过多，可资灌溉的水量自然难以满足。原来在下游的人往往会舍弃其田亩，改移到较上游容易引水处另行开垦新地。原来下游已种植的土地就难免荒废①。曾经耕锄的土壤逐渐为风吹走，虽然不至于马上成为戈壁，沙化恐怕是难于避免的。

绿洲是肥沃的土地，如何珍惜土地，保持其肥力，不使之沙化，可能是这个地区不应忽视的问题。

三、居住于河西的族类和人口数字的增损

河西夹处于祁连、合黎两山之间，又当东西交通的孔道，故来往居住于其间的族类相当繁多，而且还不时有所变化。这样的变化对于河西各方面都会发生影响，这是关心河西的人士所不应忽视的。

论述这样的问题必须从头谈起。根据《史记》和《汉书》的记载，最早出现在这里的是月氏和乌孙，接着则为匈奴人。张骞出使西域时，匈奴已驱逐月氏而据有其地。张骞的出使就

---

① 这是在敦煌时承敦煌研究所李正宇同志见告的。李正宇同志现正在研究唐宋时期敦煌的河渠泉泽，这应是实际调查的结果。

是为了联络月氏和汉朝共同对付匈奴。据张骞所说，月氏始居敦煌祁连间。张守节解释说，初月氏居敦煌以东，祁连以西。又说凉、甘、肃、瓜、沙等州本月氏国之地。这五州的治所就是现在的武威、张掖、酒泉、安西和敦煌。是河西之地由东迄西本来皆是月氏的居地。张骞初次由西域归来，得知乌孙本为匈奴西边小国，拟招之益东，使居故浑邪之地。此事见于《史记·大宛传》。匈奴浑邪王故地，汉已设为张掖郡。张骞这样设想，只是为了联络乌孙，共断匈奴的右臂。可是在《汉书》中却另有新意。《西域传》说："乌孙本与大月氏共在敦煌间。"《张骞传》则说："本与大月氏俱在祁连、敦煌间，小国也。"至于谋求乌孙东迁，则是因为"蛮夷恋故地"，故"招以东居故地"。是乌孙原来所居之地不限敦煌一隅，而达于张掖郡。如果乌孙故地东至张掖郡，则如何能与月氏"共在"，也是一个问题。关于乌孙和月氏的初居地，学者间早已有所论及，日本学者也曾发表过宏论，似宜再作深入研讨，不过已非本文范围，故暂不再赘陈①。

　　乌孙和月氏是否就是河西初民？目前未闻多所议论。《史记·大宛传》说："大月氏，行国也，随畜移徙，与匈奴同俗。"《汉书·西域传》也说："乌孙，随畜逐水草，与匈奴同俗。"显然都是以游牧为生的。游牧族类不娴于农耕，或者根本不谙于

---

　　①　对于月氏和乌孙的问题，日本国白鸟库吉、藤田丰八、加藤繁等皆曾有论著发表。近年松山寿男著《古代天山历史地理研究》，于乌孙的原居地定为博格达山北麓。他是根据下面这些材料得到这样的结论的。一、《太平御览》卷一六五《州郡部》引《梁氏十道志》所说的："庭州，雍州之外，流沙之西北，前汉乌孙旧地，东与匈奴接，历代为胡虏所居。"二、《通典》卷一七四《州郡典》所说的："庭州（原注，今理金满县），在流沙之西北，前汉乌孙之旧壤，后汉车师王之地，历代为胡虏所居。"三、《旧唐书》卷四〇《地理志》也说："金满，流沙州北（西北之误），前汉乌孙部旧地，方五千里。后汉车师后王庭，胡故庭有五城，俗号'五城之地'。"书此以备一说。

农耕，可是 1985—1986 年，在民乐县城北 27 公里发掘的东灰山文化遗址，却显示出另一种境界。在这个遗址所发现的有炭化小麦和大麦，还有高粱和粟、稷。据测定距今 5000 多年①。这样多的农产品不是游牧族类所能够种植和收获的。应该说，河西曾经居住过月氏、乌孙和匈奴人，只是根据史籍的记载，但他们并不一定就是河西的初民。

西汉中叶，匈奴浑邪王杀休屠王降汉，这是河西一宗大事。浑邪王降汉后，汉设五属国以处其众。五属国分隶天水、安定诸郡。张骞说汉武帝："今单于新困于汉，而故浑邪地空无人"②，就是指此而言。但这并不等于说，河西从此就没有匈奴人了，实际上匈奴在河西的影响还是相当深远的。浑邪王降附后，汉在河西设了武威等 4 郡和 35 县。有些郡县名称分明是采用了外来语。当时不仅设了敦煌郡，还有敦煌县。敦煌郡治所就在敦煌县。敦煌二字作何解释？东汉时应劭曾经说：敦、大也，煌、盛也。以敦作大解，见于《扬子方言》。以盛释煌，可能就始于应劭本人。这样的解释，总不如武威、张掖的确切，更不如酒泉的具体，似未能得其奥义。闻之于谭季龙教授，这敦煌二字可能是当时的外来语。是否为匈奴语？还有待于考核。其他一些县名，匈奴语是不少的。武威郡治所的姑臧县，据王隐《晋书》说，这本是匈奴的盖臧城，语讹为姑臧③。武威郡还有一个休屠县，另外还有一个休屠泽。这个县名和泽名用不着多作解释。本来要和浑邪王一同降汉，后来为浑邪王所杀的休屠王，其名称正是和这个县名和泽名相同。而这个休屠县还是

---

① 《新华社新闻稿》第 6497 期。

② 《史记》卷一二三《大宛传》。

③ 《太平寰宇记》卷一五二《凉州》引。

休屠王的都城①。张掖郡的觻得县和休屠县也相仿佛。因为这个县本为匈奴觻得王所居，所以就用其王名为县名②。还有几个县名，如武威郡的揂次县、扑剿县、媪围县，张掖郡的屋兰县、日勒县，敦煌郡的龙勒县，皆不能得其确解，是否为匈奴语，有待论定。谨志于此，容作质疑。其实不仅郡县名称沿用匈奴旧名，就是一些山水名称也未能例外。前面曾提到祁连山，就是沿用匈奴语。匈奴语称天为祁连。山称祁连，极言其高也。祁连山之北，有焉支山，在今山丹县南。匈奴失去祁连、焉支二山，乃歌曰："亡我祁连山，使我六畜不繁息。失我焉支山，使我妇女无颜色③。"以焉支山与祁连山并提，则焉支山当也是匈奴的本名。匈奴失去焉支，竟使其妇女无颜色，可见山上所产之物可作为妇女装饰之用。后世以胭脂作为化装用品，胭脂当为焉支同音语。焉支山亦名删丹山。删丹山亦当为匈奴语，删丹县的得名与此山有关。今删丹县改写成山丹县。焉支、胭脂、删丹、山丹皆用到现在。

河西诸地不仅有匈奴孑遗，而且还有葆塞蛮夷。葆塞蛮夷之名始见于《史记·文帝纪》和《匈奴传》，为降附于汉而居住塞下的族类。匈奴曾侵盗这些上郡蛮夷，明其和匈奴不同。葆塞蛮夷既居于塞下，当非上郡一郡所独有，河西诸地亦应不稍少其踪迹。《汉书·地理志》，张掖郡有骊靬县。此骊靬当即《史记·大宛传》《汉书·张骞传·西域传》记载的黎轩。黎轩为西域国名，东汉时称为大秦。骊靬为县名，当是因骊靬降人而设置的。以域外降人设县，亦见于上郡的龟兹县。其县也是因龟兹国的降人而设立的。这在汉时已是通例，无足为奇。然

① 《水经·〈禹贡〉山水泽地篇注》。
② 《元和郡县图志》卷四〇《甘州》。
③ 《史记》卷一一〇《匈奴传》引《西河故事》。

由此亦可以证明河西有骊靬人。

匈奴浑邪王降汉后，河西的匈奴人内徙到五属国所在地，如何来填补这样的空隙？必然是由内地徙民实边。浑邪王的降附在武帝元狩二年（前121年）。《史记·匈奴列传》说：这一年"徙关东贫民处所夺河南新秦中以实之"。《平准书》则列此事于元狩三年。至于徙民的地方则添上关以西。徙民之数也确定为七十万余口。《汉书·武帝纪》于元狩四年却载："关东贫民徙陇西、北地、西河、上郡、会稽凡七十二万五千口。"皆似与河西无关。按：汉收河南地，置朔方、五原郡在元朔二年（前127年）。匈奴失河南地后，亦举族远去，朔方、五原郡皆须徙民充实，不应迟至6年之后始行徙民。元狩三年，山东诚被水灾，徙民就食不能稍迟，何能迟至元狩四年冬季，始克就道，当时河西已空无人居，为什么只徙到陇西、北地，而不至于河西？颇疑所说的只是一事，史家未能详记，遂使失真。

由于内地迁来了人户，也由于当地的滋养生息，到西汉末年，河西的户口已达到相当可观的数字。据《汉书·地理志》元始二年（公元2年）所载，河西四郡具体的户口数为：

武威郡所属10县，有户17581，有口76419；
张掖郡所属10县，有户24352，有口88731；
酒泉郡所属9县，有户18137，有口76726；
敦煌郡所属6县，有户11200，有口38335。

四郡合计，共有户71270，有口280211。在当时各边郡中，都不能算是很多的。

河西四郡在当时都还有一定的富庶因素，比起内地来总是有点不及处。河西四郡又首当汉与匈奴冲突的要地，是容易受到从事游牧族类的骚扰和侵略的。迁徙到边郡的人口如何能够长期居住下去，不能说不是一个问题。汉朝有一条明文规定，居住在边郡的人不能随便向内地迁徙。这条规定，直到东汉后期都还有效。东汉后期，敦煌张奂以功当封，悉辞不受，唯愿徙属弘农华阴。正是因为张奂功大，才破格得到听许①。这样的特例只有西汉杨仆以军功请移函谷关一事差相仿佛。杨仆为新安（今河南新安县）人，新安则在函谷关外。杨仆欲作关内人，而又不愿意移家。会建立功绩，因请以家财移函谷关至新安县，并得到汉武帝的许可②。杨仆移关只能说是偶然的特殊事件，和张奂破例内迁还是有所区别的。

　　两汉这条规定虽说是严格，却难得永久持续下去，在王权政衰，国内有了乱事时，就不易奏效。魏晋继起，再不闻有所限制。西晋末年，永嘉乱起，洛京倾覆，中州沦为战场，人士逃逸，四散离析，大部渡江南去，至于河西者亦非少数。其时张轨方为凉州刺史，由于"中州避难来者日月相继"，因分武威郡别置武兴郡以居之③。十六国霸主迭兴，中原乱离未已，西来避难仍时有所闻。前秦苻坚还曾徙江汉之人万余户于敦煌，中州之人有田畴不辟者亦徙七千余户。其间武威、张掖以东之人西奔敦煌、晋昌者亦有数千户。西凉李皓以酒泉为都，皆徙之于酒泉。因分南人五千户置会稽郡，中州人五千户置广夏郡，其余分置武威、武兴、张掖三郡④。显得当时河西有所增多。也许当时河西人口稠密度超过中原，实际上远未能赶上西汉元始二年。

　　①　《后汉书》卷六五《张奂传》。
　　②　《汉书》卷六《武帝纪·注》引应劭说。
　　③　《晋书》卷八六《张轨传》。
　　④　《晋书》卷八七《凉武昭王传》。

后来魏收撰《魏书·地形志》，备载黄河下游各州户口，这是永嘉乱离以后始见的较为完全的记载。空谷足音，殊堪称道，惟以武定为断，致使瑕竟掩瑜。武定为东魏孝静帝年号自543年至550年，就以东魏来说，已是季世。其时关西早隶西魏版图，魏收称之为沦陷诸州。其中偶然亦记户数，却据永熙馆籍。永熙为魏孝武年号，自532年至534年。532年至533年，魏室尚未分为东西，不能说到沦陷。惟已在孝明帝孝昌（公元525年—528年）乱离之后，就难得一概而论。据说孝昌乱离之际，"恒代而北，尽为丘墟；崤潼已西，烟火断绝；齐方全赵，死如乱麻，于是生民耗减，且将大半"①。故《地形志》所记载的凉州，所统十郡二十县，仅有三千二百七十三户，较之西汉时户数最少的敦煌郡犹有不及。

如果说到河西户口再度较为繁多的时期，应该数唐代天宝元年（公元742年）。这一年河西诸州的户口数为：

> 凉州（武威郡），所属五县，有户22462，有口120281；
> 甘州（张掖郡），所属二县，有户6284，有口22092；
> 肃州（酒泉郡），所属二县，有户2330，有口8476；
> 瓜州（晋昌郡），所属二县，有户477，有口4987；
> 沙州（敦煌郡），所属二县，有户4265，有口16250②。

凉、甘、肃、瓜四州共有户31553，有口155827。加上贞观年间的沙州户口，共有户35818，有口132077。就是加上贞观年间的

---

① 《魏书》卷一〇六《地形志》。

② 《旧唐书·地理志》。按：两唐书《地理志》皆未载天宝年间沙州户口数。《旧唐书·地理志》有旧户口数，《新唐书·地理志》以之为贞观年间户口数，天宝时，凉、甘、肃、瓜四州户口数较之贞观年间皆有增长。沙州虽无天宝年间户口数，然总不会低于贞观时，故一并录出贞观户口，以备参考。

沙州户口，也还没有西汉元始二年武威、张掖、酒泉、敦煌户口之多。

　　再往后说，能够有河西各地总的户口数，那就要等到清代①。嘉庆重修《大清一统志》对于河西各处户口有如下的记载：

>凉州府，属县五，有户 182862，有口 284131；
>甘州府，属县二，有户 79841，有口 282496；
>肃州，属县一，有户 22537，有口 319768；
>安西州，属县二，有户 6094，有口 77873；
>两府两州共有户 291334，有口 964268②。

这样的数字不仅超过了唐代的天宝元年，而且也超过了西汉的元始元年。这样的差异可能有几个原因：其一，由嘉庆往上溯，河西的承平时期较长，可以上溯到明代初年。明代嘉峪关外诸卫虽偶争执，皆未引起若何事端。惟土鲁番曾寇肃州，明廷视为一方大患，其实河西并没有受到很大的骚扰③。明清易代之际，河西亦大致平静。当时河西户口当不至于有所减少。其二，到了清代，回部内属，嘉峪关再不起阻隔的作用，自有助于河西的稳定。其三，嘉庆《大清一统志》所载的"今滋生民丁男

---

　　①　《元史》卷六〇《地理志》，河西共有甘州、永昌、肃州、沙州四路，四路中仅甘州、肃州两路有户口数。甘州有户 1550，有口 23987。肃州路有户 1262，有口 8697。皆至元二十七年（公元 1290 年）数字。

　　②　《大清一统志》于各府州户口一栏共列有：1. 原额民丁，2. 今滋生民丁男妇大小，3. 屯丁男妇大小，4. 户数等四项，安西州无原额民丁，亦无屯丁男妇大小。故知今滋生民丁男妇大小一项为当时实有口数。其余两项与实有口数无关，故不取。在这些数字中，户口比例颇有极大悬殊，如肃州只有 22537 户，却有 319768 口，平均每户超过 14 人，似与实际未能完全吻合。

　　③　《明史》卷三二九《西域传一·土鲁番传》。

妇大小",乃是指雍正时摊丁入地,不再增收口赋,因而各地滋
生的民丁男妇大小皆呈报户口,而无所畏避,遂使户口数目大
为增长。河西各府州的户口显然多于前代,也是合于情理的。

这些户口数字中是否包括居住在河西的从事游牧生活的人
们或其他的族类?这就未可一概而论。两汉时没有明文规定,
可能是两种情形都会有的。东汉初年,南匈奴呼韩邪单于比率
众内附,居于西河美稷。"亦列置诸部王助为扦戍,使韩氏骨都
侯屯北地,右贤王屯朔方,当于骨都侯屯五原,呼衍骨都侯屯
云中,郎氏骨都侯屯定襄,左南将军屯雁门,栗籍骨都侯屯代
郡,皆领部众,为郡县侦罗耳目"。当时八部共有四五万人[1]。
平均计算,每部约在五六千人之间。据《续汉书·郡国志》所
记载顺帝时这几郡的人口数为:西河郡,20838;北地郡,
18637;朔方郡,7843;五原郡,22957;云中郡,26430;定襄
郡,13571;雁门郡,249000;代郡,126188。东汉户口极盛时
为质帝永嘉二年,而质帝即上承顺帝,亦可谓近于极盛之时。
此时上距南匈奴呼韩邪单于比居于西河美稷已将近百年。百年
之间,休养生息,人口应有一定的增长。可是朔方郡仅有7843
口。如南匈奴右贤王部众犹在,而未有所增添,若列于当时户
口簿中,则朔方郡非以游牧为生的人口的仅有一二千人。当时
朔方郡所领六县,每县将只有两三百人,这是和实际情况不相
符合的。不过也有例外。前面曾经提到西汉张掖郡所属的骊靬
县。这个县是骊靬降人建置的,就不能说是没有骊靬人,而这
些骊靬人的户口也应为张掖郡的官吏所执掌。就是一般保塞蛮
夷也应该是一样的。唐代前期,承周隋之后,对于各地人口采
取授田办法。当时规定:"丁男中男给(田)一顷,笃疾废疾给

---

[1] 《后汉书》卷八九《南匈奴传》。

田四十亩，寡妻妾三十亩，若为户者加二十亩，所授之田十分之二为世业，八为口分"①。当时居于域内的以从事游牧为生的人们似未能共享这样的待遇。唐初于周边各地置羁縻州，以处内属的游牧部落及其他族类。这些羁縻州的贡赋版籍多不上户部，隶于凉州者就有乾封等州②。契苾部落之居于甘、凉之间，就可以为例证。契苾部落本铁勒的别部，贞观初年，契苾何力随其母率众千余家诣沙州奉表内附，太宗置其部落于甘、凉二州。及薛延陀强盛，契苾部落皆愿从之，并执何力至延陀所③。这显然是游牧部落的本色，可见其居于甘、凉时并未改从农耕。契苾部落虽未见置有羁縻州的记载，其贡赋版籍当亦不隶于户部。到了清代，这样的差异显然已经泯没。清代规定：除外藩札萨克所属编审丁档掌于理藩院外，其各省诸色人户由其地长官造册送于户部，至若回、番、羌、苗、瑶、黎、夷等户皆隶于所在府厅州县④，和一般齐民相同。

事实上亦是如此。自东汉末年至于魏晋，由于中原王朝的萎靡不振，未遑兼顾域外，不仅缘边各郡人口逐渐向内迁徙，而西北两方的游牧部落也随之内迁。迄于西晋，"关中之人百余万口，率其少多，戎狄居半"⑤。关中如此，边郡可知。及（晋怀帝）永嘉丧乱，先后起伏的所谓十六国霸主，泰半皆出自游牧部落。当时祁连山北先后建有五凉政权，除前凉张氏及西凉李氏外，后凉吕光为略阳氏人，南凉秃发乌孤为河西鲜卑人，北凉沮渠蒙逊为临松卢水胡人。南凉鍮勿仑说其主秃发利鹿孤的一段话，正足以看出这些霸主的本来面目。鍮勿仑说："昔我

---

① 《旧唐书》卷四八《食货志》。
② 《新唐书》卷四三下《地理志》。
③ 《旧唐书》卷一〇九《契苾何力传》。
④ 《清史稿》卷一二六《食货志一·户口》。
⑤ 《晋书》卷五六《江统传》。

先君肇自幽朔，被发左衽，无冠冕之仪，迁徙不常，无城邑之制，用能中分天下，威振殊境。"因之，鏂勿仑建议："宜署晋人于诸城，劝课农桑，以供军国之用，我则习战法，以诛未宾①。"而秃发傉檀征集戎夏之兵，竟至五万②。吕光主簿尉祐叛光，亦曾煽动百姓，故夷夏多从之③。而吕光自西域东归，将至武威，胡夷皆来款附④。可知当时河西族类，相当繁杂，为数亦殊不少。

这些族类来到河西，是各有其渊源和造因的。当时的统治者似未多加以诱导，鸠摩罗什东至凉州，实因苻坚有意的罗致，以前秦破灭，暂时淹留⑤。李皓虽曾并击玉门以西诸城，而广田积谷实为东伐作准备⑥。直至隋炀帝时，始在这方面有所作为。当时张掖已发展成为和西域交往的都会，西域诸国来者多在其地交市。裴矩以礼部侍郎主管交市事，遂因诸胡商各自言其国的山川险易，并其本国服饰仪形，丹青模写，撰成《西域图记》三卷。据其所云，共有四十四国，可见来到河西胡商的众多。后复奉炀帝命往张掖引致，西蕃至者十余国。炀帝西巡，行次燕支山，高昌王伊吾设等及西蕃胡二十七国皆谒于道左⑦。这些国名都不易一一稽考，仅以来朝的国数来说，也可以说是前无古人了。这些来朝的国君不会久居于河西，可是其影响所及，不会短期泯没的。由于这样的渊源，河西的胡人不仅为数众多，而且在当地的社会上已隐然成为一种力量，甚至可以左右当时

---

① 《晋书》卷一二六《秃发利鹿孤载记》。
② 《晋书》卷一二六《秃发傉檀载记》。
③ 《晋书》卷一二二《吕光载记》。
④ 《晋书》卷一二二《吕光载记》。
⑤ 《晋书》卷九五《艺术·鸠摩罗什传》。
⑥ 《晋书》卷八七《凉武昭王传》。
⑦ 《隋书》卷六七《裴矩传》。

的政局。唐初，受命执李轨的安兴贵、安修仁兄弟就是久居于凉州的胡人。安修仁曾经对高祖说过："臣于凉州，奕代豪望，凡厥士庶，靡不依附①。"这当然不是一般流寓的商胡了。当时像安氏兄弟这样的胡人在凉州应非少数。李轨的谋主梁硕曾因凉州诸胡种落繁盛，劝说李轨防范剪除②。

就在李轨平灭后的十年，玄奘西行求法，途次来到凉州。这时凉州更为繁荣，玄奘在此也受到社会上的特殊礼遇。据其弟子慧立等所述，可见一斑。慧立说："凉州为河西都会，襟带西蕃，葱右诸国，商业往来，无有停绝。时开讲日，盛有其人，皆施珍宝，稽颡赞叹，归还各向其君长称叹法师之美，云欲西来求法于婆罗门国，是以西域诸城无不预发欢心，严洒而待。散会之日，珍施丰厚，金钱、银钱、口马无数，法师受一半然灯，余外并施诸寺③。"所说的虽仅限于玄奘讲道的场所，凉州商胡人数的众多以及举动的豪华，应是其他各地所难以比拟的。

凉州胡人之多亦见于岑参《凉州馆中与诸判官夜集》一诗。诗中说："凉州七里十万家，胡人半解弹琵琶④。"由这句诗中判断不出凉州胡人有多少，但他特别提到胡人，至少可以说当地的胡人是很多的。

这里所说的胡人，只是概括的名称。王国维著《西胡考》，谓自汉世，匈奴与西域诸国之人皆有胡称。其后匈奴寖微，西域之人遂专有胡名⑤，故裴矩招诱西域诸国，总称之曰诸胡。这当然不包括居于北陲的突厥和回纥。不过突厥和回纥诸部也兼有胡人，即所谓九姓胡是也。河西节度使治凉州，其副使则居

① 《旧唐书》卷五五《李轨传》。
② 《旧唐书》卷五五《李轨传》。
③ 慧立、彦悰《大慈恩寺三藏法师传》。
④ 《全唐诗》卷一九九。
⑤ 王国维《观堂集林》卷一三《西胡考上、下》《西胡续考》。

甘州，这是为了督察九姓部落①。可能是由于驻于甘州的河西节度副使的控制，九姓部落尚未见内徙于河西事例。然回纥、契苾、思结、浑诸部却曾杂居于凉州界中②。契苾即前面所提到契苾何力的部落。唐德宗朝曾建立功勋的浑瑊，即出自浑部③。这四部不仅居于凉州，甘州界内也有踪迹。其南徙在武后时，由于突厥默啜方强，夺取铁勒故地，故相率迁入唐境。其后回纥以私怨杀河西陇右节度使王君㚟，梗塞安西诸国入长安道路，寻为唐军所逐，复奔于突厥④。

安史乱起，唐朝西部防边之兵皆东归平定内乱，吐蕃乘间侵扰，遂尽取河西陇右诸地。吐蕃侵河西，虽有几条道路，这时出兵却是由东趋西。凉州的陷落在代宗广德二年（公元764年），甘州在永泰二年（公元766年），肃州在大历元年（公元766年），瓜州在大历十一年（公元776年），沙州在德宗建中二年（公元781年）⑤。吐蕃既据有河西，唐人遂尽沦为奴婢⑥。迄于文宗大中五年（公元851年），沙州首领张义潮始驱逐吐蕃

---

① 《吕思勉读史札记》戊帙《胡考》。所谓九姓胡为：药罗葛、胡咄葛、啒罗勿、貊歌息讫、阿勿嘀、葛萨、斛嗢素、药勿葛、奚邪勿。

② 《旧唐书》卷一〇三《王君㚟传》。

③ 《旧唐书》卷一三四《浑瑊传》。

④ 《新唐书》卷二一七上《回鹘传》。按《旧唐书》卷一九五《回纥传》，王君㚟死后，玄宗命郭知运讨逐回纥，王君㚟为河西陇右节度使，是由于郭知运死后，取代其位。王君㚟被害后，何能再有郭知运讨逐回纥事，《旧唐书》此处当有误文。

⑤ 《元和郡县图志》卷四〇《陇右道下》，《新唐书》卷二一六上《吐蕃传》。

⑥ 沈亚之《沈下贤文集》卷一〇《对贤良方正直言极谏策》："尝与戎降人言，自瀚海以东，神乌、敦煌、张掖、酒泉，东至于金城、会宁，东南至于上邽、清水，凡五十郡六镇十五军。皆唐人子孙，生为戎奴婢，田牧种作，或聚居城落之间，或散处野泽之中。"

守军，奉瓜、沙、伊、肃、甘等十一州地图来归①。张义潮所献诸州中，有瓜、沙、肃、甘四州而无凉州。直至僖宗咸通二年（公元861年），始由张义潮取得，奉献归国②。其后吐蕃衰弱，余部有浑末者，居于甘、肃、瓜、沙诸州间。浑末亦作嗢末，为吐蕃奴部。吐蕃旧法，出师必发豪富。豪富隶军中，皆以奴从。这些奴仆平居则散处耕牧。及吐蕃乱离，奴无所归，相聚合数千人。不仅居于甘、肃、瓜、沙四州，河、渭、岷、廓诸州亦有之③。

浑末的居地不包括凉州。凉州也不是没有吐蕃的。《宋史·吐蕃传》载后汉、后周之际，"凉州郭外数十里，尚有汉民陷没者耕作，余皆吐蕃"④。后来到宋真宗咸平元年（公元998年），有所谓河西军左厢副使、归德将军折逋游龙钵来朝。河西军就是原来的凉州。折逋游龙钵当是吐蕃族人。据其所言，河西军旧领姑臧、神乌、蕃禾、昌松、嘉麟5县，户25693，口128193，今有汉民300户。所谓旧领县及户口数，皆唐天宝年间凉州未陷没前旧制及数字。这时当然不能恢复到天宝年间的实况，但当地汉民确是很少的。

唐中叶后，徙居于河西者尚有回鹘。回鹘即回纥，唐初固曾一部居于甘凉间，前文已经论及。回鹘曾佐唐朝平定安史之乱，称雄一时，其后为黠戛斯所攻，内部亦有未能和谐，又为唐边将所攻，部众离散，其一部在庞特勒率领下，入居于甘州，且有碛西诸城。而另一大酋仆固俊则自北庭击吐蕃，尽取西州

① 《新唐书》卷二一六下《吐蕃传》，又卷四〇《地理志》。
② 《新唐书》卷二一六下《吐蕃传》。
③ 《新唐书》卷二一六下《吐蕃传》。
④ 《宋史》卷四九二《吐蕃传》。

轮台等城。然居于甘州者已无复昔时之盛①。五代北宋时犹时与中原通往来，今维吾尔族及回族盖其孑遗也。

继回鹘之后，党项亦曾入居于河西。西夏为党项族建立的政权。西夏控制了河西，正说明河西已有党项的居处。西夏进攻凉州，早在宋真宗咸平六年（公元1003年），至景德三年（公元1006年），又有谋劫西凉，袭回鹘的消息，大概都未能如愿②。其后于宋仁宗天圣六年（公元1028年）攻拔甘州，景祐元年（公元1034年），取瓜、沙、肃三州。而这一年元昊的版图，已包括凉州在内的河西全土。并以甘州路为右厢，驻军3万人，以备西蕃、回纥③。自西夏取河西土地后，各族遂未再见记载。

西夏为蒙古所灭。迄于元朝灭亡，蒙古族之在河西，亦如在内地一样，居住往来无所阻滞。其时色目人的地位仅次于蒙古人。色目人包括相当广泛，举凡畏吾儿、钦察、唐兀、阿速、乃蛮、汪古等皆在其中。河西各处不仅多蒙古族，亦多色目人。敦煌石窟壁画中，元时所绘者，就显示出有蒙古族和色目人的图像，可以作为证明。

就是后来到了明代，蒙古族并非和河西就没有关系。明代为了防御鞑靼和瓦剌，在北陲修筑长城。长城的西端起自嘉峪关，嘉峪关在今酒泉市西。其遗迹大部尚留在地上，可供凭吊。长城之北就是内蒙古自治区。由于长城限制，其时的蒙古族人不易南下而至于河西居住。可是嘉峪关外就迥然不同。嘉峪关的建立，说明明朝的版图就止于斯处。这里有蒙古族人，也有旧受元朝控制的其他族人。虽在嘉峪关外，明朝仍加以羁縻。

① 《旧唐书》卷一九二《回纥传》，《新唐书》卷二一七下《回鹘传下》。
② 《宋史》卷四九二《吐蕃传》。
③ 《宋史》卷四八五《夏国传》。

明初就在这里设安定、阿端、曲先、罕东、赤斤蒙古、沙州诸卫[①]。安定、曲先两卫皆在今青海省西北，阿端卫在今新疆维吾尔自治区若羌县。惟罕东、赤斤、沙州三卫在河西。赤金蒙古卫就在嘉峪关外，今玉门市西北有赤金堡，就是当年卫址的所在。沙州卫在今敦煌市。这里本是古沙州，因以为名。罕东卫在赤斤卫之南，嘉峪关西南，敦煌市境内。沙州卫后废，其地建为罕东左卫。

　　这些族类的居地因时而有变迁。明英宗正统十一年（公元1446年），沙州卫人全部入塞，居于甘州，凡200余户，1230余人，而沙州遂空。后来罕东卫就据有其空地[②]。这样的变迁在以后的年代里，仍不少见。1949年以来，于各族聚居之地设立自治县。迄今已成定制的有天祝藏族自治县、肃南裕固族自治县、肃北蒙古族自治县、阿克塞哈萨克族自治县。

四、农牧业和城市经济发展的基础和成效

　　河西由于自然条件的特殊，是一个农牧兼宜的地区。远在大月氏人和乌孙人、匈奴人的时期，这里就是一个天然的牧区。如果回顾到更早的新石器时期，如前所说，由民乐县东灰山文化遗址所发现的碳化小麦、大麦、高粱和粟、稷，就可以显示出这里的农业是有悠久的渊源的。

　　河西地区是相当广大的，可是戈壁和沙漠的范围却也是很不小的，而且愈接近北边和西陲，就愈益明显，甚至超过了农田和牧场。这种特殊情形确为内地各处所少有。就历史的发展看来，不论其为农为牧，其生产的获得都能满足当地的需要，

---

　　① 《明史》卷三三〇《西域传》。
　　② 《明史》卷三三〇《西域传》。

有些时期还可受到其他地区的称道。这在当地人口相对稀少的时期是不足为奇的。就在人口较为稠密的时期也未见过分依赖其他的接济和扶持。当然在突出发生自然灾害和受到封建统治阶级过分剥削时期也是免不了若干艰苦，但这就不仅河西这个地区如此，就是其他自然条件更为优越的地区同样是未能幸免的。

在月氏、乌孙、匈奴诸族居住的时期，整个河西都属于游牧地区。游牧地区的人口一般都不是很稠密的。人口有限，游牧所得是不会过于匮乏的。月氏、乌孙、匈奴之间互相争执，这是民族之间的矛盾，与当地的生产应该没有多大关系。就是后来浑邪王杀休屠王降汉，也只能说是匈奴单于处理不当，而不能再涉及其他方面。

从事农耕的人们进入到河西，首先的要务就是改变相当广大的一部分牧场为农田。这样并未能降低当地畜牧业的重要性，也许还会因此而使畜牧业有所提高和发展。就在西汉时，"凉州之畜为天下饶"①，已成为当时社会的定论。西汉凉州有今甘肃一省之地，说到产马的地区，河西应该更为优越。为了保障边塞，各郡太守都是以兵马为务。如果不是马多马好，是不能完成任务的。

这里畜牧业的发展是基于自然的因素，并不因王朝或政权的起伏而有兴替。《魏书·食货志》曾经指出："世宗之平统万，定秦陇，以河西水草善，乃以为牧地，畜产滋息，马至二百余万匹，橐驼将半之，牛羊则无数。"统万为赫连夏国的都城。北魏灭夏在太武帝始光四年（公元 427 年），灭北凉在太武帝太延五年（公元 439 年），其间相差仅十余年。《魏书》从平统万说

---

① 《汉书》卷二八下《地理志下》。

起，是其时已注意这一方的畜牧业。其后更扩展到秦陇以至于河西。这里虽泛指畜产，其实更注意于戎马的繁殖。后来孝文帝就以河阳为牧场，每岁自河西徙牧于河阳。正是因此而"河西之牧弥滋矣"①。就是再后到了隋代，河西诸郡还是和安定、北地、上郡等郡的风俗相同，"勤于稼穑，多畜牧"②。这是说，农业虽已有发展，畜牧业却并未因之而萧索下去。

西汉时于北边西边分置牧师诸苑三十六所，养马三十万头③。这些马苑分布于安定、北地等郡，河西各郡不在其中④。唐初为了养马曾设四十八监，养马区域跨陇右、金城、平凉、天水四郡，亦未扩展到河西诸州⑤。明代于陕右宜牧之地设监苑，跨地二千余里。其后惟存长乐、灵武二监⑥。其他各监所在地不可俱知，似亦与河西无涉。河西宜于畜牧，不列于养马之地殆因其地临边，易受边外诸部所侵夺。西汉时匈奴入侵，多虏人民畜产⑦，甚至进入养马苑，夺取马匹⑧。这样的情形也见于唐代。唐时突厥引兵内侵，有一次就掠凉州羊马⑨。这就不能不引起有关王朝或政权的注意和防范。但这并不就等于说，河西不能养马。唐代中叶，王忠嗣为河西陇右节度使，就曾由朔方、河东引得战马九千匹⑩。唐时河西、陇右本为两道，王忠嗣为节度使乃是兼领河西、陇右道。两道皆临边，所得的九千匹

---

① 《魏书》卷一一〇《食货志》。
② 《隋书》卷二九《地理志》。
③ 《汉书》卷一九《百官公卿表》。
④ 《汉书》卷二八下《地理志下》。
⑤ 《张说之文集》卷一二《大唐开元十三年监牧颂德碑》。
⑥ 《明史》卷九二《兵志》。
⑦ 《史记》卷一一〇《匈奴传》。
⑧ 《汉书》卷五《景帝纪》。
⑨ 《资治通鉴》卷二一一《唐纪二七》。
⑩ 《旧唐书》卷一〇三《王忠嗣传》。

马，就不能不有一部分分牧于河西。明代养马地区虽未涉及河西，然其初年始定北边牧地时，就曾规定："自东胜以西至宁夏、河西、察罕脑儿，以东至大同、宣府、开平，又东南至大宁、辽东，抵鸭绿江又北千里，而南至各卫分守地，又自雁门关西抵黄河外，东历紫荆、居庸、古北抵山海卫，荒间平野，非军民屯种者，听诸王驸马以至近边军民樵采牧放，在边藩府不得自占①。"这条规定包括地区相当广阔，就有河西在内。到了清代，蒙古族内附，长城已不复再起作用，于是甘、凉、肃三州和西宁就各设马厂，分五群，群储牝马二百匹，牡马四十匹。这不仅是在养马，而且是以之为种马厂的。稍后甘州厂改属巴里坤，实际上还是保持河西马厂的规模的②。清朝崩溃后，山丹县作为种马繁殖场所，依然延续很久。迄至现在，居住在河西的蒙、藏、裕固、哈萨克各族仍然在从事游牧生活。前面曾经提到肃北、天祝、肃南、阿克塞四个自治县，就是为这些蒙、藏、裕固、哈萨克人民建置的。同时也说明了这几个县境的绝大部分土地都是牧区。当然还应该指出，河西的畜牧业并不是以这四个自治县为限的。

河西历来在农业方面的成就，可与畜牧业相埒，甚至超过了畜牧业。如果不是荒歉之年，也没有过分的人为灾难，河西还不至于出现难以克服的粮食问题。如前所说，河西各地最早的户口记载，是在西汉平帝元始二年（公元2年）。这一年河西四郡共有户71270，有口280211。四郡属县多寡互有不同，所有户口亦因之而异。每县平均户口自然参差不齐。张掖郡所领10县，平均每县有户2435，有口8813，这是最多的数字。敦煌郡所领6县，平均每县有户1200，有口6389，为诸郡中最低的。

---

① 《明史》卷九二《兵志》。
② 《清史稿》卷一四七《兵志》。

就当时全国各郡来说，这是属于人口最为稀疏的地区。前面还曾提到唐代天宝元年（742年）河西诸州的户口。这一年除沙州无户口数外，凉、甘、肃、瓜四州共有户31553，有口155827。凉州所领5县，平均每县有户4492.4，有口24056.2。这是最多的数字。瓜州所领2县，平均每县仅有户238.5，有口2493.5，为诸州中最少的。唐代河西诸州中独无天宝元年沙州户口数。即令以贞观年间的户口代替，五州的户口总数也不如西汉元始二年河西四郡的众多。户口总数不多，而每县平均户口最多的凉州，却超过了西汉最多的张掖郡。这是因为唐代河西各县面积较大，各州领县较少的缘故。西汉元始二年，河西四郡共领35县，武威、张掖两郡最多，各领10县，最少的敦煌郡也领有6县。唐代天宝元年，河西五州共领13县，最多的为凉州，所领5县，其余四州皆只有2县，所以按每县平均计算户口，前后就颇有悬殊。虽然不免悬殊，却都没有发生过严重的粮食不足问题。

远在秦始皇时，蒙恬驱逐匈奴，开设九原郡，为了供应阴山上下防边驻军和新徙来移民的粮秣，曾大举运输粮食。这些漕粮最远取之于黄、腄、琅邪负海之郡①。黄县在今山东黄县东，腄县在今山东福山县。琅邪为郡名，其治所在今山东胶南市南。总起来说，都是在今山东半岛的东部。由今山东半岛东部运粮至今内蒙古阴山之下河套附近，路途是十分悬远的。这样悬远路途运输粮秣，自然劳民伤财，甚至有人认为这是秦亡的一个原因②。汉武帝开拓土宇，远较秦始皇时为广大，朔方、五原两郡和河西四郡都是这时期设置的。土宇较前广大了，各处新地的粮食供应如何解决，仍然是一个重要问题。当时为了

① 《汉书》卷六四上《主父偃传》。
② 《汉书》卷六四上《主父偃传》。

取河南地，筑朔方，"转漕甚远，自山东皆被其劳，费数十百巨万，府库并虚"。为了通西南夷道，"作者数万人，千里负地，担馈饷，率十余钟致一石，散币于邛僰以辑之"①。这确实都是劳民伤财的大事。稍后"徙贫民于关以西，及充朔方以南新秦中，七十余万口，衣食皆仰给于县官"②。这当然也是劳民伤财的大事。不过前后不尽相同。取河南地，筑朔方，都是军事行动，通西南夷道，也是巨大的工程，这都不属于迁徙人口从事农业生产，不能不供应所需的粮食。至于徙民实边，就和前两者异趣。前文论及这次迁徙人口事，谓所迁徙的地区应包括河西四郡在内。所以为这次迁徙人口而耗费的帑金，也应该包括河西四郡在内。诚然，这次所迁徙的人口"衣食皆仰给于县官"，不宁惟是，对于这些迁徙的人户不仅要"贷与产业"，还要"使者分部护，冠盖相望"，其结果就难免"费以亿计，县官大空"。试一设想，当匈奴人在此游牧之时，不事营建，仅居于帐幕之中，而此帐幕又随水草盈竭而时时移徙。匈奴人被逐远去，茫茫原野，势必是毫无栖止之地。新来的迁徙人口将如晁错所说的，"营邑立城，制里割宅，通田作之道，正阡陌之界，先为筑室，家有一堂二内门户之闭，置器物焉"③。而新开垦的土地未必就能处处丰收，也是事理所必然的。所谓衣食之费是不能不仰给于县官的。经过几年的经营，迁徙到新地的人口，"男女有婚，生死相恤，坟墓相从，种树畜长，室屋完安"，这就不需要县官的扶持，迁徙的人口是会"民乐其处，而有长居之心的"。

这样的效果是相当明显的。汉武帝愤胡粤之害，屡兴兵戎，

---

① 《汉书》卷二四下《食货志下》。
② 《汉书》卷二四下《食货志下》。
③ 《汉书》卷四九《晁错传》。

于是"干戈日滋，行者赍，居者送，中外骚扰相奉"①。其时对于西域的用兵，先后也有几次，情况似略有不同。武帝停止轮台屯田诏书中曾经指出："前开陵侯击车师时，危须、尉犁、楼兰六国子弟在京师者皆先归，发畜食迎汉军。……诸国兵便罢，不能复至道上食汉军。汉军破城食至多，然士自载不足以竟师，强者尽食畜产，羸者道死数千人。朕发酒泉驴橐驼负食，出玉门迎军。吏卒起张掖，不甚远，然尚厮留甚众②。"这段诏书所言不外三事：一、汉军在西域的军糈供应，率多仰给于当地诸国；二、行军时军队自带的粮饷；三、河西的支援，最东只远到张掖郡。在这篇诏书中并未提到由内地转运漕粮，实际上也不需要从内地转运。轮台诏书颁布于李广利以军降匈奴之后。李广利之降匈奴在武帝征和三年（公元前90年）。由征和三年上溯三十二年为武帝元狩二年（公元前121年）。这一年汉始置武威、酒泉郡③。由此可知，经过三十二年的经营，河西四郡的农业已有一定的基础，不仅满足当地人口的需要，还可能供给用兵西域所需的粮饷。

这样情形还可见之于十六国时期。十六国时期是一个兵戈扰攘、社会极端混乱时期。由于各国霸主的争夺，各地人口经常有大量的迁徙，难得有较为稳定的户口数字。这里不妨举晋武帝太康元年（公元280年）的户数，以事论述。其时凉州一

---

① 《汉书》卷二四下《食货志下》。

② 《汉书》卷九六下《西域传下》。

③ 《汉书》卷六《武帝纪》。按：《地理志》，武威郡置于武帝太初四年（公元前101年），酒泉郡于太初元年（公元前104年），皆与《武帝纪》不同。《西域传》："自武帝初通西域，置校尉，屯田渠犁。是时军旅连出，师行三十二年，海内虚耗。征和中，贰师将军李广利以军降匈奴。"武威、酒泉郡始置于元狩二年，与《西域传》所言相符。故两郡建置之年，应以《武帝纪》为正。

州统郡 8，县 46，户 30700。所统的 8 郡中，金城郡不应列入河西诸郡数内。金城一郡领县 5，有户 2000。河西诸郡共领县 41，有户 28700，平均每县有户 700。永嘉乱离之后，凉州较为安谧，故内地人口多趋向其地。前文引《晋书·张轨传》，谓其时"中州避难来者日月相继"。虽未悉其具体数字，由张轨为之特设武兴郡，可知是相当多的。其后苻坚、李暠时皆有徙入，已见前文，不再赘陈。苻坚和李暠所徙不下二万七千余户。以此数加上西晋太康元年的 28700 户，应有 55700 户，而张轨时所徙入者尚未计入①。虽不能和西汉平帝元始二年相当，亦不能说是过为稀少。在这样分裂的乱世，凉州以东的霸主们是不会运输粮食到西方的。凉州这些人口都应是依靠当地农田的收获为生的。不仅此也，李暠据有敦煌时，为了向东略地，还曾在玉门、阳关等处广田积谷，为东伐之资②。李暠所据有的土地于诸凉中最为狭小，稍稍广田积谷，便可维持一方政权，还可练军经武，谋向其东各处扩张。李暠的西凉如此，前凉和后凉，南凉和北凉也都是在这样情况下巩固它们的政权的。

当然这并不排除当地所遇到的自然灾害和人为设施不当因而构成的一些困难。唐代初年，河西陇右的虚耗凋敝，确曾引起若干顾虑③，经过一番努力和振作还是能够有改观的。拙著《论唐代前期陇右道的东部地区》一文中曾征引陈鸿祖《东城老父传》对此作过说明。东城老父于安史乱后回忆天宝年间富庶的景象，曾经说，"河州敦煌道，岁屯田，实边食，余粟转输灵州，漕下黄河，入太原仓，备关中凶年"。还曾征引《明皇杂

---

① 其时凉州人口亦有被徙他处的。《晋书》卷一一三《苻坚载记》，坚曾徙姑臧豪右七千余户于关中，即其一例。

② 《唐书》卷八七《凉武昭王传》。

③ 《资治通鉴》卷一九六《唐纪一二》，又卷二一三《唐纪二九》。

录》所说的："自安远门西尽唐境万二千里，闾阎相望，桑麻翳野，天下称富庶者无如陇右。"所谓陇右当然是包括河西在内。在那篇拙著中曾经辨明这两条记载，并非完全都是实录。天宝末年，河州敦煌道确曾运输过相当数量的粮食，漕下黄河，以备关中凶年。其实这是当时陇右河西节度使哥舒翰为了争取唐玄宗的宠信而故弄玄虚。不仅唐玄宗中了圈套，就是东城老父这样与唐玄宗有关的人也都信以为真。《明皇杂录》更扩大其辞，竟说"天下称富庶者无如陇右"。这样不实之辞原是不值一驳的。不过还应该再作推索。哥舒翰由河州敦煌道运粮至关中，固然是为了争取唐玄宗的宠信，但河州敦煌道的粮食还是运输出去了。这证明了当时河西的农业还是有相当的成就的，是可以满足当时河西人口和驻军的需要的，但不能说过分富饶。哥舒翰为了争取唐玄宗的宠信运出了粮食，只好另谋补偿的办法，借东土的漕运来供给了。《明皇杂录》所说，过分夸大，益见其为讹妄。正因为河西农业所产的粮食能够自足，是无须假借外地的资助，也未见到有关外地资助的记载。后来元稹在《西凉伎》一首诗中所说的"吾闻昔日西凉州，人烟扑地桑柘稠"[1]，虽系得自古老的传说，却还是近乎实录的。

　　在这样悠久的年代中，河西的农业是怎样取得成就的？除当地农民的勤劳耕耘外，至少有两点是应该得到称道的：其一是开发农田水利灌溉，其二是尽可能扩大农田的地区。

　　我国先民从事农业生产，对于灌溉水利向来是重视的。为了能够灌溉，经常在可能的条件下进行渠道的开凿。这就有助于农业生产的发展。这种事例史不绝书。就在西汉中叶，曾经有过一度高潮，河西各处受益不少。《史记·河渠书》在论述汉

---

　　[1]　《全唐诗》卷四一九，元稹《和李校书新题乐府十二首·西凉伎》。

武帝堵塞瓠子决河之后，接着就说："用事者争言水利，朔方、西河、河西、酒泉皆引河及川谷以溉田。"这只是笼统的说法。《汉书·地理志》的记载就较为具体。据《地理志》所说，张掖郡觻得县，千金渠西至乐涫入泽中。觻得县在今张掖县西北，当时为张掖郡的治所。乐涫为酒泉郡属县，在今酒泉市东南。羌谷水出南山羌中，经觻得县西北流，再折向东北至居延入海。这就是现在的黑河，也称张掖河或弱水。千金渠当是利用羌谷水开凿渠道的。以地形度之，这条渠道可能长达200公里，自然是一条大渠。敦煌郡中的籍端水和氐置水也被引用溉田。籍端水今为疏勒河，也是一条古川，灌溉面积不会很小。《地理志》系籍端水于冥安县下。冥安县在今瓜州县东南。冥安县东北有渊泉县，据阚骃所说，地多泉水，故以为名。渊泉县近籍端水，当也受到灌溉的利益。阚骃为晋时敦煌人，曾仕于沮渠蒙逊，以舆地之学名家，著有《十三州志》。以舆地学者言乡邦事当不会偶有舛讹。由阚骃所说，不仅可知西汉时籍端水的灌溉作用，还可知这条河流直到十六国时对农业仍然有所裨益。氐置水的灌溉区由龙勒县开始。龙勒县在今敦煌市西南。氐置水流经敦煌市，敦煌市也应列入氐置水的灌区之中。氐置水由龙勒县东北流入于泽中，如前所说，这个泽应在今敦煌市北或稍东北处。《汉书·地理志》敦煌市所领的6个县中，除这里已经提到的还有效谷和广至两县。颜师古于效谷县下注说："本鱼泽障地。桑钦说：'孝武元封六年，济南崔不意为鱼泽尉，教力田，以勤效得谷，因立为县名。'"而广至县的昆仑障又为宜禾都尉治所。县以效谷为名，都尉又以宜禾相称，皆说明当地农业取得了相当的成就。效谷县在敦煌市东北，其西就是氐置水下游，当地农业能够有成就，应与氐置水分不开的。广至县又在效谷县之东，也可能与效谷县同为氐置水的灌区。酒泉县治所的福禄县，在呼蚕水流域。呼蚕水今为流经肃州市的北大河。《汉书·地理志》于呼蚕水条下未言及溉民田事，然酒泉郡有灌溉渠道已见于《史记·河渠书》中。酒泉郡于呼蚕水之外别无大川，则《河渠书》中所言灌溉，除呼蚕水更无足以当之者，不能因《地理志》失载而置之不论。河西还有一条谷水，流经武威郡及其所辖的武威县的城外。《地理志》亦未一言其溉民田事。河西四郡中，张掖、酒泉、敦煌三郡治所分别为觻得、禄福、敦煌三县，这几个县能够作为郡治，应各有其具备的条件，至少也是和它们作为灌区，农业能够获得成就有关。准此而言，濒于谷水的武威县，也是应该得到谷水的灌溉的。河西四郡都有能够灌溉的条件并能充分加以利用，农业能够取得成就，那就不是意外的事情了。

欧阳修撰《新唐书·地理志》，于唐代各州农田水利皆备载无遗，独于河西的凉、甘、肃、瓜、沙五州竟未着笔一字。李吉甫撰《元和郡县图志》于河西诸州中仅详载瓜州晋昌县的冥水，并说："自吐谷浑界流入大泽，东西二百六十里，南北六十里。丰水草，宜畜牧。"所说的冥水就是汉时的籍端水。汉时籍端水如上所云，是可以灌溉民田的。可是到了唐代，却仅仅是"丰水草，宜畜牧"，前后差别是很大的。为什么有这样的差别？可能是由于天宝以后，河西为吐蕃所据有，职方之臣未能掌握其地的情况，李吉甫已无足够的材料可供撰述，异代之后欧阳修当更不易着笔了。其实唐代前期河西各地并不是就无农田水利的设施，拙著《论唐代前期陇右道的东部地区》中就曾列举了三宗以资证明。在那篇拙著中是这样说的："武则天时陈子昂就曾说过：'甘州诸屯皆因水利，浊河灌溉，良沃不待天时。'稍后冉实也曾在凉州利沟洫，积糇粮。开元年间，张守珪为瓜州都督，更取得可观的成就。瓜州地多沙碛，本不宜于稼穑，又每年少雨，只能以雪水灌溉，其时当王君㚟败没之后，州城残破，渠堰尽毁，张守珪修复了州城，整理了渠道，为州人所称颂。"这样一些成就是会博得当时后世的称颂的。

河西的降水量一般是稀少的。当地对于农田水利灌溉渠道的兴修自来是十分重视的。如果没有其他意外的变化就可一直沿用下去。实际上若是不能得到水利灌溉，种植农作物就难保不遇到困难，甚至将颗粒无收。所以利用和保护旧渠是刻不容缓的。前面说过，西汉在取得河西之后，兴修农田水利不遗余力，因而能使农业获得显著的发展。魏晋继之，一方赓扬前功①，更注意修理旧渠②。后来到了十六国时期，戎马倥偬，农田水利自难得到修整，史籍亦未见有关记载。可是五凉霸主并未因田亩歉收而多有顾虑，这是在前面已经论述过的。唐宋时期，河西农田水利亦未多见记载，可是灌溉事业并未因此而多所废弛。其遗迹尚多完整，未尽湮塞，当是长期为后世所利用，故能保存至今。今年（公元 1988 年）秋初，中国唐史学会部分同志组团远赴敦煌、哈密、鄯善、吐鲁番等处考察，海亦偕同前往。途中得识敦煌研究所李正宇君。李君正在撰述《唐宋时期敦煌县河渠泉泽简志》。其中所述唐宋时期敦煌县河渠泉泽及水利设施共 103 所。文中所附《唐宋时期敦煌县诸乡位置及渠系分布示意图》，就显示出当时敦煌县十二乡及沙州城附近 50 余所河渠泉泽。当时农田水利设施历历可睹。敦煌于河西地区最居西端，尚且如此，其他各处至少皆当与敦煌相同。可知历

---

① 《三国志》卷二七《魏志·徐邈传》："明帝以凉州绝远，南接蜀寇，以邈为凉州刺史，……河右少雨，常苦乏谷。邈……广开水田，募贫佃之，家家丰足，仓库盈溢。"

② 《后汉书》卷七六《循吏·任延传》："（建武中），拜武威太守。……河西旧少雨泽，乃为置水官吏，修理沟渠，皆蒙其利。"

来河西各处农业能够有所发展，而且取得相当成就，并非偶然。

河西于汉武帝时始置武威、张掖、酒泉、敦煌四郡。武威郡治姑臧，其故城在明凉州卫东北二里①。明凉州卫即今武威县。张掖郡治觻得县，其故城在宋张掖县西北四十里②。宋张掖县即今张掖县。酒泉郡治福禄县，即今酒泉市城③。敦煌郡治敦煌市。敦煌市于唐时为沙州治所。今敦煌市西南有沙州旧城，与今县城隔党河相望，当系汉敦煌郡的遗址。四城城址虽间有改动，最远不超过40里，不能说是很大。这可以说，西汉中叶人士选择城市位置的知识和能力是相当高明的。城市的形成诚然有各种不尽相同的因素，时易世异，有些因素可能已失去作用，城市却不至于有根本的变化，就足以作为证明。河西城市应是受到一些自然条件的制约，由于戈壁和沙漠掺杂于农牧地区之间，而为农为牧又各有其渊源。这四个郡城的设置显然都与当地适于耕耘，而农业都能获得成就有关。自西汉初建四郡，历经隋唐而至于明代，河西在阻隔祁连山南和合黎山北游牧民族的交往，确如有关王朝的期望，起过一定的作用。而丝绸之路的开辟和畅通，这几个城市也能绾毂其间，使往来无所阻碍。

在这四个都具有一方都会的城市中，姑臧犹为重要，又较为繁荣。凉州人户的稠密，于这四个都会中最居首位。历来有关河西人户的记载，皆未言及这四个都会中的具体数目，然由各郡（或各州）的人户数字按所领县数平均分配，其间分布的稠稀是明显可见的。虽是以县数平均计算，然郡治或州治所在之县的人户必然较其他各县为多。这是普通的道理，无待于多

---

① 嘉庆《大清一统志》卷二六七《凉州府》引《明统志》。

② 《太平寰宇记》卷一五二《甘州》。

③ 嘉庆《大清一统志》卷二七八《肃州》："肃州城，明洪武二十八年因旧改筑。"又引《河西旧事》，"禄福城，隋谢艾所筑"。明时所谓旧城，当即谢艾所筑，亦即在汉禄福城址筑成的。

事阐述。这样说来，武威郡及后来凉州治所的姑臧县，人户之多应为河西诸县之冠。前文根据汉唐两代的记载，指出西汉元始二年时武威郡所领 10 县，共有户 17581，有口 76419。平均每县有户 1758，有口 7642，姑臧县的人户应多于这个数字。也指出唐代天宝元年，凉州所领五县，共有户 22462，有口 1202813。平均每县有户 4492，有口 24056，姑臧县的人户也应多于这个数字。前文还曾征引唐代岑参的诗句："凉州七里十万家"，这是说当时凉州繁荣的情形。实际上当时凉州的人户仅多于 4492，是否就达到 5 千户，还未敢必，如何能够说是十万家？有唐一代，作为都城的长安、万年两县，皆为京兆府的属县，天宝年间，京兆府领 23 县，共有户 362921。平均每县为 15779 户。长安、万年共治于都城之内。按平均数计算，两县共有户 31558。实际上两县的户数应该超于此数，然距十万家仍尚很远。远在边地的凉州，如何能够说上有十万人家？显然是在诗人笔下过于夸大了。虽然如此，姑臧城在河西还是规模最大和最为繁荣的。姑臧城本为匈奴所筑，匈奴被逐，这座城就为汉人所沿用，似未闻有所增筑。西晋末年，张轨为凉州刺史，始大城姑臧，南北七里，东西三里①。其周围当为 20 里。后来到五代时，其城依然方幅数里②。这在河西是少见的。今武威县城为明时所筑，周 11 里有奇③。明时度制与晋制略有不同，相差不应过大，今武威县城显然较小于晋时的姑臧县城。西汉时，武威郡和河西其他三郡居于同等地位，似无若何差异。唐时凉州为中都督府，瓜、沙二州皆为下都督府，甘、肃二州皆为一般的州，且

---

① 《晋书》卷八六《张轨传》。
② 《宋史》卷四九二《吐蕃传》。
③ 嘉庆《大清一统志》卷二六七《凉州府》。

又均为下州①。这其间就是有所区别的。唐初，玄奘西行求法，道过凉州。据其所见闻，"凉州为河西都会，襟带西蕃，葱右诸国，商业往来，无有停绝"②，繁荣的情形跃然纸上。及节度使制度建立，凉州更为河西节度使驻节之所，更有利于当地繁荣的发展。前文征引元稹《西凉伎》诗中所说的"吾闻昔日西凉州，人烟扑地桑柘稠"，虽系旧时传闻，谅非虚语。直到北宋时还有人说："唐之盛时，河西三十三州，凉州最大，土沃物繁而人富乐③。"

河西次于凉州治所武威县的都会为张掖县。张掖县于隋时为张掖郡的治所，其实就是汉时张掖郡治所觻得县。觻得县于晋时改为永平县，隋开皇时改为酒泉县，大业时又改为张掖县④。隋时西域诸国多至张掖与中国交市⑤。张掖于此时作为与西域诸国交市的地点，当与交市监的设置有关。交市监，隋初于缘边各地设置，掌互市，参军事，出入交易。炀帝时改为互市监⑥。当时对于西域各国相当重视，炀帝特令裴矩主其事。裴矩时为吏部侍郎，名为称职⑦。隋制，吏部侍郎为正四品，诸缘边交市监视从八品⑧，贵贱相差甚远。炀帝令裴矩主其事，而且还兼程前往张掖，可知其重视的一斑。裴矩到张掖后，即招诱诸国，先后至者十余国⑨。这就使张掖城趋于繁荣。由于隋帝的

---

① 《新唐书》卷四〇《地理志》。
② 慧立、彦悰《大慈恩寺三藏法师传》。
③ 《五代史记》卷七四《附录三·吐蕃传》。
④ 《元和郡县图志》卷四〇下《陇右道下》。
⑤ 《隋书》卷二四《食货志》。
⑥ 《隋书》卷二八《百官志》。
⑦ 《隋书》卷六七《裴矩传》。
⑧ 《隋书》卷二八《百官志》。
⑨ 《隋书》卷六七《裴矩传》。

招徕，张掖城的繁荣迄于隋季当不至凋零。唐时河西节度使驻节凉州，其副使则驻节甘州，这对于张掖的繁荣是会有所帮助的。张掖城是繁荣了，但武威城却并未因之而衰落下去。前文曾征引《大慈恩寺三藏法师传》证明唐初凉州的繁荣。玄奘至凉州为贞观三年事，上距裴矩监张掖互市，尚不到 20 年。在此期间，张掖正在繁荣时期，对于凉州似无若影响。

最能引人注意的，则是敦煌。莫高窟的开始兴建，远在前秦之时。其后陆续开凿，并未稍有止息。隋唐时期施工益为繁多。这由诸石窟的雕塑艺术和题名、石刻可以一一覆按，尤其是不少的供养人像显示其为来自西域的远客。这些远客的莅临正显示出敦煌有一定的繁荣。自张骞通西域后，西域和内地的交往，不论其出入阳关或玉门关，都必须经过敦煌。前往西域者，出阳关或玉门关前，都必须在敦煌重整行装，补充给养，以便远涉戈壁不至遭受更多的困难。其来自西域者，沿途历经奔波，甚至艰险，得至敦煌，便当稍事休整，再继续长途跋涉。一些胡商还可就地销售所携来货物，即可专返原地，计划再度来此贸易。有此诸因，敦煌的繁荣是无待疑问的。不过有一点还须稍加解释。十六国时期，李暠建立西凉政权，即以敦煌为都。其后又迁都酒泉。这次迁都并非由于敦煌的萧条，而是李暠图谋向东扩展。李暠在迁都之前，曾大集群僚，慷慨陈词，谓"今惟蒙逊鸱跱一城，自张掖已东，晋之遗黎，虽为戎虏所制，至于向义思风，过于殷人之望西伯。大业须定，不可安寝，吾将迁都酒泉，渐逼寇穴"①。这段言辞至为明显。李暠的迁都纯从政治与军事着眼，敦煌废不为都，只是其所在位置偏于西僻，延缓它的东向扩展，和敦煌的繁荣萧条是不相关的。

---

① 《晋书》卷八七《凉武昭王传》。

其实，以敦煌的富庶是可以支持一方的政权的。唐代中叶，吐蕃乘安史之乱，占据了河西陇右各地。安史之乱平定之后，唐以全国之力防御吐蕃东侵，防秋之兵难得解甲稍息。宣宗大中五年（公元851年），沙州人张义潮阴结英豪归唐，竟能战胜吐蕃守军，奉瓜、沙、伊、肃、甘等十一州地图归国①。张义潮虽能奉唐正朔，然远在西陲，实不易得到长安的助力。到了五代，曹义金仍能绍继张氏的旧勋，巍然系一方的安危。直至宋时，西夏强盛，沙州方为所并。以敦煌为中心这样的地方力量，能够继续存在，固然是张义潮、曹义金及其后继者毅力壮志的具体表现，如果不是敦煌的繁荣和沙州的富庶作为基础，恐怕也是难于支持这样悠久的年月的。

五、经过河西的交通道路

论西域和内地的交通，自来都认为是始于张骞的凿空。张骞以前虽未见于记载，然亦非绝无此可能。张骞在大夏时，始见邛杖蜀布。此邛杖蜀布能够远至大夏，当是由今云南省西运的。这应是假借商贾之手，故史籍未见记载。唐蒙在南越获食枸酱，因而建议通夜郎道。蜀中枸酱能够输至南越，也是商贾所致力的。张骞西使以前，祁连山下可能已有商贾往来。不过这是推测之辞，是难得证实的。

然而有一问题不容不在此略为涉及。这是有关殷商时期制造器皿所用的玉出自何方的问题。我国先民喜用玉器是有悠久的渊源的。《尚书·汤誓》："夏师败绩，汤遂从之，遂代三朡，俘厥宝玉。"后来到了殷商，用玉更多，下至两周，用玉之风愈益普遍。制造这些玉器所用之玉究竟来自何方？殊滋疑义。近

_____
① 《新唐书》卷二一七下《吐蕃传下》。

来有的同志据出土殷商的玉器，作化学测定，谓其中有一部分的素质和现在新疆和田所产的玉相同，因而确定殷商时所用的玉来自新疆。这就不能不引起若干疑问。据说所测定的玉器，仅有一部分和新疆所产的玉素质相同。如果这一部分的玉来自现在的和田，其余得自何方？就不能不成为问题。我国产玉之地也并非绝无仅有，只是有的矿源已竭，未见再行开采。是否这些产地所产的玉都已经过测定？矿源已竭的产地，无玉可采，将用何物来代替测定？若无法测定，如何能说所产的玉不含所测定的因素？就是来自现在的和田，在此悬远的距离中，究竟取什么道路？未见有所考实，仿佛就在近旁，唾手可得。按之张骞凿空前后，西域道上，小国林立，不必追溯远古，秦穆公就曾西伐戎王，益国十二。秦昭襄王时，还曾继续开拓，义渠戎国就为秦国纳入版图①。义渠以西，尚渺茫难知。西汉中叶，始从匈奴降者得知有大月氏，复知与大月氏共居的乌孙。阳关以西又有鄯善、若羌、且末、扜弥等七八国，然后才能达到产玉的于阗。这样纡远的路途，于阗之玉如何能够东运？当然也可以说，假借商贾的力量。可是当时用玉之多，商贾之力如何能够供应得上？十六国时期，吕光在姑臧建立凉国，史称后凉。吕光自称三河王，遣使至于阗购买六玺玉。及玉运至敦煌，李暠的西凉政权已经建立起来，这批玉货就为李暠所没收②。殷商时的玉如果来自于阗，沿途经这许多政权和族类的辖地，是否了无阻隔，就不能不是个问题。当然这只能算是猜度，实际上当时恐难如所设想，真的能够远至于阗运玉。今传世《穆天子传》叙述穆王西游，曾远至于昆仑。昆仑山在今新疆西部，为黄河发源之地。这个昆仑山乃是汉武帝听到张骞的报告所起的

---

① 《史记》卷五《秦本纪》。
② 《晋书》卷八七《凉武昭王传》。

名称，与穆王的游历无关。因为古图书说黄河发源于昆仑山。张骞以今塔里木河为黄河，所以昆仑山也就移到今新疆的西部①。《穆天子传》，《四库全书总目》列于《小说家类》，盖以其"夸言寡实"，不能与一般史籍相提并论。据《国语》所载，穆王曾经征过犬戎，仅得四白狼四白鹿以归，自是荒服者不至。犬戎为西戎别名，居于周的西陲。周幽王时，犬戎内侵，西周为之倾覆，其相去并不很远。西周时期尚且如此，殷商之时何能远至西域，采玉购玉于昆仑山下？

　　张骞自西域归来，汉使多循迹前往。由于河西已入汉的版图，汉使往来，即遵循武威、张掖、酒泉、敦煌四郡一途。这条道路也是所谓丝绸之路的一段，这是论西域史事者共同认可的道路。河西夹处在祁连、合黎两山之间，若不是南越祁连山，而北绕合黎山，这里是别无其他歧途的。

　　然而河西的东西两端，不仅有歧途，甚至不是一条。论河西史事者不容舍而无所涉及。拙著《论唐代前期陇右道的东部地区》曾经指出，由当时都城长安西行，有南北两道都可抵达河西的东部。其南道经雍县、汧源、上邽、襄武、渭源、狄道、金城诸县，出金城关，循乌逆水而上，再经广武县，而至凉州。用现在地理来说，就是经过陕西凤翔、陇县，甘肃天水、陇西、渭源、临洮、兰州诸县市，溯庄浪河而上，经永登县，就可达到原来凉州的治所姑臧县。其北道经新平、安定、平凉、平高、会宁诸县，出乌兰关，亦可至凉州。用现在地理来说，就是经过陕西彬县、甘肃泾川、平凉、宁夏固原和甘肃靖远诸县，而至凉州。在这南北两条道路之外，还有一条道路，乃是由上述的南道西行，至狄道县，渡洮河和大夏河而至于河州，出凤林

_____

　　① 《汉书》卷六一《张骞传》。

关，渡黄河，再经鄯州和鄯城县，过浩亹水，越祁连山，而至于甘州。唐河州治所在今甘肃临夏县。鄯州治所在今青海海东市。鄯城县今为青海西宁市。凤林关在今甘肃永靖县。浩亹水今为青海大通河。这条道路更在南道之南。

这三条道路只能说是唐代丝绸之路东端的几条歧途。道路的设置固然可以承袭前代的旧规，但溯其肇始却也不能一概而论。经过凤林关和越过祁连山的道路，也就是南道之南的道路，是要经过位于今永靖县的炳灵寺的。炳灵寺的建筑始于西秦乞伏炽磐建弘元年（公元 420 年），可以作为这条道路畅通的标志。再往前溯，东晋法显就是从这条道路西行求法的。法显的西行是在晋安帝隆安三年（公元 399 年），其时炳灵寺固尚未建立也。

另一求法高僧玄奘所行的却是上面所说的南道。据慧立和彦悰所记："时有秦州僧孝达在京学《涅槃经》，功毕返乡，（玄奘）遂与俱去。至秦州，停一宿，逢兰州伴，又随去兰州。一宿，遇凉州人送官马归，又随从至彼[1]。"这当然不是说，这条道路至玄奘西行求法时始畅通无阻。

其实，玄奘所行这条南道乃是张骞通西域后，由长安西行的主要道路，也是唯一的道路。《史记·大宛传》论述当时的形势说："匈奴居盐泽以东，至陇西长城，南接羌，隔汉道焉[2]。"汉廷为了保证进入河西道路的安全，在浑邪王降附之后，"始筑

---

① 《大慈恩寺三藏法师传》。

② 汉陇西郡西北界直抵黄河。匈奴与陇西郡接壤，其辖地也已至黄河岸边。这里特别提到陇西长城。乃是指秦始皇使蒙恬所修筑的长城。秦始皇的长城与其祖秦昭襄王的长城一样，起于临洮（今甘肃岷县），至狄道（今甘肃临洮县）后直向北行，再循黄河而下。《大宛传》所说的"至陇右长城"就足以作为证明。

令居以西"①。令居县故城在今甘肃永登县西北，位于庄浪河流域。庄浪河当时称为乌亭逆水。乌亭逆水上源近乌鞘岭，其地山岳重叠，所谓"筑令居以西"，当由其地开始。这就足以证明溯乌亭逆水，经令居县，当时为前往河西道路的所在。

唐时这条道路由长安西行，是要经过雍县、汧源两县，再至于上邽县。雍县为今凤翔县，汧源为今陇县，上邽县今为天水市。这是在前面已经说过了的。西汉时由长安往西，同样要经过这几个县的。只是唐汧源县，汉时称为汧县。这条道路在这里的路线只有这一条，别无选择。因为汧县或汧源县以西，陇山高耸，行到这里必须越过陇山。陇山岩障高嶻，不通轨辙，行旅视为畏途。陇头呜咽流水，越山远行者往往为之怅惘。虽历尽艰辛，亦无术改变途程。可知远在汉世，这条道路不仅是前往西域的主要道路，而且还可以说是唯一的道路。

唐代前往西域的北道，是要经过乌兰关的。乌兰关在乌兰县，濒于黄河。乌兰县在会州治所会宁县的西南。周武帝西巡至此置乌兰关②。乌兰置关显示这条道路的重要。道路上设置关隘当是这条道路的通行已有相当岁月，但也不是开通已久。西汉时，这里不仅未设关隘，而且也还未形成前往西域的大道。汉武帝曾经西逾陇山，由陇西北出萧关，行猎新秦中而归③。萧关在今宁夏固原市东南。由此更西北行，即可达到今会宁县，亦即唐代会州的所在地。然武帝却是由萧关北去，去到新秦中。更始时，班彪避难凉州，作《北征赋》以见志。赋中备列沿途所经过的地方。他一则说："朝发轫于长都兮，夕宿瓠谷之玄宫"；他又说："乘陵岗以登降，息郇邠之邑乡"；他接着说：

① 《汉书》卷九六上《西域传》。
② 《元和郡县图志》卷四《会州》。
③ 《汉书》卷二四《食货志》。

"登赤须之长坂，入义渠之旧城"；他还说："过泥阳而太息兮，悲祖庙之不修；释余马于彭阳兮，且弭节而自思"；然后他再说："跻高平而周览，望山谷之嵯峨"①。长都指长安而言，这是说他由长安首途。瓠谷为焦获，在今陕西泾阳县。郇为右扶风的属县，在今陕西旬邑县的东北。邠为郇县的乡聚，亦当在今旬邑县境内。赤须坂在北地郡，义渠的旧城当在今甘肃庆阳西南。泥阳为北地郡属县，在今甘肃宁县东。彭阳为安定郡属县，在今甘肃镇原县东南。高平为安定郡治所，在今宁夏固原市。高平为班彪此行最后的目的地。他由长安一路行来，经过今陕西泾阳、淳化、旬邑，甘肃的宁县、庆阳、镇原诸县，而至于宁夏的固原市。

　　稍后于班彪经行这条道路的是东汉光武帝的征隗嚣。光武帝为此也曾经亲自到过高平。在高平会见了窦融及其所率的武威、张掖、酒泉、敦煌、金城五郡太守②。窦融及五郡太守从哪一条道路去到高平，未见记载。既有金城太守偕行，可能是由金城渡过黄河，再折向东行的。汉武帝曾经越过陇山，登空同，西临祖厉河而还③。空同山在今甘肃平凉市西，亦作鸡头山。祖厉河源于今甘肃会宁县，北流至靖远县入黄河。汉武帝由空同山西行，所临的祖厉河当在今会宁县境。秦始皇巡陇西、北地时，出鸡头山过回中④。汉武帝所行的空同山至祖厉河一段道路，应是陇西郡至北地郡的大路。汉武帝当时仅至于祖厉河，并未由此前往陇西。当窦融率五郡太守会光武帝于高平以前，

---

　　① 《文选》卷九。
　　② 《后汉书》卷一下《光武纪》。李贤注：五郡谓陇西、金城、天水、酒泉、张掖。按：窦融时为河西五郡大将军，所率领的五郡中有武威、敦煌，而无陇西、天水，李注盖误。
　　③ 《汉书》卷六《武帝纪》。
　　④ 《史记》卷六《秦始皇本纪》。

曾派遣其弟窦友赴洛阳诣阙陈情。友至高平，会隗嚣反叛，道路阻绝，中途复还①。窦友由河西赴洛阳，也要经过高平，这是因为隗嚣盘踞天水，反对汉室。窦友如果要经过天水去洛阳，在当时几乎是不可能的，所以不能不绕道高平，再折而东南行。就是这样也为隗嚣所阻，未能继续前去。这就完全可以证明：汉时由长安赴西域是以越过陇山，再经天水为主要道路，是不会经过高平的。由窦友到高平一事，还可以证明当时由长安至六盘山下的道路，仍然是像班彪所走过的那样，要经过郇邠和彭阳，也就是经过现在陕西旬邑和甘肃镇原的道路，那时好像由现在甘肃平凉、泾川等县东南行的道路，还未能成为通行的大道，不然窦友越过六盘山后，不会再折向北行，到达高平，也就是现在的固原的。

唐代的乌兰县于汉时为祖厉县。祖厉县城在祖厉河的下游。汉武帝虽临祖厉河，却未到过祖厉县。史籍中亦未见有人到过祖厉县的记载，可见祖厉县并未有通行的大道，远越西域者是不会出于此途的。

前面曾经指出：由长安西行经过河西而至西域的道路中有一条是遵循南道，到今甘肃临洮县，渡洮河和大夏河，经青海海东市和西宁市，越祁连山而至于张掖的。这是河西中部分出的一条道路。在这条道路以西还应有一条道路，也可说是河西大道的另一条分支。这条道路是由敦煌南行，大致是通过现在的当金山口，经由柴达木盆地，更东南行，以达吐谷浑东境龙涸（今四川松潘）而入益州②。西凉李暠曾经几次派遣使臣间行

---

① 《后汉书》卷一三《窦融传》。

② 唐长孺《北凉承平七年（公元449年）写经题记与西域通往江南的道路》（刊《向达先生纪念论文集》）。

奉表至建康①，所行的就是这条道路。其时沮渠蒙逊方盘踞张掖，建立北凉，由敦煌经过酒泉东行是不可能的。由敦煌南行经过柴达木盆地的道路并非主要的大道，当时称之为间行，也不是没有道理的。其后北凉姑臧为北魏所攻破，凉王沮渠牧犍降魏。牧犍弟无讳继续与魏军相抗，辗转至高昌，仍自称凉国。这个凉国为了取得东晋的支持，不断派遣使臣东南至建康。当魏军还未占领敦煌时，赴东晋的使臣仍和西凉一样，由敦煌南行。后来这条道路阻塞，只好改道由焉耆到鄯善（今新疆若羌县），再越过阿尔金山口，进入吐谷浑境内②。虽未能取道阳关或玉门关，经过敦煌，也还是可以作为丝绸之路的一条支路的。

　　由河西西行前往西域，西汉时有南北两道。即《汉书·西域传》所谓："从鄯善傍南山北，波河西行，至莎东，为南道"，"自车师前王庭随北山，波河西行，至疏勒，为北道"。这是出玉门、阳关西行的。《三国志·魏书·乌丸鲜卑东夷传·注》引《魏略》，又增添了一道。《魏略》说："从敦煌玉门关入西域，前有二道，今有三道。从玉门关西出，经若羌转西，越葱岭，经悬度，入大月氏，为南道。从玉门关西出，发都护井，回三陇沙北头，经居卢仓，从沙西井转西北，过龙堆，到故楼兰，转西诣龟兹，至葱岭，为中道。从玉门关西北出，经横坑，辟三陇沙及龙堆，出五船北，到车师界戊己校尉所治高昌，转西与中道合龟兹，为新道。"西汉时的北道是经过车师前王庭的。车师前王庭治交河城，在今新疆吐鲁番西北。《魏略》所说的北道却与车师前王庭无关。《魏略》所说的新道，要经过车师界戊己校尉所治的高昌，高昌在今吐鲁番的东南，和交河城相距并

---

　　①　《晋书》卷八七《凉武昭王传》。

　　②　唐长孺《北凉承平七年（公元 449 年）写经题记与西域通往江南的道路》。

非过远。这样的改变使原来北道的路程有所缩短。《魏略》所说的新道，是出五船北到高昌。五船未知确地所在，但既有意避开三陇沙及龙堆，当是出玉门关后即转向北行。其北为伊吾，即今新疆哈密市。《魏略》所说的新道未明白指出经过伊吾，恐是行文简略，未能一一涉及。伊吾本匈奴伊吾卢地。东汉明帝永平十六年（公元 73 年），取得此地，并于其地置宜禾都尉，从事屯田。伊吾土地膏腴，为匈奴所必争，故常驻军以资防卫①。这样重要的地方，新道若不经过其地，那将是不可思议的。而且新道的形成也不至迟到曹魏之时，只是到《魏略》的撰著才见于记载。

魏收撰《魏书·西域传》，于玉门关外的道路，别有论述。它说："出西域本有二道，后更为四出：自玉门渡流沙西行两千里，至鄯善，为一道；自玉门渡流沙北行二千二百里，至车师，为一道；从莎车西行一百里，至葱岭，葱岭西一千三百里，至伽倍，为一道；自莎车西南五百里，葱岭西南一千三百里，至波路为一道。"《魏书》所说的虽为四道，实际上却只有两道。莎车今为新疆莎车县，正是西汉时南道经过的地方。南道逾葱岭，至大月氏、安息等地。《魏书》西行的两道，皆须逾葱岭。西域诸国因时而有兴废，故所至之国与西汉时不同，可以说，《魏书》莎车西行的两道，只是汉时南道的伸延，或者就是汉时的南道。《魏书》所说的自玉门渡流沙至车师的一道，既可说是《汉书·西域传》的北道，也可说《魏略》所说的新道，因为这两条道路都和车师有关。《魏书》的记载只是董琬、高明两人由西域归来后的陈说，董琬、高明曾至乌孙、破洛那等九国，故所述有限。

① 《后汉书》卷八八《西域传》。

隋炀帝时裴矩曾数至张掖、敦煌，由于究心边事，撰成《西域图记》三卷。据其所述，由敦煌至于西海，凡有三道。北道从伊吾经蒲类海、铁勒部，突厥可汗庭，度北流河水，至拂菻国，达于西海。中道从高昌、焉耆、龟兹、疏勒，度葱岭，又经钹汗、苏对沙那国、康国、曹国、何国、大小安国、穆国，至波斯，达于西海。南道从鄯善、于阗、朱俱波、喝槃陀，度葱岭，又经护密、吐火罗、挹怛、帆延、漕国，至北婆罗门，达于西海①。这三条道路其发轫处和最初的路段，略同于《魏略》。其中南道自来少有改变。北道和中道与《魏略》的北道和新道所差异的，只是高昌的问题。其实这几条道路都是可以达到高昌的。山川形势如此，只是跋涉者取其方便而已。

敦煌于唐时为沙州的治所。《元和郡县图志》记沙州的"八到"："西至石城镇一千五百里，北至伊州七百里。"沙州与伊州相距 700 里，虽亦须经过莫贺延碛，路程究非过远，可以暂置不论。石城镇即鄯善。贾耽所记入四夷道路，于沙州西行的道路曾有具体的记载，据其所说："自沙州寿昌县西十里至阳关故城，又西至蒲昌海岸千里，自蒲昌海南岸西经七屯城，汉伊脩城也，又西八十里至石城镇，汉楼兰国也，亦名鄯善②。"虽所记道路里数与《元和郡县图志》不尽相合，而沿途经过却较为详备，可以征信。

《元和郡县图志》于沙州八到中未涉及至西州的道路，而西州的八到中却有"东南至金沙州一千四百里，南至楼兰国一千二百里，并沙碛，难行"的记载。唐时无金沙州。此金沙州当系因下文的金婆岭而误衍金字。有这一条记载，即可与沙州的八到相互订正。《汉书》所说的车师前王庭，《魏略》所说的车

---

① 《隋书》卷六七《裴矩传》。
② 《新唐书》卷四三下《地理志》。

师界戊己校尉所治的高昌，皆在唐西州境。西州治所的前庭县，本名高昌，即取旧高昌国为名①。这条沙州和西州间的大道，当即《敦煌石室佚书》本《西州图经》所说的大海道，亦即《太平寰宇记》征引裴矩《西域记》所说的柳中路。大海道是因柳中县东的大沙海而得名，柳中道自是因经过柳中县而得名。柳中县即今鄯善县的鲁克沁，大沙海即今噶顺戈壁。由于有《西州图经》和《西域记》的记载，这条道路就更为明确②。《汉书·西域传》记南北两道，虽是出玉门、阳关，而北道却是从车师前王庭起始。由隋唐时期的记载，可补玉门至车师前王庭间的一段。《魏书·西域传》所记较《汉书》为明确，惟道路里程与《西州图经》《西域记》皆不同。戈壁中的里程恐也难得都能一致。《旧唐书·经籍志》和《新唐书·艺文志》皆未著录裴矩《西域图记》，亦未著录《西域记》，恐二者本是一书，传写误为两书。《隋书·裴矩传》所录者为其书序文，《太平寰宇记》所征引者当为其具体条目，故详略有所不同。得《太平寰宇记》的引用，更可以征信。

　　不论这些道路如何分歧，都是发轫于敦煌的，也就是离不开玉门和阳关。这里应该特别提出，由河西前往西域除过由敦煌起程外，还有一条道路。这条道路是由瓜州治所晋昌县东北起，可以通到伊州。伊州治所伊吾县，汉魏以来都是有名的所在。唐贞观初年，玄奘西行求法，就是由这条道路前往的。据慧立和彦悰所记："（玄奘）遂至瓜州，……因访西路。或有报云：从此北行五十余里有瓠𬭤河，下广上狭，洄波甚急，深不可渡。上置玉门关，路必由之，即西境之襟喉也。关外西北又有五烽，候望者居之，各相去百里，中无水草。五烽之外即莫

---

① 　《元和郡县图志》卷四〇《西州》。

② 　王去非《关于大海道》（刊《向达先生纪念论文集》）。

贺延碛，伊吾国境①。"玄奘即遵此路前往。《元和郡县图志》
瓜州晋昌县东二十步有玉门关。未载置关年月。《元和郡县图
志》又于沙州寿昌县条下列有玉门故关，亦未载废省年月。西
汉酒泉郡有玉门县，在今甘肃玉门市西北。据说，汉罢玉门关
屯，徙其人于此②。论其方位又与唐玉门关不同。玄奘既由此玉
门关西行，西行之年为贞观三年，则这里的玉门关唐初已经有
了。玄奘离晋昌县时，由于逻者甚严，入夜始得启行，三更许
即望见玉门关，计程约二十余里，《元和郡县图志》谓玉门关在
晋昌县东二十步，显然是记载的讹误。玄奘离晋昌县前，闻人
说玉门关在瓠𬇚河上。迨其将至玉门关时，发现这条河水的两
岸可阔丈余，河上架木为桥。瓠𬇚河未见地志记载，晋昌县有
冥水，瓠𬇚河当即冥水。谭季龙（其骧）教授撰《中国历史地
图集》，于唐代《陇右道东部图》中不从今本《元和郡县图志》
之说，而置玉门关于冥水之西，极是。惟距冥水稍远，与《大
慈恩寺三藏法师传》未尽相合。

这条通过唐代玉门关的道路的开通，实际上是绕过了敦煌。
但这条道路只是河西通往西域的一条支路，其他几条道路仍然
继续畅通，还是依旧经过敦煌的。敦煌的重要地位并未因此而
有显著降低和削弱。玄奘西行是在唐的初年，他所走过的道路
以后照常通行，玉门关没有废止就是具体的证明，就在这时，
敦煌仍然繁荣，莫高窟在唐代不断有新窟开凿成功，说明了其
他几条道路继续显示出重要的作用。

此外，还有一条有关河西至西域的道路的记载，见于《隋
书·高昌传》。《传》中说："从武威西北有捷路，度沙碛千余

---

① 《大慈恩寺三藏法师传》。
② 《汉书》卷二八下《地理志下·注》引阚骃说。

里，四面茫然，无有蹊径，欲往者寻有人畜骸骨而去，路中或闻歌哭之声，行人寻之，多致亡失，盖魑魅魍魉也，故商客往来多取伊吾路。"这段叙述中特别指出这是一条"捷路"，显示它并非一般通行的道路。再则说，它是一条不经过伊吾的道路，因为由于这条道路难于通行，所以商客往来才多取伊吾路。伊吾在高昌之东，武威更远在伊吾东南，由东南或东方去到高昌，是一定要经过伊吾的。后来北宋王延德使高昌，就是绕道今内蒙古前往的，途中经过伊州（即伊吾）才到高昌的。由武威前往不论采取哪一条道路，也是不能不经过伊吾的。况且武威距离高昌绝远，并非只有千余里。当时通行大道是由凉州至甘州，再至肃州、瓜州。据《元和郡县图志》所载，凉州至甘州 500 里，甘州至肃州 400 里，肃州至瓜州 480 里。仅凉州至瓜州之间已有 1380 里。而瓜州至高昌的里程更远过此数。所谓"捷径"应较此为近，但近至千余里是讲不通的。可能《隋书》于此有误文，这条捷路不一定始于武威。如由瓜州西行，里程差相近似。因为伊州东南取莫贺碛路至瓜州 900 里，西州（即高昌国故城所在地）东北至伊州 730 里，合计亦是千余里。这条道路是要经过伊州的，应该就是伊吾道。而《隋书》记载这条捷径明白不是伊吾道。这就不能说是这条道路的舛讹。或谓《隋书》所说的武威为敦煌之误①。敦煌在伊州正南微东，由敦煌去高昌可以不必绕道伊州，而高昌所在的西州距敦煌也只有 1400 里，是和千余里之说相符合的。可是由敦煌去高昌的道路，自西汉以来即已通行，说不上是一条捷径。到底如何解释，只好暂置不论，留待高明。

上面所述的这几条道路，都是通过河西的西北、东南走向

---

① 王去非《关于大海道》。

的大道的分支。也可以说是丝绸之路在这个地区的分支。虽说是丝绸之路的分支，也可以作其他的用项。历来有些军事活动就曾经是在这些道路上进行的。当然，通过河西的大道的分支还不仅只是这几条，只是和丝绸的运输没有多大的关系。汉时的弱水，亦即唐时的张掖河，是由甘、肃两州之间流入居延海的。这条河谷也是一条南北向的道路。而由武威城外北流的石羊河，亦即汉时的谷水和唐时的马城河，其河谷也是一条南北向的道路。在这两条道路上的军事行动就显得较多。西汉时李陵北征匈奴，即由居延北行，出遮虏障，而至于浚稽山上[①]。居延县和遮虏障皆在今额济纳旗，正是张掖河行将入居延海处。到了唐代前期，这两条道路都是突厥不时南下必经之地，军事行动尤为繁多。

唐代后期，河西多故。吐蕃借安史之乱，据有陇右、河西。其后吐蕃衰乱，沙州张义潮以瓜、沙、甘、肃来归。寻而回鹘余部亦散居甘州等处。于是丝绸之路就逐渐失其作用。胡商使人即使有所往来，也不一定仍然遵循旧日通行的大道。五代时，党项族散居于邠宁、鄜延、灵武、河西间，而居于灵、庆诸地者尤为剽悍。这些地方约当于现在陕北、陇东和宁夏，当时的灵州治所就在今宁夏灵武县，庆州治所则在今甘肃庆阳市。这时甘州回鹘朝贡中原王朝，经过灵、庆之间，往往为当地部落所邀劫，甚而执其使者，卖之他族，以易牛马。为什么甘州回鹘舍正路而不由，而出此不安谧的道途？据说是"唐亡，天下乱，凉州以东为突厥、党项所隔"[②]。唐末五代党项逐渐强大，稍后的夏国曾数以公主下嫁回鹘，其时回鹘方强大，牙帐在漠北，何得远至张掖河畔？王延德自拽利王子部西行，历阿墪族

---

① 《汉书》卷五四《李陵传》。
② 《新五代史》卷七四《四夷附录》。

而至马鬃山。此山迄今仍以马鬃为名，其主峰在甘肃玉门镇北。其东距张掖河亦非过远，故王延德于渡过合罗川后即可直至马鬃山。王延德由马鬃山西行，又历格啰美源。据说这是"西方百川所会，极望无际，鸥鹭凫雁之类甚众"。这样的大湖泊惟冥水下游所入之海足以当之。冥水即今疏勒河。然其地远在马鬃山之南，王延德若至其地，似更近于西夏。由马鬃山再西，历小石州而至于伊州，也即现在新疆哈密市，已在河西的西北。由伊州至高昌，当时大道仍可通行无阻。王延德此行约略与十六国时期仍袭用北凉国号的沮渠安周之通使东晋相似。沮渠安周为沮渠无讳之弟。沮渠无讳其时据有高昌，借敦煌一途与东晋互通往来。沮渠安周时，敦煌以东皆已为北魏所据有，沮渠安周所派遣的使人只好由现在新疆若羌越过阿尔金山口，进入吐谷浑属地，再继续向东南进行①。沮渠安周的使人和王延德所行皆已远离河西，只是在河西大道难于通行时，使丝绸之路不至完全中断而已。

西夏占据河西，确实使丝绸之路的交通受到一定的困难，却也不是就此阻阂不通。下迄北宋，西域使者还是往来不绝。宋真宗大中祥符二年（公元 1009 年），于阗使人说："昔时道路尝有剽掠，今自瓜、沙抵于阗，道路静谧，行旅如流。"② 哲宗绍圣（公元 1094—1097 年）中，知秦州游师雄言："于阗、大食、拂菻等国贡奉，般次踵至，有司惮于供赍，抑留边方，限二岁一进，外夷慕义，万里而至，此非所以来远人也。"北宋政府接受这样的意见，自后朝享不绝，讫于宣和（公元 1119—1125 年）之时③。但对于回鹘，却是多方限制，据《宋史》记

---

①　唐长孺《北凉承平七年（449）写经题记与西域通往江南的道路》。
②　《宋史》卷四九〇《于阗国传》。
③　《宋史》卷四九〇《于阗国传》。

载："回鹘使不常来，宣和中，间因入贡散而之陕西诸州，公为贸易，至留久不归。朝廷虑其习知边事，且往来皆经夏国，于播传非便，乃立法禁之[①]。"这些记载都显示出丝绸之路有些阻阂，当时的中原王朝也应有一定的责任。

这条大道在蒙古统治时期还有一段畅通时期，也为敦煌莫高窟中增加了若干色彩。可是这条道路后终于萧索下去，河西当然也受到影响，至少在经济方面显得多些。不过河西还有其他有利的因素，仍然能不断发展下去。

（原载《中国历史地理论丛》1988 年第 4 期、1989 年第 1 期）

---

① 《宋史》卷四九〇《回鹘国传》。

第十讲　历史时期黄土高原生态平衡的失调及其影响

黄土高原涉及甘肃、宁夏、陕西、山西、河南等五个省区，其中山西全省都在黄土高原上。黄土实际覆盖面积近 30 万平方公里。由于长期生态平衡失调，当前影响已相当严重，如果不早日设法扭转，后果将不堪设想。为了惩前毖后，略一探索其失调的来历及其影响，对于当前的四化建设，不是没有益处的。

一、黄土高原的本来面貌

黄土高原形成很久了。洪荒初辟之时，尚无人迹，故这里论述只限于历史时期。

就在历史时期的早期，黄土高原的面貌和现在迥然不同。黄土高原本是以土壤色黄而得名的。现在登上黄土高原，极目瞭望，无论远近，皆呈一片黄色，因为遍地都是黄土，这是不足为奇的。其实在历史时期的早期，这里应该是一片绿色，黄色的土壤并不是那么显著的。当时原始森林遍布于山峦丘阜和低地平川①，其间还夹杂着若干草原。植被是这样完整，使黄土高原上有了一层严密的覆盖，所以到处显出绿色。那时这里的黄土虽已经受人注意，而被称为黄壤②，但只是作为区别土壤的名称，不能因此说黄色是当时黄土高原的特点。

然而最能说明问题的，却是黄河及其支流，黄河流经黄土高原，支流甚多，水中夹杂大量泥沙，所以呈现黄色。黄河之黄仿佛天经地义，其实以前只称河水，而黄河这个名称的最初使用，不过西汉初年③，距今只有两千二百年。春秋时有人引用一句佚诗："俟河之清，人寿几何"④，只是说黄河不清。战国时人以黄河和济水相比较，只是说清济浊河⑤。显然那时黄河的特点还只是浑浊，说明所夹带的泥沙量不是太多。

黄河的重要支流为汾河、渭河和洛河、沁河。这几条河流都曾经有过清澈的记录，渭河经常与其支流泾河并称，洛河也常和其支流伊河并称。《诗》三百篇中曾经有过这样一句诗："泾以渭浊，湜湜其沚⑥。"这句诗长期引起争论：到底是泾清渭浊呢，还是泾浊渭清呢？这样的争论，初步已经说明了一个问题，这两条河流中，在西周春秋时，至少有一条是相当清澈的。我在一篇题为《论泾渭清浊的变迁》⑦的论文中，曾详细作了论述，指出本来泾河是清的，后来两河的清浊随时而有变迁，未可一概而论。实际上当泾河还是清澈的时候，渭河只是较为浑浊罢了，并不像现在和黄河一样也成为黄水。洛河和伊河问题

① 拙著《历史时期黄河中游的森林》。
② 《尚书·禹贡篇》。
③ 《汉书》卷一六《高惠高后文功臣表》。
④ 《左传》襄公八年。
⑤ 《战国策·燕策一》。
⑥ 《诗·邶风·谷风》。
⑦ 拙著《河山集》二集。

就更简单了，这两条河流长期都是十分清澈的，就是到现在伊河还是相当清的，凡是到过洛阳龙门的人，都会一目了然。至于汾河，唐朝有一位名为薛能的诗人，家住汾河岸边，因而写过一首题为《怀汾上旧居》的诗，其中有句说"素汾千载傍吾居，常忆衡门对浣纱"①。汾河的水可以浣纱，不用细说，是相当清澈了。而沁河呢，直到明代，还以"清澈"见称②，可见它本来也不是浑浊的。

那些比这几条支流还要小的河流，更是容易显得清澈。由于清澈的缘故，而被称为清水河，或者黑水河。后来水流不再清澈了，名称也就有了改变。流经延安市的延河，以前就长期被称为清水③。内蒙古呼和浩特市以南，有一个清水河县，显而易见是以清水河命名的，后来河名改易，县名却保留下来。

河流清澈说明一个现象，就是水中所含的泥沙很少，也是侵蚀不甚显著。现在黄土高原一个特征，沟壑很多，纵横罗列，成了沟壑地区，沟壑的形成就是由于侵蚀。在历史时期的早期，黄土高原的沟壑是很少的，那里有很多的原，原的范围都相当广大，有的可以大到包括现在几个县境④。黄土高原上现在也并不是没有原，但都已十分狭小，是远不能相比拟的。正由于以前的原大沟少，所以有人就以"沃野千里"相称道⑤，至迟离现在一千九百年前还是这样的。

根据这种情形，不难得到这样的印象：历史时期的早期，黄土高原到处是青山绿水，山清水秀，和现在完全不同，至少

① 《全唐诗》卷五五九，中华书局本。
② 徐贲《渡沁水》，《古今图书集成·山川典》卷二一四《沁水部汇考·艺文》。
③ 《汉书》卷二八下《地理志下》。
④ 拙著《论周原的变迁》。
⑤ 《后汉书》卷八七《西羌传》。

离现在两千年左右，还没有多大改变。

二、黄土高原生态平衡失调的原因

这样山清水秀的黄土高原，青山终于变成了童山，绿水也变成了浊水和黄水，这是生态平衡失调的必然结果。而生态平衡的失调，则是由于草原和森林的过分破坏，再加以相沿已久的农耕制度和耕作技术，情形就更为严重。这些现象由来已久，以后愈演愈烈，仿佛不可终止。

如前所说，远在历史时期的初期，黄土高原到处都是森林或草原。由于农业发展，平原旷野逐渐开垦为耕地。陕西省中部泾渭两河下游，山西省西南部汾河和涑水河之间以及河南省西部伊洛两河河谷都是这样成为文化最早发达的地区的。这当然会使有关的森林草原受到一定的破坏，不过这在黄土高原上所占的比例不算太大，还不至于有太大影响。到战国后期以至秦汉时期，破坏的地区就相继扩大。战国后期秦国向西北扩展疆土，秦始皇和汉武帝相继开辟相当于现在内蒙古鄂尔多斯的河南地①，问题就显得突出了。现在鄂尔多斯主要是草原，战国后期泾河上游子午岭与六盘山之间和现在的鄂尔多斯相仿佛，也是一片草原。当时秦国向西北扩展主要就在泾河上游，当地草原转变成农耕地区，基本上也就从此开始。秦始皇在河南地的设置，大致也是绍述其祖上的旧规，这种办法，后来到汉武帝时还一直沿用，也就是说，河南地的草原当时一再受到破坏，此后由于从事游牧的民族和从事农耕的民族的两方势力在黄土高原北部互相消长，农田和草原就不免相应地随时改易。魏晋以后，十六国的霸主们在黄河流域先后起伏，黄土高原自难免

---

① 《史记》——〇《匈奴传》。

遭到破坏。这些霸主们有些出自游牧部落，因其部落迁徙所及，被破坏的草原就相应地得到恢复。等到这些霸主们销声匿迹，从事农耕的人重新来到，草原就又受到破坏。像这样的互相改易，在以后并不是就完全没有再次发现，不过到了明代才大致成了定局。每一次变迁都引起生态平衡的失调。

历史时期黄土高原森林所遭受的破坏较之草原更为严重。森林遭受破坏自然与发展农业有关，因为破坏了森林就可空出土地从事耕种，这只是其中的一端，其他如伐取材木当作薪柴等，都会使林地缩小或消失。不过在历史时期的早期，这样的破坏程度是相当微小的，甚至是无足称道的，随着时移岁易，就愈益严重。大致说来，黄土高原森林遭受破坏，可以分为四期：第一是西周春秋战国时期。这个时期一开始，还说不上有什么大规模的破坏，到了后期，现在陕西中部和山西西南部等所谓平原地区的森林，绝大部分都受到破坏，林区明显缩小。第二是秦汉魏晋南北朝时期。这一时期上述的平原地区的森林，受到更为严重的破坏。到这一时期行将结束时，平原上已经基本没有林区可言了。第三是隋唐时期。这一时期由于平原已无林区，森林的破坏开始移向更远的山区。第四是明清以来时期。这一时期，特别是明代中叶以后，黄土高原森林受到摧毁性的破坏，除了少数几处深山，一般说来，各处都已达到难于恢复的地步①。由远古时期漫山遍野的森林，演变到大部分都是濯濯童山，这就必然会招致生态平衡的失调。

促成生态平衡失调的原因，还应该加上历来不合理的农耕制度和耕作技术。在漫长的封建社会里，封建统治阶级大量据有土地。一般农民只有少量土地，甚至根本没有土地，因而就

---

① 拙著《历史时期黄河中游的森林》。

不免到处开垦，由于不断的开垦，终于形成了滥垦，把若干根本不适于农耕的土地也都尽量开垦了。这样滥垦的土地产量不会很高，无法借此解决粮食问题，所以只好更多地开垦，这样就把原来地面上的植被都破坏了。这就是说，黄土高原不仅森林和草原被破坏，就是一般植被也难于保存下来。

黄土高原上的耕作方式，长期以来很少精耕细作，而是广种薄收，广种薄收是促成滥垦的另一个原因。既然广种，也就不一定去选择耕地了，甚至极陡的坡地也要种植。陡坡本来容易流失水土，一经耕种，疏松了土壤，当然更会使水土流失。森林草原的破坏，水土已经容易流失，再增加这样的人为作用，水土流失自然相应加速，流失的水土通过沟壑溪涧，最后都汇集到黄河，就增加了黄河泥沙含量。据近年测验，黄河每年通过三门峡流到下游的泥沙，多达十六亿吨。这是不能不引起注意的重大问题。

三、黄土高原生态平衡失调的影响

黄土高原的生态平衡既已失调，就会发生影响。显著影响有三：一是沟壑增多；二是河流浑浊；三是沙漠扩大。总起来说，是改变了当地青山绿水的面貌，甚而还影响到黄河下游的安危，历史上黄河的多次泛滥，不能说与此无关。

首先应该提到的是黄土高原上沟壑的增多。黄土高原上不是没有平原的，关中平原就是一个最大的平原。由关中平原往东，隔着黄河，与汾涑流域遥遥相对。汾涑流域是由中条山往北，包括整个涑水河流域，而达到汾河的下游。这里也是一片平原，论范围仅次于关中平原。当然，另外还有一些较小的平原，其他地方几乎大部都成了沟壑。历史时期早期的千里沃野现在已杳不可睹，因为已经变成了沟壑区了。这样的沟壑区以陕北、陇东、晋西北最为突出。本来黄土高原上有很多的原，现在关中平原和汾涑流域那个平原的周围，还有不少的原，虽然和历史时期早期比起来，广狭不同，但规模依旧存在。再往北去，就显得差别愈大，尤其是由关中平原再往北去，更为明显。现在延安、延川诸市县以原为名称的地方还不少，实际上也只是徒有其名，说不出它们的旧轮廓。为什么？因为原都演变成沟壑了。如果一定要寻找旧痕迹，则当地所称的梁、峁，还可略为仿佛于万一。梁乃是原经过侵蚀分割所形成的，而峁乃是梁经过侵蚀分割所形成的。延安、延川诸市县以北，原的名称就更是稀罕了。还有不少的梁、峁可以略见其演变的痕迹。至于陇东比较好一点，至少马连河畔还有一个董志原。陇东人以前常以董志原和关中相比拟，现在就难于这样说了。现在董志原南北长而东西窄，正在向着梁过渡。如果不是当前正在抓紧治理，就难保将来不会演变成梁。在原、梁、峁演变过程中，沟壑随着出现，而且愈出愈多，层次不绝，纵横错置，极尽复杂之能事。沟壑的出现，就是森林草原破坏，生态平衡失调的具体结果。因为没有森林草原涵蓄水源，一遇降水，就容易加速侵蚀，沟壑于是形成。沟壑既已形成，更多的表面暴露，使侵蚀向纵深部发展，最终又破坏了表层残留的植被，沟壑就向长宽方向发展。森林草原破坏后，无论久雨、暴雨，所降之水皆无法涵蓄，尽量流下，就更助长沟壑发展。再加人为因素，益发像火上添油一样，不可终止。因为在沟壑旁边的斜坡、陡坡上从事耕种，水土更易于流失，沟壑被冲得更宽了。

　　水土流失促成沟壑增多，而沟壑增多反过来又促成水土流失加剧。这样互相反复，平整的地面日益减少，农业经营就会倍感艰辛。水土流失不仅流失了土壤，也流失了土壤中的养分。黄土见于我国记载最早，两千多年前即已被认为当时全国最为肥沃的土壤①，这种土壤是长期自然发展过程中逐渐形成的宝贵自然资源，也是孕育中华民族及其文化的自然基础，既经流失，很难恢复，历史时期的生态平衡失调，致使肥沃黄壤不断付诸东流，实是莫大损失。保护这一宝贵资源，在今天对于中华民族确是急待解决的一大课题。

黄土高原生态平衡失调不仅促成沟壑发展和水土严重流失，而且还促成黄土高原北部沙漠逐渐扩大，并向南侵移。鄂尔多斯的沙漠，以毛乌素沙漠最大，唐代中叶以前尚未见于记载。现在陕西靖边县北的白城子，于唐时为夏州治所②。这里本是十六国时赫连勃勃所建立的夏国都城。当赫连勃勃选择这里作为都城时，是注意到当地附近有森林葱郁的青山和清澈的河流，正是因为这里山清水秀，才使他把都城建立起来③。到唐朝中叶，这里还没有沙漠，可是到唐朝末年，这里的沙漠就已见于记载④。这完全是森林和草原破坏，生态平衡失调所引起的。唐朝以后，这里的森林并没有填补起来，沙漠逐渐扩大，进而淹没附近的草原，到现在，不仅白城子附近都是黄沙，而且还向东南蔓延，达到横山和榆林诸县，离黄河不很远了。如果不设法治理，这样的流沙是不会自己停止蔓延和扩展的。

由于水土流失和沙漠扩大，泥沙随水流下，就增加了河流的浑浊程度。前面说过，黄河原来并不以黄相称，到西汉初年才有了黄河的名称，这应该和当时森林遭受破坏和大量开垦土地有关。泾河清浊的变化正堪作为说明。如前所说，泾河本是一条相当清澈的河流，战国后期开始变浊⑤。这正是秦国疆土达

---

① 《尚书·禹贡篇》。
② 《元和郡县图志》卷四《夏州》。
③ 《元和郡县图志》卷四《夏州》，又《晋书》卷一三〇《赫连勃勃载记》。
④ 《新唐书》卷三五《五行志》。
⑤ 《史记》卷二九《河渠书》。

到泾河上游的时候。泾河主要支流马连河，西汉时称做泥水①。
泥水的名称显示水中多含泥沙。支流如此，无怪乎原来清可见
底的泾河，这时竟然被说成"泾水一石，其泥数斗了"②。这样
情况当然不止一条泾河。这样多的泥沙都流入黄河，必然增加
黄河含泥沙量。西汉时人还说，一石黄河水，就有六斗泥沙③。
黄河真是名符其实了。

　　泾河如此，渭河也未能独为幸免。渭河发源于甘肃渭源县，
东流过陇山，经关中而入于黄河。陇山以西渭河的上中游，本
是一片连绵不断的森林，渭河的主流和支流无不受到覆盖④，所
以渭河有些时期也是相当清澈的。渭河下游本来船舶畅通⑤，可
是到隋唐时渭河下游就"流浅沙深"，致使船只行驶困难⑥。再
到后来，除过两岸间的摆渡外，上下的船只早已绝迹了。这样
的变迁和陇山以西森林的破坏不是毫无关系的。

　　汾河发源于管涔山，傍吕梁山脉之东而南流。吕梁山脉自
来也是一个著名的森林地区。唐代中叶，由于国都长安附近秦
岭山脉所产木材不足应用，采伐地区就移到吕梁山上，现在山
西岚县当时称为岚州，就成了主要采伐区⑦。下至北宋，采伐区
又向南移，到了石州和汾州⑧，也就是现在的吕梁市离石区和汾
阳市。这是说采伐地区扩大到几乎包括整个吕梁山脉。这当然
就会影响到汾河，使它由清澈变成浊流。汾河以东的沁河和汾

---

① 《汉书》卷二八下《地理志下》。
② 《汉书》卷二九《沟洫志》。
③ 《汉书》卷二九《沟洫志》。
④ 《汉书》卷二八下《地理志下》。
⑤ 《左传》僖公十三年。
⑥ 《隋书》卷二四《食货志》，《新唐书》卷五三《食货志》。
⑦ 《新唐书》卷一六七《裴延龄传》。
⑧ 洪迈《容斋三笔》卷一一《宫室土木》。

河一样，不过沁河主要受太岳山和太行山森林破坏的影响。

比较好一点的是洛河和伊河，这两条河流所流经的地区不完全在黄土高原，所以情况就另当别论了。

由于黄土高原的原面破碎，沟壑增多，沙漠扩大，河流也随之浑浊，这和远古时期山清水秀的情形成为极为明显的对照。由于原面破碎，沟壑增多，水土流失日趋严重，大量泥沙随水下流，汇入黄河。流经黄土高原的黄河，由于沿流落差较大，水流激湍，这样多的泥沙还不至于显出问题，等到流至下游，水流渐缓，泥沙随处沉淀，河床不断抬高，形成悬河，一遇大水，就容易决口泛滥，造成更大的危害，千百年来黄河灾难时有所闻，其主要原因实在于此。

四、当前黄土高原的治理工作

生态平衡的失调，改变了黄土高原本来的面貌。当前的四化建设在这里受到一定的影响和阻碍，这不能不引人警惕。因此，黄土高原的治理已到了刻不容缓的地步。

黄土高原面积广大，治理工作千头万绪。首先应该扭转生态平衡失调的局面。如前所说，森林、草原乃至黄土本身都是宝贵的资源，黄土高原生态平衡的失调，就在于长期以来对这些资源只是一味地耗散、破坏，而不加珍惜保护，致使森林草原遭受破坏，水土流失严重。如何恢复森林草原，实为治理黄土高原的当务之急。最近几年，党和政府已经注意到这些方面。"三北"防护林的建设就直接达到黄土高原北部。五届人大四次会议通过决议，开展全民义务植树运动，每人每年植树三至五棵，在黄土高原上，这些工作，不仅应坚持下去，而且还宜采取更有效措施，以期在短期内使荒山绿化，阻遏沙漠化过程，就是一些平川地区在不妨碍农业耕种情况下，也都应种植树木，使所有地面都能得到覆盖，减少水土流失。

草原也应该适当恢复。有些本来是草原放牧的地方，早已成为农田，是不是也要一齐加以恢复？这就要按当地情况具体规划。不能要求像历史时期曾经有过的情况那样，把广大地区都重新改成草原，连成一片，和农耕区域齐头并进，而应将适于农耕者仍当继续种植，广种薄收不能继续下去，农耕条件较差，而又难于近期改变的，则应恢复为草原。这样相互综错则黄土高原上将如绣锦一般，秀丽夺目。

大力造林，适当恢复草原，调整黄土高原区域的农林牧比例，这不仅不会削弱当地的农业，反而会有助于农业发展。从表面看来，这样会减少农田面积，实际上，如果改变长期耕作习俗，采取精耕细作，提高单位面积产量，不再沿袭广种薄收的方式，农田还应该是足够使用的。

治理黄土高原，必须着眼于治理沟壑。沟壑形成由于侵蚀，侵蚀使水土流失，防止侵蚀和水土流失，应该着眼于植树造林。已经形成的沟壑，则可在沟底节节筑坝，利用冲来的泥沙，淤填成农田，不断淤高。如果沟壑相当宽阔，除在沟底筑坝淤地外，还可在两侧坡地修筑梯田，既可防止侵蚀，又可从事种植。所有沟壑都能够得到治理，就可增加大量田亩。这对于发展农林牧生产都是有益的。况且，从长远观点看，扭转生态平衡失调，保护黄土资源，也能为子孙万代造福无穷。

黄土高原生态平衡失调的历史过程清楚地表明，无计划、无远见的人为破坏是其主要因素，而有计划的利用只有在今天才可能实现。我们必须力争在我们这一代扭转这一失调，如果不是这样，同样以至更严重的失调还可能在更广的区域发生，这已经不是空洞的预言。生态平衡失调威胁着我们国家的宝贵资源，也威胁着我们民族的生存，必须引起足够的重视。在恢复生态平衡的步骤中，黄土高原的整治实为关键的一环。在这个意义上我们可以说，黄土高原新的生态平衡的建立，乃是我们国家进一步繁荣昌盛的主要标志。

（原载《生态学杂志》1982 年第 3 期）